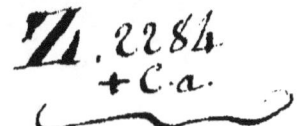

ŒUVRES

DE MADAME

LA MARQUISE DE LAMBERT.

ŒUVRES

COMPLÈTES

DE MADAME LA MARQUISE

DE LAMBERT,

SUIVIES

DE SES LETTRES

A PLUSIEURS PERSONNAGES CÉLÈBRES.

SEULE ÉDITION COMPLÈTE.

A PARIS,

Chez LÉOPOLD COLLIN, Libraire,
rue Gît-le-Cœur, N.º 4.

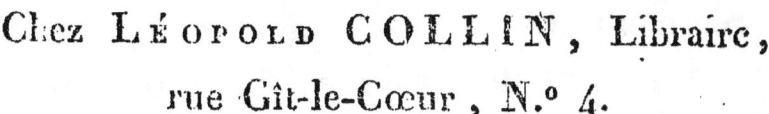

1808.

NOTICE

SUR MADAME LA MARQUISE

DE LAMBERT.

La marquise de Lambert, qui se nommait Anne-Thérèse de Marguenat de Courcelles, était fille unique d'Etienne de Marguenat, seigneur de Courcelles, maître ordinaire en la chambre des comptes, mort le 22 mai 1650; et de Monique Passart, morte le 21 juillet 1692, pour lors femme en secondes nôces de François le Coigneux, seigneur de la Rocheturpin et de Bachaumont, célèbre par son bel esprit.

Elle avait été mariée le 22 février 1666, avec Henri de Lambert, marquis de Saint-Bris, en Auxerrois, baron de Chitry et Augy, alors capitaine au régiment Royal, et depuis mestre de camp d'un régiment de cavalerie; fait brigadier en 1674; maréchal de camp le 25 février 1677;

commandant de Fribourg, en Brisgaw, au mois
de novembre suivant; gouverneur de Longwy,
et lieutenant-général des armées du roi, au mois
de juillet 1682; et enfin gouverneur et lieutenant-
général de la ville et duché de Luxembourg, au
mois de juin 1684, mort au mois de juillet 1686.

Elle avoit eu, outre deux filles mortes en bas
âge, un fils et une autre fille; le fils est Henri-
François de Lambert, marquis de Saint-Bris, né
le 13 décembre 1677, lieutenant-général des armées du roi, du 30 mars 1720; et gouverneur de
la ville d'Auxerre; autrefois colonel du régiment
de Périgord. Il a été marié le 12 janvier 1725,
avec Angélique de Larlan de Rochefort, veuve
de Louis-François du Parc, marquis de Loemaria,
lieutenant-général des armées du roi, mort le
4 octobre 1709. La fille de la marquise de Lambert étoit Marie-Thérèse de Lambert, qui avoit
été mariée en 1703, avec Louis de Beaupoil,
comte de Saint-Aulaire, seigneur de la Porcherie
et de la Grenellerie, colonel-lieutenant du régiment d'Enguien, infanterie, tué au combat de
Ramersheim, dans la haute Alsace, le 26 août
1709; elle est morte le 13 juillet 1731, âgée de
52 ans, ayant laissé une fille unique, nommée
Thérèse-Eulalie de Beaupoil de Saint-Aulaire,
mariée le 7 février 1725, avec Anne-Pierre

d'Harcourt, marquis de Beuvron, seigneur de Tourneville, lieutenant-général pour le roi au gouvernement de Normandie, gouverneur du palais de Rouen, et mestre de camp de cavalerie, frère du duc d'Harcourt.

La mère de la marquise de Lambert épousa, comme on l'a dit, M. de Bachaumont, qui, non-seulement faisoit fort agréablement des vers, comme tout le monde sait par le fameux voyage dont il partagea la gloire avec la Chapelle; mais qui, de plus, étoit homme de beaucoup d'esprit; et de plus encore, homme de très-bonne compagnie, dans un temps où la bonne et la mauvaise se mêloient beaucoup moins, et où l'on y étoit bien plus difficile. Il s'affectionna à sa belle-fille, presque encore enfant, à cause des dispositions heureuses qu'il découvrit bientôt en elle, et il s'appliqua à les cultiver, tant par lui-même que par le monde choisi qui venoit dans sa maison, et dont elle apprenoit sa langue comme on fait la langue maternelle.

Elle se déroboit souvent aux plaisirs de son âge, pour aller lire en son particulier; et elle s'accoutuma dèslors, de son propre mouvement, à faire de petits extraits de ce qui la frappoit le plus. C'étoient déjà, ou des réflexions fixes sur le cœur humain, ou des tours d'expression ingé-

nieux; mais le plus souvent des réflexions. Ce goût
ne la quitta, ni quand elle fut obligée de repré-
senter à Luxembourg, dont M. le marquis de
Lambert étoit gouverneur, ni quand, après sa
mort, elle eut à essuyer de longs et cruels procès
où il s'agissoit de toute sa fortune. Enfin, quand
elle les eut conduits et gagnés avec toute la capacité d'une personne qui n'eût point eu d'autre
talent : libre enfin, et maîtresse d'un bien assez
considérable qu'elle avoit presque conquis, elle
établit dans Paris une maison où il étoit honorable d'être reçu. C'étoit la seule, à un petit
nombre d'expressions près, qui se fût préservée
de la maladie épidémique du jeu ; la seule où l'on
se trouvât pour se parler raisonnablement les uns
les autres, et même avec esprit, selon l'occasion.
Aussi, ceux qui avoient leurs raisons pour trouver qu'il y eût encore de la conversation quelque
part, lançoient-ils, quand ils le pouvoient, quelques traits malins contre la maison de madame
de Lambert ; et madame de Lambert elle-même,
très-délicate sur les discours et sur l'opinion du
public, craignoit quelquefois de donner trop à
son goût : elle avoit le soin de se rassurer, en
faisant réflexion, que dans cette même maison,
si accusée d'esprit, elle y faisait une dépense très-
noble, et y recevoit beaucoup plus de gens du

monde et de condition, que de gens illustres dans les lettres.

Son extrême sensibilité sur les discours du public fut mise à une bien plus rude épreuve. Elle s'amusoit volontiers à écrire pour elle seule, et elle voulut bien lire ses écrits à un très-petit nombre d'amis particuliers ; car, quoiqu'on n'écrive que pour soi, on écrit aussi un peu pour les autres, sans s'en douter. Elle fit plus, elle laissa sortir ses papiers de ses mains, sous les sermens les plus forts qu'on lui fit de la fidélité la plus exacte. On viola les sermens : des auteurs ne crurent point qu'une modestie d'auteur ne pût être sincère : ils prirent des copies qui ne manquèrent pas d'échapper. Voilà les *Avis d'une Mère à son Fils*, les *Avis à sa Fille*, imprimés ; et elle se croit déshonorée. Une femme de condition faire des livres ! comment soutenir cette infamie !

Le public sentit bien cependant le mérite de ces ouvrages, la beauté du style, la finesse et l'élévation des sentimens, le ton aimable de vertu qui y règne par-tout. Il s'en fit en peu temps plusieurs éditions, soit en France, soit ailleurs ; et ils furent traduits en anglais. Mais madame de Lambert ne se consoloit point, et on n'auroit pas la hardiesse d'assurer ici une chose si peu vraisemblable, si, après ces succès, on ne lui avoit vu retirer de chez un libraire, et payer au prix qu'il voulut, toute l'édition qu'il venoit de faire d'un autre ouvrage qu'on lui avoit dérobé.

Les qualités de l'ame, plus importantes et plus rares, surpassoient encore en elle les qualités de l'esprit. Elle étoit née courageuse, peu susceptible d'aucune crainte, si ce n'étoit sur la gloire; incapable de se rendre aux obstacles dans une entreprise nécessaire ou vertueuse. Elle n'étoit pas seulement ardente à servir ses amis sans attendre leurs prières, ni l'exposition souvent humiliante de leurs besoins; mais une bonne action à faire, même en faveur des personnes indifférentes, la tentoit toujours vivement; et il falloit que les circonstances fussent bien contraires, si elle n'y succomboit pas. Quelques mauvais succès de ses générosités ne l'en avoient point corrigée, et elle étoit toujours également prête à hazarder de faire le bien. Elle fut fort infirme pendant tout le cours de sa vie. Ses dernières années furent accablées de souffrances, pour lesquelles son courage naturel n'eût pas suffi sans le secours de toute sa religion.

Enfin, elle décéda à Paris le 12 juillet 1733, dans la 86.ᵉ année de son âge, généralement regrettée, à cause des grandes qualités de son cœur et de son esprit.

(Extrait du Mercure de France de 1733.)

ŒUVRES

DE MADAME LA MARQUISE

DE LAMBERT.

––––––––––

AVIS D'UNE MÈRE A SON FILS.

––––––––––

Quelques soins que l'on prenne de l'éducation des enfans, elle est toujours très-imparfaite : il faudroit, pour la rendre utile, avoir d'excellens Gouverneurs : et où les prendre ? A peine les Princes peuvent-ils en avoir, et se les conserver. Où trouve-t-on des hommes assez au-dessus des autres, pour être dignes de les conduire? Cependant les premières années sont précieuses, puisqu'elles assurent le mérite des autres.

Il n'y a que deux temps dans la vie où la vérité se montre utilement à nous : dans la jeunesse, pour nous instruire ; dans la vieillesse, pour nous consoler. Dans le temps des passions la vérité nous abandonne.

Quoique deux hommes célèbres (1) aient eu attention à votre éducation, par amitié pour

––––––––––

(1) Le P. Bonhours et le P. Cheminais.

1

moi, cependant obligés de suivre l'ordre des
études établi dans les collèges, ils ont plus songé
dans vos premières années à la science de l'esprit, qu'à vous apprendre le monde et les bienséances.

Voici, mon fils, quelques préceptes qui regardent les mœurs : lisez-les sans peine. Ce ne
sont point des leçons sèches, qui sentent l'autorité d'une Mère ; ce sont des avis que vous
donne une amie, et qui partent du cœur.

En entrant dans le monde, vous vous êtes
apparemment proposé un objet : vous avez trop
d'esprit, pour vouloir y vivre à l'avanture : vous
ne pouvez aspirer à rien de plus digne, ni de
plus convenable, que la gloire : mais il faut
savoir ce que l'on entend par le terme de gloire,
et quelle idée vous y attachez.

Il en est de bien des sortes : chaque profession a la sienne : dans la vôtre, mon fils, on
entend la gloire qui suit la valeur. C'est la gloire
des Héros ; elle est la plus brillante : les véritables marques d'honneur et les récompenses y
sont attachées : la Renommée semble ne parler
que pour eux, et quand vous êtes parvenu à un
certain degré de réputation, rien n'est perdu. Tout
le monde a consenti qu'on donnât le premier rang
aux vertus militaires ; cela étoit juste : elles coûtent

assez : mais il y a plusieurs manières de s'acquitter de ses obligations.

Les uns n'embrassent la profession des armes, que pour éviter la honte de dégénérer ; les autres ne la suivent pas seulement par devoir, mais par goût. Les premiers ne s'élèvent guère au-dessus de leur état : c'est une dette qu'ils payent, ils en demeurent-là : les autres, soutenus par l'ambition, marchent à pas de Géans dans le chemin de la gloire. Les uns ont la fortune pour objet ; les autres l'élévation et l'immortalité. Ceux qui se bornent à la fortune ont toujours un mérite borné. Tout homme qui n'aspire pas à se faire un grand nom n'exécutera jamais de grandes choses : ceux qui marchent nonchalamment souffrent toutes les peines de leur profession, et n'en ont ni l'honneur, ni la récompense.

Si l'on entendoit bien ses intérêts, on négligeroit la fortune, et l'on n'auroit dans toutes les professions que la gloire pour objet. Quand vous êtes parvenu à un certain degré de mérite, et qu'il est connu, la grande gloire a toujours la fortune à sa suite. On ne peut avoir trop d'ardeur de s'élever, ni soutenir ses desirs d'espérances trop flateuses.

Il faut par de grands objets donner un grand

ébranlement à l'ame, sans quoi elle ne se met-
troit point en mouvement. Quelque ardent,
quelque vif que soit votre amour pour la gloire,
vous demeurerez encore bien au-deçà du terme :
mais quand vous n'iriez qu'à moitié chemin, il
est toujours beau d'avoir osé.

Rien ne convient moins à un jeune homme
qu'une certaine modestie, qui lui fait croire qu'il
n'est pas capable de grandes choses. Cette modestie est une langueur de l'ame, qui l'empêche
de prendre l'essor, et de se porter avec rapidité vers la gloire. On disoit à Agésilas, que
le Roi de Perse étoit le grand Roi. *Pourquoi
sera-t-il plus grand que moi*, répondit-il, *tant
que j'aurai une épée à mon côté?* Il y a un
mérite supérieur, qui sent que rien ne lui est
impossible.

La fortune, mon fils, ne vous a pas aplani
le chemin de la gloire. Pour vous l'ouvrir, je
vous donnai de bonne heure un Régiment, persuadée qu'on ne pouvoit entrer trop tôt dans
une profession où l'expérience est si nécessaire,
et que les premières années assuroient la réputation et répondoient de toute la vie. Vous fîtes
la campagne de Barcelone, la plus heureuse pour
les armes du Roi, et la moins célébrée : vous
revenez en Italie, où tout est contre nous, où

nous avons à combattre climat, ennemis, situation et prévention. Les campagnes malheureuses pour le Roi le sont aussi pour les particuliers : la terre ensévelit les morts et les fautes des vivans ; et la Renommée se tait, et ne parle plus des services de ceux qui restent ; mais il faut compter que la vraie valeur n'est jamais ignorée. Il y a tant d'yeux ouverts sur vous, que ce sont autant de témoins de ce que vous valez : de plus, de pareilles campagnes vous instruisent davantage. Vous vous êtes essayé, vous savez vous-même, à peu-près, ce que vous êtes, les autres le savent aussi ; et si votre réputation se forme moins vîte, elle en est plus certaine.

Les grands noms ne se font pas en un jour : mais ce n'est pas seulement la valeur qui fait les hommes extraordinaires : c'est elle qui les commence ; et les autres vertus les achèvent.

L'idée d'un Héros est incompatible avec l'idée d'un homme sans justice, sans probité, et sans grandeur d'ame. Il ne suffit pas d'avoir l'honneur de la valeur, il faut aussi avoir l'honneur de la probité : toutes les vertus s'unissent pour former un Héros : la valeur, mon fils, ne se conseille point ; c'est la nature qui la donne : mais on peut l'avoir à un très-haut degré, et être d'ailleurs peu estimable.

La plupart des jeunes gens croient toutes leurs obligations remplies dès qu'ils ont les vertus militaires ; et qu'il leur est permis d'être injustes, mal-honnêtes et impolis. N'étendez point le droit de l'épée : il ne vous dispense pas des autres devoirs.

Soyez, mon fils, ce que les autres promettent d'être : vos modèles sont dans votre maison. Vos Pères ont su associer toutes les vertus à celles de leur profession. Fidèle au sang dont vous sortez, songez qu'il ne vous est pas permis d'être un homme médiocre : on ne vous en quittera pas à bon marché. Le mérite de vos Pères rehaussera votre gloire, et fera votre honte, si vous dégénérez : ils éclairent vos vertus et vos défauts.

La naissance fait moins d'honneur qu'elle n'en ordonne ; et vanter sa race, c'est louer le mérite d'autrui.

Vous trouverez, mon fils, tous les chemins qui conduisent à la gloire bien préparés : c'est un grand trésor qu'un bon nom, et la réputation de ses Pères. Ils vous ont mis à portée de tout. Ce n'est pas assez de les égaler ; il faut les passer, et arriver au terme : je veux dire, aux honneurs qu'ils ont approchés de si près, et qu'une mort prématurée leur a ravis,

Je regrette tous les jours de n'avoir pas vu votre grand-père. Au bien que j'en ai ouï dire, personne n'avoit plus que lui les qualités éminentes, et le talent de la guerre. Il s'étoit acquis une telle estime et une telle autorité dans l'armée, qu'avec dix mille hommes il faisoit plus que les autres avec vingt. Il auroit mené les troupes à un péril certain, qu'elles auroient cru aller à une victoire assurée. L'exécution des ordres qu'il recevoit n'étoit jamais douteuse entre ses mains. Au siége de Graveline, les Maréchaux de Gassion et de la Meilleraie, qui commandoient, s'étant brouillés, leur démêlé divisa l'armée : les deux partis alloient se charger, lorsque votre grand-père, qui n'étoit alors que Maréchal-de-Camp, plein de cette confiance et de cette autorité que donne le zèle du bien public, ordonna aux troupes, de la part du Roi, de s'arrêter. Il leur défendit de reconnoître ces Généraux pour leurs chefs. Les troupes lui obéirent : les Maréchaux de la Meilleraie et de Gassion furent obligés de se retirer. Le Roi a su cette action, et en a parlé plus d'une fois avec estime.

Sa fidélité parut à la guerre de Paris : il refusa le bâton de Maréchal de France, que M. Gaston Duc d'Orléans lui fit offrir pour l'attirer dans son parti. Le Roi l'ayant su, lui envoya le Brevet de Chevalier de l'Ordre, et lui écrivit qu'il n'oublieroit jamais les preuves qu'il venoit de lui donner de son attachement.

Quand il eut le Gouvernement de Metz (le plus beau de ce temps-là, et le plus desiré) le Cardinal de Richelieu lui en envoya le Brevet à la Chapelle, dont il étoit Gouverneur. Il étoit couché lorsque le courier arriva : ses gens l'éveillèrent. Il prit le paquet sans l'ouvrir, le mit sous son chevet, et se rendormit.

Etant Gouverneur de Metz, on lui offrit des sommes considérables pour consentir à l'établissement d'un Parlement en cette ville ; il ne voulut jamais y donner son consentement. Les Gouverneurs de ce temps-là avoient la même autorité que des Vicerois. Il refusa cent mille fr. que les Juifs lui offrirent pour avoir la permission de ne plus porter le chapeau jaune. Son cœur sensible à la vraie gloire, sans vanité, sans vue de récompense, méprisoit les richesses, et n'aimoit la vertu que pour elle-même. Il étoit si modeste, qu'il n'a jamais su ce qu'il valoit. Il avoit eu l'honneur de commander M. de Turenne, qui avoit la politesse de dire que M. **** lui avoit appris son métier. Plus d'une personne en place ont dit bien des fois, que c'étoit la honte de la France qu'un homme de ce mérite-là n'ait pas été élevé aux premières dignités de la guerre.

Voilà, mon fils, vos modèles. Les vertus vous sont montrées en un haut degré. Vous les avez toutes trouvées dans votre Père. Je ne parlerai point de ses talens pour la guerre, cela ne me convient point ; mais l'usage que le Roi en a fait, et les divers emplois de confiance qu'il lui a donnés, marquent assez qu'il en étoit digne.

Le Roi a souvent dit, que c'étoit un de ses meilleurs Officiers, et sur qui il comptoit davantage. Mais de plus, il avoit toutes les vertus de la société : il a su joindre l'ambition à la modération ; il aspiroit à la véritable gloire, sans trop penser à sa fortune. Il fut long-temps oublié, et souffrit une espèce d'injustice. Dans ce temps malheureux où votre Père étoit brouillé avec la fortune, où tout autre se seroit dégoûté, avec quel courage ne souffrit-il pas ses mauvais traitemens ? Il voulut, en ne manquant à aucun de ses devoirs, mettre la fortune dans son tort ; il crut que la véritable ambition consistoit bien plus à se rendre supérieur en mérite qu'en dignité.

Il y a des vertus qui ne s'acquièrent que dans la disgrace : nous ne savons ce que nous sommes qu'après l'avoir éprouvée. Les vertus de la prospérité sont douces et faciles ; celles de l'adversité sont dures et difficiles, et demandent un homme

tout entier. Il sut souffrir sans découragement,
parce qu'il avoit en lui une infinité de ressources;
il crut que son devoir l'obligeoit à demeurer dans
sa profession, persuadé que la lenteur des récompenses ne nous autorise jamais à quitter le service. Ses malheurs n'ébranlèrent point son courage : il sut joindre la patience à la dignité ; aussi
savoit-il jouir de la prospérité, sans enivrement
et sans faste. Le changement de fortune n'en ap-
portoit point à son ame, et ne lui coûtoit aucune vertu.

Quand il fut fait Gouverneur de Luxembourg,
toute la Province craignoit la domination Française : il dissipa cette crainte, de manière que l'on
ne sentit presque pas le changement de Maître. Il
avoit la main légère, et ne gouvernoit que par
amour, et jamais par autorité : il ne faisoit point
sentir la distance qu'il y avoit de lui aux autres.
Sa bonté abrégeoit le chemin qui le séparoit de
ses inférieurs : ou il les élevoit jusqu'à lui, ou il
descendoit jusqu'à eux. Il n'employoit son crédit
que pour faire du bien. Il ne pouvoit souffrir qu'il
y eût des malheureux où il commandoit : il ne
songeoit qu'à solliciter et à obtenir des pensions
pour les Officiers, des gratifications pour les
blessés, et pour ceux qui s'étoient distingués. Beaucoup de gens lui doivent leur fortune.

L'amour-propre gagna peu dans l'avancement
de votre Père, ce qui fut le bien des autres :
aussi étoit-il l'amour de ceux qui vivoient sous
son gouvernement ; et quand il mourut, s'ils
l'avoient pu, ils l'auroient racheté de leur sang.
Ses bonnes qualités firent taire l'envie, et tout le
monde applaudissoit dans son cœur aux graces
du Roi. Dans un temps si corrompu, il avoit des
mœurs pures ; il pensoit d'une manière bien différente de la plupart des hommes.

Quelle fidélité à tenir sa parole ! Il la gardoit
toujours à ses dépens. Quel désintéressement ! Il
comptoit le bien pour rien. Quelle indulgence
n'avoit-il pas pour les foiblesses de l'humanité !
Il excusoit tout, et regardoit les fautes comme
des malheurs, et se croyoit seul obligé d'être honnête homme. Ses vertus laissoient les autres à
leur aise. Il avoit de ces facilités aimables, qui
servent au commerce, et qui unissent les hommes.
Toutes ses vertus étoient sûres, parce qu'elles
étoient naturelles. Le mérite acquis est souvent
incertain. Pour lui, fidèle à sa raison et vertueux
sans effort, il ne s'est jamais démenti.

Voilà, mon fils, ce que nous avons perdu. Tant
de mérite nous répondoit d'une grande fortune :
rien de plus apparent que nos espérances sous un
Prince si juste. Votre Père ne vous a laissé qu'un

nom et des exemples. Le nom , vous devez le porter avec dignité ; et vous devez l'imitation à ses vertus. Voilà sur quoi vous avez à vous former : je ne vous en demande pas davantage , mais je ne vous quitte pas à moins.

Vous avez plus d'avances que vos Pères , puisqu'ils peuvent vous guider. Je dirai sans honte qu'ils ne vous ont laissé aucune fortune : on ne rougit point de l'avouer , quand on a employé son bien au service de son Prince , et qu'on a vécu sans injustice et sans bassesse.

Il y a si peu de grandes fortunes innocentes , que je pardonne à vos Pères de ne vous en avoir point laissé. J'ai fait ce que j'ai pu pour mettre quelque ordre à nos affaires , où l'on ne laisse aux femmes que la gloire de l'économie. Je remplirai , autant qu'il me sera possible , les obligations de mon état : je vous laisserai autant de bien qu'il en faut , si vous avez le malheur d'être sans mérite ; et assez , si vous avez les vertus que je vous desire.

Comme je ne souhaite rien tant que de vous voir parfaitement honnête homme , voyons quels en sont les devoirs , pour connoître nos obligations. Je m'instruis moi-même par ces réflexions : peut-être serai-je assez heureuse , pour changer un jour mes préceptes en exemples.

Celle qui exhorte doit marcher la première. Un Ambassadeur de Perse demandoit à la femme de Léonidas, *pourquoi à Lacédémone on honoroit tant les femmes : c'est qu'elles seules savent faire des hommes*, répondit-elle. Une Dame Grecque montroit à la mère de Phocion ses pierreries, et lui demandoit les siennes : elle lui montra ses enfans, et lui dit, *voilà ma parure et mes ornemens*. J'espère bien, mon fils, qu'un jour vous ferez toute ma gloire. Mais revenons aux devoirs des hommes.

L'ordre des devoirs est de savoir vivre avec ses supérieurs, ses égaux, ses inférieurs, et avec soi-même. Avec ses supérieurs, savoir plaire sans bassesse ; montrer de l'estime et de l'amitié à ses égaux ; ne point faire sentir le poids de la supériorité à ses inférieurs ; conserver de la dignité avec soi-même.

Au-dessus de tous ces devoirs, est le culte que vous devez à l'Etre suprême. La Religion est un commerce établi entre Dieu et les hommes, par la grace de Dieu aux hommes, et par le culte des hommes à Dieu. Les ames élevées ont pour Dieu des sentimens, et un culte à part, qui ne ressemble point à celui du peuple : tout part du cœur, et va à Dieu. Les vertus morales sont en danger sans les chrétiennes. Je ne vous demande

point une piété remplie de foiblesse et de superstition : je demande seulement que l'amour de
l'ordre soumette à Dieu vos lumières et vos sentimens; que le même amour de l'ordre se répande
sur votre conduite : il vous donnera la justice, et
la justice assure toutes les vertus.

La plupart des jeunes gens croient aujourd'hui
se distinguer, en prenant un air de libertinage,
qui les décrie auprès des personnes raisonnables.
C'est un air qui ne prouve pas la supériorité de
l'esprit, mais le déréglement du cœur. On n'attaque point la Religion, quand on n'a point intérêt de l'attaquer. Rien ne rend plus heureux
que d'avoir l'esprit persuadé, et le cœur touché:
cela est bon pour tous les temps. Ceux mêmes
qui ne sont pas assez heureux pour croire comme
ils doivent, se soumettent à la Religion établie :
ils savent que ce qui s'appelle préjugé tient un
grand rang dans le monde, et qu'il faut le
respecter.

Le libertinage de l'esprit et la licence des
mœurs doivent être bannis sous le règne où nous
sommes.

Les mœurs du Souverain dominent : elles ordonnent ce qu'il fait, et défendent ce qu'il ne
fait pas. Les défauts des Princes doublent, et
leurs vertus renaissent par imitation. Quand les

courtisans auroient le cœur corrompu, il règne toujours à la Cour une honnêteté qui masque le vice. Nous sommes bienheureux d'être nés dans un siècle où la pureté des mœurs et le respect de la Religion sont nécessaires pour plaire au Prince.

Je pourrois, mon fils, me placer dans l'ordre des devoirs : mais je veux tout tenir de votre cœur. Faites attention à l'état où m'a laissé votre père. J'avois sacrifié tout mon bien à sa fortune : je perdis tout à sa mort. Je me vis seule sans appui : je n'avois d'amis que les siens, et j'ai éprouvé que peu de gens savent être amis des morts. Je trouvai mes ennemis dans ma propre famille : j'avois à soutenir contre des personnes puissantes un procès qui décidoit de ma fortune : je n'avois pour moi que la justice et mon courage : je l'ai gagné sans crédit, et sans bassesse. Enfin j'ai fait de ma mauvaise fortune tout ce qu'on en pouvoit faire. Dès qu'elle a été meilleure, j'ai songé à la vôtre. Donnez-moi dans votre amitié la même part que je vous donnerai dans ma petite fortune.

Je ne veux point de respect forcé; je ne veux que des soins du cœur. Que vos sentimens viennent à moi, sans que vos intérêts les amènent. Enfin ayez soin de votre gloire; et j'aurai soin du reste.

Vous savez vous conduire avec vos supérieurs.
On n'a que faire de préceptes pour les devoirs
qui regardent le Prince. Vous êtes d'une race qui
lui a tout sacrifié. A l'égard de ceux dont vous
dépendez, le premier mérite est de plaire.

Dans les emplois subalternes vous ne vous sou-
tenez que par les agrémens : les Maîtres sont
comme les Maîtresses ; quelque service que vous
leur ayiez rendu, ils cessent de vous aimer,
quand vous cessez de leur plaire.

Il y a plusieurs sortes de grandeurs, et qui
demandent plusieurs sortes d'hommages.

Il y a des grandeurs réelles et personnelles,
et des grandeurs d'institution. On doit du respect aux personnes élevées en dignité ; mais ce
n'est qu'un respect extérieur : on doit de l'estime
et un respect de sentiment au mérite. Quand de
concert la fortune et la vertu ont mis un homme
en place, c'est un double empire, et qui exige
une double soumission ; mais il ne faut pas que
le brillant de la grandeur vous éblouisse et vous
jette dans l'illusion.

Il y a des ames basses, qui sont toujours pros-
ternées devant la grandeur. Il faut séparer
l'homme de la dignité, et voir ce qu'il est,
quand il en est dépouillé. Il y a bien une autre
grandeur que celle qui vient de l'autorité : ce

n'est ni la puissance, ni les richesses qui distinguent les hommes : la supériorité réelle et véritable entr'eux, c'est le mérite.

Le titre d'honnête-homme est bien au-dessus des titres de la fortune. Dans les places subalternes on est dépendant : il faut faire sa cour aux Ministres, mais il faut la faire avec dignité. Je ne vous donnerai jamais des leçons de bassesse. Ce sont vos services qui doivent parler pour vous, et non pas des soumissions déplacées.

Les personnes de mérite qui s'attachent aux Ministres, les honorent ; les esclaves les avilissent. Rien n'est plus agréable que d'être ami des personnes élevées ; mais vous n'y parvenez que par l'envie de plaire.

Que vos liaisons soient avec des personnes au-dessus de vous : par-là, vous vous accoutumez au respect et à la politesse. Avec ses égaux on se néglige ; l'esprit s'assoupit.

Je ne sais si l'on peut espérer de trouver des amis à la Cour. Pour les personnes éminentes en dignité, leur place les dispense de bien des devoirs, et couvre bien des défauts. Il est bon d'approcher les hommes, de les voir à découvert et avec leur mérite de tous les jours. De loin, les favoris de la fortune vous en imposent : l'éloignement les met dans le point de vue qui leur est favorable : la Renommée exagère leur mérite, et la flaterie les défie. Approchez-les, vous ne trouverez que des hommes. Qu'on trouve de peuple à la Cour ! Pour se désabuser de la grandeur, il faut la voir de près : vous cesserez aussi-tôt de la désirer et de la craindre.

Que les défauts des Grands ne vous gâtent pas, mais qu'ils vous redressent. Que le mauvais usage qu'ils font de leurs biens vous apprenne à mépriser les richesses, et à vous régler. La vertu ne conduit point leur dépense.

Pourquoi dans ce nombre infini de goûts, inventés par la volupté et par la mollesse, ne s'en est-on jamais fait un de soulager les malheureux? L'humanité ne vous fait-elle point sentir le besoin de secourir vos semblables? Les bons cœurs sentent l'obligation de faire du bien, plus qu'on ne sent les autres besoins de la vie. Marc-Aurelle remercioit les Dieux de ce qu'il avoit toujours fait du bien à ses amis, sans les avoir fait trop attendre. Le bonheur de la grandeur, c'est lorsque les autres trouvent leur fortune dans la nôtre. *Je ne puis*, disoit ce Prince, *être touché d'un bonheur qui n'est que pour moi.*

Le plaisir le plus délicat est de faire le plaisir d'autrui : mais pour cela, il ne faut pas tant faire le cas des biens de la fortune. Les richesses n'ont jamais donné la vertu; mais la vertu a souvent donné les richesses. Quel usage aussi la plupart des Grands font-ils de leur gloire? Ils la mettent toute en marques extérieures, et en faste. Leur dignité s'appésantit, et abaisse les autres: cependant la véritable grandeur est humaine : elle se laisse approcher, elle descend même jusqu'à vous : ceux qui la possèdent sont à leur aise, et y mettent les autres. Leur élévation ne leur coûte aucune vertu, et la noblesse de leurs sentimens les y avoit comme préparés et accoutumés. Ils n'y sont point étrangers, et n'y font souffrir personne.

Les titres et les dignités ne sont pas les liens qui nous unissent aux hommes, ni qui les attirent à nous. Si nous n'y joignons le mérite et la bonté, on leur échappe aisément. On ne cherche qu'à se dédommager d'un hommage qu'on est forcé de rendre à leur place; et en leur absence, on se donne la liberté de les juger et de les condamner. Mais si par envie nous aimons à diminuer leurs bonnes qualités, il faut combattre ce sentiment, et leur rendre la justice qu'ils méritent. Nous croyons souvent n'en vouloir qu'aux hommes, et nous en voulons aux places : jamais ceux qui les ont occupées n'ont été au gré du monde; et on ne leur a rendu justice, que quand ils ont cessé d'y être. L'envie malgré elle rend hommage à la grandeur, quoiqu'elle semble la mépriser : car c'est honorer les places que de les envier. Ne condamnons point, par chagrin, des situations agréables, qui n'ont que le défaut de nous manquer. Passons aux devoirs de la société.

Les hommes ont trouvé qu'il étoit nécessaire et agréable de s'unir pour le bien commun : ils ont fait des lois pour réprimer les méchans : ils sont convenus entr'eux des devoirs de la société, et ont attaché l'idée de la gloire à la pratique de ces devoirs. Le plus honnête homme est celui qui les observe avec plus d'exactitude : on les multiplie à mesure que l'on a plus d'honneur et de délicatesse.

Les vertus se tiennent, et ont entr'elles une espèce d'alliance ; et c'est l'union de toutes ces vertus qui fait les hommes extraordinaires. Après avoir prescrit les devoirs nécessaires à leur sûreté commune, ils ont cherché à rendre leur commerce agréable : ils ont établi des règles de politesse et de savoir vivre.

On n'a point de préceptes à donner aux personnes bien nées, contre certains défauts. Il y a des vices qui sont inconnus aux honnêtes gens. La probité, la fidélité à tenir sa parole, l'amour de la vérité ; je crois n'avoir rien à vous apprendre sur tout cela : vous savez qu'un honnête-homme ne connoît point le mensonge. Quelles louanges ne donne-t-on point à ceux qui aiment la vérité ! Celui-là, dit on, est semblable aux Dieux, qui fait du bien, et qui dit la vérité. S'il ne faut pas toujours dire ce que l'on pense, il faut toujours penser ce que l'on dit. Le véritable usage de la parole, c'est de servir la vérité. Quand un homme a acquis la réputation de vrai, on jureroit sur sa parole ; elle a toute l'autorité des sermens : on a pour ce qu'il dit un respect de religion.

Le faux dans les actions n'est pas moins opposé à l'amour de la vérité, que le faux dans les paroles. Les honnêtes gens ne sont point faux : qu'ont-ils à cacher ? Ils ne sont pas même pressés de se montrer, sûrs que tôt ou tard le vrai mérite se fait jour.

Souvenez-vous qu'on vous pardonnera plutôt vos défauts, que l'affectation à vous parer des vertus que vous n'avez pas. La fausseté est l'imitation du vrai : l'homme faux paye de mine et de discours ; l'homme vrai paye de conduite. Il y a long-temps qu'on a dit, que l'hypocrisie est un hommage que le vice rend à la vertu. Mais il ne suffit pas d'avoir les vertus principales pour plaire, il faut encore avoir les qualité agréables et liantes.

Quand on aspire à se faire une grande réputation, on est toujours dépendant de l'opinion des autres. Il est difficile d'arriver aux honneurs par les services, si les manières et les amis ne les font valoir.

Je vous ai déjà dit, que dans les emplois subalternes on ne se soutient que par savoir plaire : dès qu'on se néglige, on est d'un très-petit prix. Rien ne déplaît tant que de montrer un amour-propre trop dominant, de faire sentir qu'on se préfère à tout, et qu'on se fait le centre de tout.

On peut beaucoup déplaire avec beaucoup d'esprit, lorsqu'on ne s'applique qu'à chercher les défauts d'autrui, et à les exposer au grand jour. Pour ces sortes de gens qui n'ont de l'esprit qu'aux dépens des autres, ils doivent souvent penser qu'il n'y a point de vie assez pure, pour avoir droit de censurer celle d'autrui.

La raillerie qui fait une partie des amusemens de la conversation, est difficile à manier. Les personnes qui ont besoin de médire, et qui aiment à railler, ont une malignité secrète dans le cœur. De la plus douce raillerie à l'offense, il n'y a qu'un pas à faire : souvent le faux ami, abusant du droit de plaisanter, vous blesse ; mais la personne que vous attaquez a seule droit de juger si vous plaisantez : dès qu'on la blesse, elle n'est plus raillée, elle est offensée.

L'objet de la raillerie doit tomber sur des défauts si légers, que la personne intéressée en plaisante elle-même. La raillerie délicate est un composé de louange et de blâme. Elle ne touche légèrement sur de petits défauts, que pour mieux appuyer sur de grandes qualités. M. de la Rochefoucault dit, *que le déshonorant offense moins que le ridicule.* Je penserois comme lui, par la raison qu'il n'est au pouvoir de personne d'en déshonorer une autre : c'est notre propre conduite et non les discours d'autrui qui nous déshonorent. Les causes du déshonneur sont connues et certaines : le ridicule est purement arbitraire. Il dépend de la manière que les objets se présentent, de la manière de penser et de sentir. Il y a des gens qui mettent toujours des lunettes du ridicule : ce n'est pas la faute des objets, c'est la faute de ceux qui les regardent : cela est si vrai, que telles personnes à qui on donneroit du ridicule dans certaines sociétés, seroient admirées dans d'autres, où il y aura de l'esprit et du mérite.

C'est aussi par l'humeur qu'on plaît et qu'on déplaît. Les humeurs sombres et chagrines, qui penchent vers la misanthropie, déplaisent fort.

L'humeur est la disposition avec laquelle l'ame reçoit l'impression des objets. Les humeurs douces ne sont blessées de rien : leur indulgence les sert, et prête aux autres ce qui leur manque.

La plupart des hommes s'imaginent qu'on ne peut travailler sur l'humeur : ils disent : *Je suis né comme cela*, et croient que cette excuse leur donne le droit de n'avoir aucune attention sur eux. De pareilles humeurs ont assurément le droit de déplaire. Les hommes ne vous doivent, qu'autant que vous leur plaisez. Les règles pour plaire sont de s'oublier soi-même, de ramener les autres à ce qui les intéresse, de les rendre contens d'eux-mêmes, de les faire valoir, et de leur passer les qualités qui leur sont contestées. Ils croient que vous leur donnez ce que le monde ne leur accorde pas : c'est en quelque sorte créer leur mérite, que de les rehausser dans l'idée d'autrui ; mais il ne faut pas pousser cela jusqu'à l'adulation.

Rien ne plaît tant que les personnes sensibles, qui cherchent à se lier aux autres.

Faites en sorte que vos manières offrent de l'amitié et en demandent. Vous ne sauriez être un homme aimable, que vous ne sachiez être ami, que vous ne connoissiez l'amitié : c'est elle qui corrige les vices de la société. Elle adoucit les humeurs farouches , elle rabaisse les glorieux , et les remet à leur place. Tous les devoirs de l'honnêteté sont renfermés dans les devoirs de la parfaite amitié.

Parmi le tumulte du monde, ayez , mon fils , quelque ami sûr, qui fasse couler dans votre ame les paroles de la vérité ; soyez docile aux avis de vos amis. L'aveu des fautes ne coûte guère à ceux qui sentent en eux de quoi les réparer : croyez donc n'avoir jamais assez fait , dès que vous sentez que vous pouvez mieux faire. Personne ne souffre plus doucement d'être repris , que celui qui mérite le plus d'être loué. Si vous êtes assez heureux pour avoir trouvé un ami vertueux et fidèle , vous avez trouvé un trésor : sa réputation garantira la vôtre ; il répondra de vous à vous-même, il adoucira vos peines , il doublera vos plaisirs. Mais pour mériter un ami , il faut savoir l'être.

Tout le monde se plaint qu'il n'y a point d'amis, et presque personne ne se met en peine d'apporter les dispositions nécessaires pour en faire , et pour les conserver. Les jeunes gens ont des sociétés ; rarement ont-ils des amis : les plaisirs les unissent, et les plaisirs ne sont pas des liens dignes de l'amitié ; mais je ne prétends pas faire une dissertation, je touche légèrement les devoirs de la vie civile.

Je vous renvoie à votre cœur, qui vous demandera un ami, et qui vous en fera sentir le besoin. Je laisse à votre délicatesse à vous instruire des devoirs de l'amitié.

Si vous voulez être parfaitement honnête homme, songez à régler votre amour-propre, et à lui donner un bon objet. L'honnêteté consiste à se dépouiller de ses droits, et à respecter ceux des autres. Si vous voulez être heureux tout seul, vous ne le serez jamais : tout le monde vous contestera votre bonheur. Si vous voulez que tout le monde le soit avec vous, tout vous aidera. Tous les vices favorisent l'amour-propre, et toutes les vertus s'accordent à le combattre : la valeur l'expose, la modestie l'abaisse, la générosité le dépouille, la modération le mécontente, et le zèle du bien public l'immole.

L'amour-propre est une préférence de soi aux autres, et l'honnêteté est une préférence des autres à soi. On distingue deux sortes d'amour-propre ; l'un naturel, légitime, et réglé par la justice et par la raison, l'autre vicieux et corrompu. Notre premier objet, c'est nous-mêmes ; et nous ne revenons à la justice, que par la réflexion. Nous ne savons pas nous aimer : nous nous aimons trop, ou nous nous aimons mal. S'aimer comme il faut, c'est aimer la vertu : aimer le vice, c'est s'aimer d'un amour aveugle et mal entendu.

Nous avons vu quelquefois des personnes s'avancer par de mauvaises voies ; mais si le vice est élevé, ce n'est pas pour long-temps : ils se détruisent par les mêmes moyens et avec les mêmes principes qui les ont établis. Si vous voulez être heureux avec sûreté, il faut l'être avec innocence. Il n'y a d'empire certain et durable que celui de la vertu.

Il y a d'aimables caractères qui ont une convenance naturelle et délicate avec la vertu : pour ceux à qui la nature n'a pas fait ces heureux présens, il n'y a qu'à avoir de bons yeux et connoître ses véritables intérêts, pour corriger un mauvais penchant. Voilà comme l'esprit redresse le cœur.

L'amour de l'estime est aussi l'ame de la société : il nous unit les uns aux autres. J'ai besoin de votre approbation, vous avez besoin de la mienne. En s'éloignant des hommes, on s'éloigne des vertus nécessaires à la société ; car, quand on est seul, on se néglige. Le monde vous force à vous observer.

La politesse est la qualité la plus nécessaire au commerce : c'est l'art de mettre en œuvre les manières extérieures, qui n'assurent rien pour le fond. La politesse est une imitation de l'honnêteté, et qui présente l'homme au-dehors, tel qu'il devroit être au-dedans : elle se montre en tout, dans l'air, dans le langage et dans les actions.

Il y a la politesse de l'esprit et la politesse des manières. Celle de l'esprit consiste à dire des choses fines et délicates ; celle des manières, à dire des choses flatteuses et d'un tour agréable.

Je ne renferme pas seulement la politesse dans ce commerce de civilités et de complimens que l'usage a établi ; on les dit sans sentiment, on les reçoit sans reconnoissance : on surfait dans ce genre de commerce, et on en rabat par l'expérience.

La politesse est un desir de plaire aux personnes avec qui l'on est obligé de vivre, et de faire en sorte que tout le monde soit content de nous ; nos supérieurs, de nos respects ; nos égaux, de notre estime ; et nos inférieurs, de notre bonté. Enfin, elle consiste dans l'attention de plaire, et de dire à chacun ce qui lui convient. Elle fait valoir leurs bonnes qualités : elle leur fait sentir qu'elle reconnoît leur supériorité. Quand vous saurez les élever, ils vous feront valoir à leur tour ; ils vous donneront sur les autres la place que vous voulez bien leur céder : c'est l'intérêt de leur amour-propre.

Le moyen de plaire, ce n'est point de faire sentir la supériorité, c'est de la cacher. C'est habileté que d'être poli ; on vous en quitte à meilleur marché.

La plupart du monde ne demande que des manières qui plaisent ; mais quand vous ne les avez pas, il faut que vos bonnes qualités doublent. Il faut avoir bien du mérite, pour percer au travers des manières grossières. Il faut aussi ne point laisser voir trop d'attention sur vous-même : une personne polie ne trouve jamais le temps de parler de soi.

Vous savez quelle sorte de politesse est nécessaire avec les femmes. A présent, il semble que les jeunes gens se soient permis d'y manquer : cela sent l'éducation négligée.

Rien n'est plus honteux que d'être grossier volontairement ; mais ils ont beau faire, ils n'ôteront jamais aux femmes la gloire d'avoir formé ce que nous avons eu de plus honnêtes gens dans le temps passé. C'est à elles qu'on doit la douceur des mœurs, la délicatesse des sentimens, et cette fine galanterie de l'esprit et des manières.

Il est vrai qu'à présent la galanterie extérieure est bannie ; les manières ont changé, et tout le monde y a perdu : les femmes, l'envie de plaire, qui est la source de leurs agrémens ; et les hommes, la douceur et cette délicate politesse qui ne s'acquièrent que dans leur commerce. La plupart des hommes croient ne leur devoir ni probité ni fidélité : il semble qu'il soit permis de les trahir, sans intéresser sa gloire. Qui voudroit pénétrer les motifs d'une pareille conduite, les trouveroit bien honteux. Ils sont fidèles les uns aux autres, parce qu'ils se craignent, parce qu'ils savent se faire rendre justice ; mais ils manquent aux femmes impunément et sans remords. Leur probité n'est donc que forcée : elle est plutôt l'effet de la crainte que de l'amour de la justice. Aussi, en examinant de près ceux qui se font un métier de la galanterie, on les trouve souvent de malhonnêtes gens. Ils contractent de mauvaises habitudes, les mœurs se gâtent, l'amour de la vérité s'affoiblit : on s'accoutume à négliger sa parole et ses sermens. Quel métier, où ce que vous faites de moins mal, c'est d'arracher les femmes à leur devoir, de déshonorer les unes, de désespérer les autres ; où souvent un malheur certain est toute la récompense d'un attachement sincère et constant !

Les hommes ne sont pas en droit de tant blâmer les femmes : c'est par eux qu'elles perdent l'innocence. Hors quelques femmes destinées au vice dès leur naissance, les autres vivroient dans l'habitude de leurs devoirs, si on ne prenoit pas soin de les en détourner. Mais enfin, c'est à elles à être en garde contre eux. Vous savez qu'il n'est jamais permis de les déshonnorer : si elles ont eu la foiblesse de vous confier leur honneur, c'est un dépôt dont on ne doit point abuser. Vous le devez pour elles, si vous avez sujet de vous en louer : vous le devez pour vous-même, si vous avez sujet de vous en plaindre. Vous savez de plus que par les lois de l'honneur, il faut combattre à armes égales : vous ne devez donc pas faire à une femme un déshonneur de son amour, puisqu'elle ne peut jamais vous faire un déshonneur du vôtre.

Je dois encore vous avertir qu'il ne faut pas attirer leur haine : elle est vive et implacable. Il y a des offenses qu'elles ne pardonnent jamais, et on risque beaucoup plus qu'on ne pense à blesser leur gloire : moins leur ressentiment éclate, plus il est terrible ; il s'irrite en le retenant. N'ayez rien à démêler avec un sexe qui sait haïr et se venger ; d'ailleurs, les femmes font la réputation des hommes, comme les hommes font celle des femmes.

C'est une chose assez rare que de savoir manier la louange, et de la donner avec agrément et avec justice. Le misanthrope ne sait pas louer, son discernement est gâté par son humeur. L'adulateur, en louant trop, se décrédite et n'honore personne. Le glorieux ne donne des louanges que pour en recevoir : il laisse trop voir qu'il n'a pas le sentiment qui fait louer. Les petits esprits estiment tout, parce qu'ils ne connoissent pas la valeur des choses : ils ne savent placer ni l'estime ni le mépris. L'envieux ne loue personne, de peur de se faire des égaux. Un honnête homme loue à propos : il a plus de plaisir à rendre justice, qu'à augmenter sa réputation en diminuant celle des autres. Les personnes attentives et délicates sentent toutes ces différences. Si vous voulez que la louange soit utile, louez par rapport aux autres, et non par rapport à vous.

Il faut savoir vivre avec ses concurrens. Rien de plus ordinaire que de vouloir s'élever au-dessus d'eux, ou de chercher à les détruire ; mais il y a une conduite plus noble, c'est de ne les attaquer jamais, et de ne songer qu'à les surpasser en mérite : il est beau de leur céder la place que vous croyez leur appartenir.

L'honnête homme aime mieux manquer à sa fortune, qu'à la justice. Disputez de gloire avec vous-même, et tâchez d'acquérir des vertus qui rehaussent celles que vous avez.

Il faut aussi être retenu sur la vengeance. Il est souvent utile de se faire craindre, mais presque toujours dangereux de se venger. Rien de plus foible, que de faire tout le mal qu'on peut faire,

La meilleure manière de se venger d'une injure, c'est de n'imiter pas celui qui vous l'a faite. C'est un spectacle digne des honnêtes gens, que d'opposer la patience à l'emportement, la modération à l'injustice. La haine outrée vous met au-dessous de ceux qui vous haïssent. Ne justifiez point vos ennemis, ne faites rien qui puisse les absoudre; ils nous font moins de tort que nos défauts. Les petites ames sont cruelles; les grands hommes ont de la clémence. César disoit, *que le plus doux fruit de ses victoires, c'étoit de pouvoir donner la vie à ceux qui avoient attenté à la sienne.* Rien de plus glorieux et de plus délicat, que cette sorte de vengeance; c'est la seule que les honnêtes gens se permettent. Dès que votre ennemi se repent et se soumet, vous perdez le droit de vous venger.

La plupart des hommes ne mettent dans le commerce que les foiblesses qui servent à la société. Les honnêtes gens se lient par les vertus; le commun des hommes, par les plaisirs; et les scélérats, par les crimes.

La table et le jeu ont leurs excès et leurs dangers; l'amour a les siens. On ne se joue pas toujours avec la beauté: elle commande quelquefois impérieusement. Rien de plus honteux, que de perdre dans le vin la raison qui doit être le guide

de l'homme. Se livrer à la volupté, c'est se dé-
grader. Le plus sûr seroit donc de ne pas s'appri-
voiser avec elle. Il semble que l'ame du voluptueux lui soit à charge.

Pour le jeu, c'est un renversement de toutes
les bienséances : le Prince y oublie sa dignité, et
la femme sa pudeur. Le gros jeu renferme tous
les défauts de la société. On se donne le mot à de
certaines heures pour se ruiner et pour se haïr :
c'est une grande épreuve pour la probité, peu de
gens l'ont conservée pure dans le jeu.

La plus nécessaire disposition pour goûter les
plaisirs, c'est de savoir s'en passer. La volupté est
étrangère aux personnes raisonnables. Songez
qu'auprès des plus grands plaisirs, vous attend
un chagrin pour les troubler, ou un dépit pour
les finir.

La sagesse se sert de l'amour de la gloire pour
se défendre des bassesses où jette la volupté. Mais
il faut s'y prendre de bonne heure pour se préserver des passions : dans les commencemens
elles obéissent, et dans la suite elles comman-
dent; elles sont plus aisées à vaincre qu'à contenter.

Défendez-vous de l'envie; c'est la passion du
monde la plus basse et la plus honteuse : elle est
toujours désavouée. L'envie est l'ombre de la
gloire, comme la gloire est l'ombre de la vertu.

La plus grande marque qu'on est né avec de grandes qualités, c'est de vivre sans envie.

Un homme de qualité ne peut être aimable sans la libéralité. L'avare a droit de déplaire. Il a en lui un obstacle à toutes les vertus ; il n'a ni justice, ni humanité. Dès qu'on s'abandonne à l'avarice, on renonce à la gloire : on a dit qu'il y avoit d'illustres scélérats, mais qu'il n'y avoit pas d'illustres avares.

Quoique la libéralité soit un don de la nature, cependant si l'on avoit de la disposition au vice opposé, avec de l'esprit et des réflexions on pourroit s'en corriger.

L'avare ne jouit de rien.

L'on a dit que l'argent étoit un bon serviteur et un mauvais maître : il n'est bon que par l'usage que l'on en sait faire.

L'avare est plus tourmenté que le pauvre. L'amour des richesses est le commencement de tous les vices, comme le désintéressement est le principe de toutes les vertus.

Il s'en faut beaucoup, que dans l'ordre des biens, les richesses méritent le premier rang : quoiqu'elles soient le premier objet des desirs de la plupart des hommes, cependant la vertu, la gloire et la grande réputation sont bien au-dessus des présens de la Fortune.

3 *

Le plaisir le plus touchant pour les honnêtes gens, c'est de faire du bien et de soulager les misérables. Quelle différence d'avoir un peu plus d'argent, ou de le savoir perdre pour faire plaisir, et de le changer contre la réputation de bonté et de générosité! C'est un sacrifice que vous faites à votre gloire. Prenez le fond de votre libéralité sur vous-même; c'est un excellent ménage, qui va à vous élever, et à faire dire du bien de vous.

C'est un grand trésor qu'une grande réputation. Il ne faut pas s'imaginer que ce n'est que dans les grandes fortunes qu'on peut faire du bien; tout le monde le peut dans son état, avec de l'attention sur soi et sur les autres : ayez ce sentiment dans le cœur, vous trouverez de quoi le satisfaire; les occasions naissent sous vos yeux, et il n'y a que trop de malheureux qui vous sollicitent.

La libéralité se caractérise par la manière de donner : le libéral double le mérite du présent par le sentiment; l'avare le gâte par le regret. La libéralité n'a jamais ruiné personne. Ce n'est pas l'avarice qui élève les maisons; elles se soutiennent par la justice, par la modération et par la bonne foi. La libéralité est un des devoirs d'une grande naissance. Quand vous faites du bien, vous ne faites que payer une dette; mais il faut que la prudence vous règle. Les principes de la prodigalité ne sont pas honteux, mais les suites en sont dangereuses.

Peu de gens savent vivre avec leurs inférieurs. La grande opinion que nous avons de nous-mêmes nous fait regarder ce qui est au-dessous de nous comme une espèce à part. Que ces sentimens sont contraires à l'humanité! Si vous voulez vous faire un grand nom, il faut être accessible et affable; la profession des armes n'en dispense point. Germanicus étoit adoré de ses soldats : pour savoir ce qu'ils pensoient de lui, le soir il se promenoit dans le Camp, il écoutoit ce qu'ils disoient dans leurs petits repas, où ils se donnent la liberté de juger de leur Général. *Il alloit* (dit Tacite) *jouir de sa réputation et de sa gloire.*

Il faut commander par l'exemple, et non par l'autorité : l'admiration force à l'imitation, bien plus que le commandement; et vivre dans la mollesse et traiter rudement les soldats, c'est être leur Tyran, et non pas leur Général.

Apprenez dans quelle vue on a institué le commandement, et de quelle manière on doit s'y conduire; c'est la vertu, c'est le respect naturel qu'on a pour elle, qui ont fait consentir les hommes à

l'obéissance. Vous êtes un usurpateur de l'autorité, dès que vous ne la possédez pas à ce prix.
Dans un empire où la raison seroit la maîtresse,
tout seroit égal, et l'on ne donneroit de distinction qu'à la vertu.

L'humanité souffre de l'extrême différence que
la fortune a mise d'un homme à un autre. C'est
le mérite qui doit vous séparer du peuple, et non
la dignité ni l'orgueil. Ne regardez les avantages
de la naissance et des rangs, que comme des biens
que la fortune vous prête, et non comme des distinctions attachées à votre être, et qui fassent partie de vous-même. Si votre état vous élève au-dessus du peuple, songez combien vous tenez au
commun des hommes par vos foiblesses, qui vous
mêlent avec eux; que la justice arrête les mouvemens de votre orgueil, qui vous en sépare.

Sachez que les premières lois auxquelles vous
devez obéir, sont celles de l'humanité : songez
que vous êtes homme, et que vous commandez à
des hommes. Le fils de Marc-Aurèle ayant perdu
son Précepteur, les courtisans trouvoient mauvais
qu'il le pleurât. Marc-Aurèle leur dit : *Souffrez
que mon fils soit homme, avant que d'être
Empereur.*

Oubliez toujours ce que vous êtes, dès que l'humanité vous le demande; mais ne l'oubliez ja-

mais, quand la vraie gloire veut que vous vous en souveniez. Enfin, si vous avez de l'autorité, que ce soit uniquement pour le bonheur des autres. Approchez-les de vous, si vous êtes grand, au lieu de les abaisser : ne leur faites jamais sentir leur infériorité, et vivez avec eux comme vous voulez que vos supérieurs vivent avec vous.

La plupart des hommes ne savent pas vivre avec eux-mêmes, ils ne songent qu'à s'en séparer et à chercher leur bonheur au dehors. Il faut, s'il est possible, établir votre félicité avec vous-même, et trouver en vous l'équivalent des biens que la Fortune vous refuse, vous en serez plus libre ; mais il faut que ce soit un principe de raison qui vous ramène à vous, et non pas un éloignement pour les hommes.

Vous aimez la solitude : on vous reproche d'être trop particulier. Je ne condamne pas ce goût; mais il ne faut pas que les vertus de la société en souffrent. *Retirez-vous-en vous-même*, dit Marc Antonin : pratiquez souvent cette retraite de l'ame, vous vous y renouvellerez. Ayez quelque maxime qui au besoin ranime votre raison, et qui fortifie vos principes. La retraite vous met en commerce avec les bons Auteurs. Les habiles gens n'entassent pas les connoissances, mais ils les choisissent.

Faites que vos études coulent dans vos mœurs, et que tout le profit de vos lectures se tourne en vertu. Essayez de pénétrer les premiers principes des choses, et ne vous laissez pas trop asservir aux opinions du vulgaire.

Votre lecture ordinaire doit être l'histoire, mais joignez-y la réflexion. Quand vous ne penserez qu'à remplir votre mémoire de faits, à orner votre esprit des pensées et des opinions des Auteurs, vous ne ferez qu'un magasin des idées d'autrui. Un quart d'heure de réflexion étend et forme plus l'esprit que beaucoup de lecture. Ce n'est pas la privation des connoissances qui est à craindre, c'est l'erreur et les faux jugemens.

La réflexion est le guide qui conduit à la vérité. Ne considérez les faits que comme des autorités pour appuyer la raison ou comme des sujets pour l'exercer.

L'histoire vous instruira de votre métier; mais après en avoir tiré l'utilité qui convient à votre profession, il y a un usage moral à en faire un bien plus important pour vous.

La première science de l'homme, c'est l'homme. Laissez aux Ministres la politique, et aux Princes ce qui appartient à la grandeur : mais cherchez l'homme dans le Prince; observez-le dans le train de la vie commune : voyez dans quel a vilissement il tombe quand il s'abandonne à sa passion. Une conduite déréglée est toujours suivie d'événemens malheureux.

Etudier l'histoire, c'est étudier les passions et les opinions des hommes, c'est les approfondir, c'est démasquer ces actions, qui ont paru grandes, étant voilées et consacrées par le succès ; mais qui souvent deviennent méprisables dès que le motif en est connu. Rien de plus équivoque que les actions des hommes ; il faut remonter aux principes, si on veut les connoître. Il est nécessaire de vous assurer de l'esprit de nos actions, avant que de nous applaudir.

Nous faisons peu de bien et beaucoup de mal, et nous avons encore trouvé le secret de gâter et de faire mal le peu de bien que nous faisons.

Voyez les Princes dans l'histoire et ailleurs, comme des personnages de théâtre ; ils ne vous intéressent que par les qualités qui nous sont communes avec eux. Cela est si vrai, que les Historiens qui se sont attachés à peindre les hommes plus que les Rois, et qui nous les montrent dans leur domestique, plaisent bien davantage. Nous nous retrouvons en eux, nous aimons à voir dans les Grands nos foiblesses. Cela nous console en quelque façon de notre bassesse, et nous élève en quelque sorte à leur hauteur. Enfin, regardez l'histoire comme le témoin des temps et le tableau des mœurs : vous pourrez vous y reconnoître, sans que votre vanité en soit blessée.

Je vous exhorterai bien plus, mon fils, à travailler sur votre cœur, qu'à perfectionner votre esprit : ce doit être-là l'étude de toute la vie. La vraie grandeur de l'homme est dans le cœur : il faut l'élever, pour aspirer à de grandes choses, et même oser s'en croire digne. Il est aussi honnête d'être glorieux avec soi-même, que ridicule de l'être avec les autres.

Ayez des pensées et des sentimens qui soient dignes de vous. La vertu rehausse l'état de l'homme, et le vice le dégrade. Si l'on étoit assez malheureux pour n'avoir pas le cœur droit, il faudroit, pour ses propres intérêts, le redresser. L'on n'est estimable que par le cœur, et l'on n'est heureux que par lui, puisque notre bonheur ne dépend que de la manière de sentir. Si vos sentimens ne se portent qu'aux passions frivoles, vous serez le jouet de leurs vains attachemens. Ils vous présentent des fleurs, *mais défiez-vous*, dit Montagne, *de la trahison de vos plaisirs.*

Il ne faut que se prêter aux choses qui plaisent. Dès qu'on s'y donne, on se prépare des regrets. La plupart des hommes emploient la première partie de leur vie à rendre l'autre misérable. Il ne faut pas aussi abandonner la raison dans vos plaisirs, si vous voulez la retrouver dans vos peines.

Enfin gardez bien votre cœur, il est la source de l'innocence et du bonheur. Ce n'est pas payer trop cher la liberté de l'esprit et du cœur, que de l'acheter par le sacrifice des plaisirs, comme l'a dit un homme de beaucoup d'esprit. N'espérez donc jamais pouvoir allier la volupté avec la gloire, le charme de la mollesse avec la récompense de la vertu; mais en abandonnant les plaisirs, vous trouverez d'ailleurs de quoi vous dédommager; il en est de bien des sortes. La gloire et la vérité ont leurs délices, elles sont la volupté de l'ame et du cœur.

Apprenez aussi à vous craindre et à vous respecter. Le fondement du bonheur est dans la paix de l'ame, et dans le témoignage secret de la conscience. Par le mot de conscience, j'entends ce sentiment intérieur d'un honneur délicat, qui vous assure que vous n'avez rien à vous reprocher. Encore une fois, qu'il est heureux de savoir vivre avec soi-même, de vous retrouver avec plaisir, de vous quitter avec regret! Le monde alors vous est moins nécessaire, mais prenez garde que cela ne vous rende trop dégoûté. Il ne faut pas faire sentir de l'éloignement pour les hommes : ils vous échappent dès que vous leur échappez. Vous en avez besoin : vous n'êtes ni d'un âge, ni d'une profession à vous en passer ; mais quand on sait vivre avec soi-même et avec le monde, ce sont deux plaisirs qui se soutiennent.

Le sentiment de la gloire peut beaucoup contribuer à votre élévation et à votre bonheur ; mais il peut aussi vous rendre malheureux et peu estimable, si vous ne savez pas le gouverner : c'est le plus vif et le plus durable de tous les goûts. L'amour de la gloire est le dernier sentiment qui nous abandonne ; mais il ne faut pas le confondre avec la vanité. La vanité cherche l'approbation d'autrui ; la vraie gloire, le témoignage secret de la conscience. Cherchez à satisfaire le sentiment de la gloire qui est en vous : assurez-vous de ce témoignage intérieur. Votre tribunal est en vous-même : pourquoi le chercher ailleurs ? Vous pouvez toujours être juge de ce que vous valez. Qu'on vous dispute vos bonnes qualités où l'on ne vous connoît pas, consolez-vous-en. Il est moins question de paroître honnête homme, que de l'être. Ceux qui ne se soucient pas de l'approbation d'autrui, mais seulement de ce qui la fait mériter, obtiennent l'un et l'autre. Quel rapport entre la grandeur de l'homme et la petitesse des choses dont il se glorifie ! Rien de si mal assorti que sa dignité et la vanité qu'il tire d'une infinité de choses frivoles ; une gloire si mal fondée marque une grande disette de mérite. Les personnes qui ont une véritable grandeur ne sont pas sujettes aux éblouissemens de la vaine gloire.

Il faut, s'il est possible, mon fils, être content de son état. Rien de plus rare et de plus estimable que de trouver des personnes qui en soient satisfaites ; c'est notre faute. Il n'y a point de condition si mauvaise qui n'ait un bon côté : chaque état a son point de vue, il faut savoir s'y mettre ; ce n'est pas la faute des situations, c'est la nôtre. Nous avons bien plus à nous plaindre de notre humeur que de la fortune. Nous imputons aux événemens les défauts qui ne viennent que de notre chagrin. Le mal est en nous, ne le cherchons pas ailleurs. En adoucissant notre humeur, souvent nous changeons notre fortune. Il nous est bien plus aisé de nous ajuster aux choses que d'ajuster les choses à nous. Souvent l'application à chercher le remède irrite le mal ; et l'imagination d'intelligence avec la douleur, l'accroît et la fortifie. L'attention aux malheurs les rapproche en les tenant présens à l'ame. Une résistance inutile retarde l'habitude qu'elle contracteroit avec son état. Il faut céder aux malheurs. Renvoyez-les à la patience, c'est à elle seule à les adoucir.

Si vous voulez vous faire justice, vous serez content de votre situation. J'ose dire qu'après la perte que nous avons faite, si vous aviez eu une autre Mère, vous seriez encore plus à plaindre. Ayez de l'attention aux biens de votre état, et vous en sentirez moins les peines. Un homme sage, à condition égale, a plus de biens et moins de maux.

Il faut compter qu'il n'y a aucune condition qui n'ait ses peines, c'est l'état de la vie humaine; rien de pur, tout est mêlé. C'est vouloir s'affranchir de la loi commune, que de prétendre un bonheur constant. Les personnes qui vous paroissent les plus heureuses, si vous aviez compté avec leur fortune, ou avec leur cœur, ne vous le paroîtroient guère. Les plus élevés sont souvent les plus malheureux. Avec de grands emplois et des maximes vulgaires, on est toujours agité. C'est la raison qui ôte les soucis de l'ame, et non pas les places. Si vous êtes sage, la fortune ne peut ni augmenter, ni diminuer votre bonheur.

Jugez par vous-même, et non pas par l'opinion d'autrui. Les malheurs et les déréglemens viennent des faux jugemens : les faux jugemens des sentimens, et les sentimens du commerce que l'on a avec les hommes; vous revenez toujours plus imparfait. Pour affoiblir l'impression qu'ils font sur vous, et pour modérer vos désirs et vos chagrins, songez que le tems emporte et vos peines et vos plaisirs; que chaque instant, quelque jeune que vous soyez, vous enleve une partie de vous même; que toutes choses entrent continuellement dans l'abîme du passé, dont elles ne sortent jamais.

Tout ce qu'il y a de plus grand n'est pas mieux traité que vous. Ces honneurs, ces dignités, ces préférences établies parmi les hommes, sont des spectacles et des cérémonies vuides de réalité; ne croyez pas que ce soient des qualités attachées à leur être. Voilà comme vous devez regarder ceux qui sont au-dessus de vous. Mais ne perdons point de vue un nombre infini de malheureux qui sont au-dessous. Vous ne devez qu'au hasard la différence qu'il y a de vous à eux. Mais l'orgueil et la haute opinion que nous avons de nous-mêmes, nous fait regarder comme un bien qui nous est dû, l'état où nous sommes, et comme un vol tout ce que nous n'avons pas : vous voyez bien que rien n'est plus injuste. Jouissez, mon fils, des avantages de votre état; mais souffrez-en doucement les peines. Songez que partout où il y a des hommes, il y a des malheureux. Ayez, s'il est possible, une étendue d'esprit, qui vous fasse regarder les accidens comme prévus et connus. Enfin, souvenez-vous que le bonheur dépend des mœurs et de la conduite; mais que le comble de la félicité est de la chercher dans l'innocence : on ne manque jamais de l'y trouver.

AVIS

D'UNE MÈRE A SA FILLE.

AVIS D'UNE MÈRE A SA FILLE.

On a dans tous les temps négligé l'éducation des filles, l'on n'a d'attention que pour les hommes; et comme si les femmes étoient une espèce à part, on les abandonne à elles-mêmes, sans secours, sans penser qu'elles composent la moitié du monde; qu'on est uni à elles nécessairement par les alliances; qu'elles font le bonheur ou le malheur des hommes, qui toujours sentent le besoin de les avoir raisonnables; que c'est par elles que les Maisons s'élèvent ou se détruisent; que l'éducation leur est confiée dans la première jeunesse, temps où les impressions sont plus vives et plus profondes. Que veut-on qu'elles leur inspirent, puisque dès l'enfance on les abandonne elles-mêmes à des gouvernantes, qui, étant prises ordinairement dans le peuple, leur inspirent des sentimens bas, qui réveillent toutes les passions timides, et qui mettent la superstition à la place de la Religion? Il falloit bien plutôt penser à

4 *

rendre héréditaires certaines vertus, en les faisant passer de la mère aux enfans, qu'à y conserver les biens par des substitutions. Rien n'est
donc si mal entendu que l'éducation qu'on donne
aux jeunes personnes. On les destine à plaire :
on ne leur donne des leçons que pour les agrémens : on fortifie leur amour-propre : on les livre
à la mollesse, au monde et aux fausses opinions ;
on ne leur donne jamais de leçons de vertu ni
de force. Il y a une injustice, ou plutôt une folie
à croire qu'une pareille éducation ne tourne pas
contre elles.

Il ne suffit pas, ma fille, pour être estimable,
de s'assujettir extérieurement aux bienséances : ce
sont les sentimens qui forment le caractère, qui
conduisent l'esprit, qui gouvernent la volonté,
qui répondent de la réalité et de la durée de
toutes nos vertus. Quel sera le principe de ces
sentimens ? La Religion : quand elle sera gravée
dans notre cœur, alors toutes les vertus coule-
ront de cette source ; tous les devoirs se range-
ront chacun dans leur ordre. Ce n'est pas assez
pour la conduite des jeunes personnes, que de
les obliger à faire leur devoir, il faut le leur
faire aimer : l'autorité est le tyran de l'extérieur,
qui n'assujettit point le dedans. Quand on prescrit une conduite, il faut en montrer les raisons

et les motifs, et donner du goût pour ce que l'on conseille.

Nous avons tant d'intérêt à pratiquer la vertu, que nous ne devons jamais la regarder comme notre ennemie, mais comme la source du bonheur, de la gloire et de la paix.

Vous arrivez dans le monde : venez-y, ma fille, avec des principes ; vous ne sauriez trop vous fortifier contre ce qui vous attend. Apportez-y toute votre Religion : nourrissez-la dans votre cœur par des sentimens ; soutenez-la dans votre esprit par des réflexions et par des lectures convenables.

Rien n'est plus heureux et plus nécessaire, que de conserver un sentiment qui nous fait aimer et espérer, qui nous donne un avenir agréable, qui accorde tous les tems, qui assure tous les devoirs, qui répond de nous à nous-mêmes, et qui est notre garant envers les autres. De quel secours la religion ne vous sera-t-elle pas contre les disgraces qui vous menacent ? Car un certain nombre de malheurs vous est destiné. Un ancien disoit, *qu'il s'enveloppoit du manteau de sa vertu.* Enveloppez-vous de celui de votre Religion : elle vous sera d'un grand secours contre les foiblesses de la jeunesse, et un azyle assuré dans un âge plus avancé.

Les femmes qui n'ont nourri leur esprit que des maximes du siècle, tombent dans un grand vuide en avançant dans l'âge : le monde les quitte, et leur raison leur ordonne aussi de le quitter. A quoi se prendre? Le passé nous fournit des regrets; le présent des chagrins, et l'avenir des craintes. La religion seule calme tout, et console de tout; en vous unissant à Dieu, elle vous réconcilie avec le monde et avec vous-même.

Une jeune personne qui entre dans le monde, a une haute idée du bonheur qu'il lui prépare; elle cherche à la remplir, c'est la source de ses inquiétudes : elle court après son idée, elle espère un bonheur parfait; c'est ce qui fait la légéreté et l'inconstance.

Les plaisirs du monde sont trompeurs : ils promettent plus qu'ils ne donnent; ils nous inquiètent dans leur recherche, ne nous satisfont point dans leur possession, et nous désespèrent dans leur perte.

Pour fixer vos desirs, pensez que vous ne trouverez point hors de vous le bonheur solide ni durable. Les honneurs et les richesses ne se font point sentir long-temps; leur possession donne de nouveaux desirs : l'habitude aux plaisirs les fait disparoître. Avant que de les avoir goûtés, vous pouvez vous en passer; au lieu que la pos-

session vous a rendu nécessaire ce qui étoit su-
perflu : vous êtes plus mal à votre aise que vous
n'étiez devant ; en les possédant , vous vous y
accoutumez ; et en les perdant , ils vous laissent
du vuide et du besoin. Ce qui se fait sentir ,
c'est le passage d'un état à un autre ; c'est l'in-
tervalle d'un temps malheureux à un temps heureux. Dès que l'habitude est formée , le sentiment du plaisir s'évanouit. On y gagneroit , si
on pouvoit tout d'un coup tirer de sa raison tout
ce qu'il faut pour son bonheur. L'expérience nous
renvoie à nous-mêmes ; épargnez-vous ce qu'elle
coûte , et dites-vous de bonne heure , d'une manière ferme , et qui vous fixe : *la vraie félicité*
est dans la paix de l'ame , dans la raison ,
dans l'accomplissement de nos devoirs. Ne nous
croyons heureuses , ma fille , que lorsque nous
sentirons nos plaisirs naître du fond de notre
ame.

Ces réflexions sont trop fortes pour une jeune
personne , et regardent un âge plus avancé ; cependant je vous en crois capable : mais de plus
c'est moi qui m'instruis. Nous ne pouvons graver
trop profondément en nous des préceptes de sagesse : la trace qu'ils font est toujours légère ;
mais il faut convenir que ceux qui s'occupent de
réflexions , et qui se remplissent le cœur de prin-

cipes, sont plus près de la vertu que ceux qui
les rejettent. Si nous sommes assez malheureuses
pour manquer à notre devoir, au moins faut-il
l'aimer. Faisons-nous donc, ma fille, de ces préceptes une aide continuelle pour la vertu.

Il y a, dit-on, deux préjugés auxquels il faut
obéir : la Religion et l'honneur. C'est mal parler
que de traiter la Religion de préjugé : le préjugé
est une opinion qui peut servir à l'erreur comme
à la vérité ; ce terme ne doit s'appliquer qu'aux
choses incertaines, et la Religion ne l'est pas.

Quoique l'honneur soit l'ouvrage des hommes,
rien n'est plus réel que les maux que souffrent
ceux qui ont voulu s'y dérober : il seroit dangereux de se révolter ; il faut même travailler à
fortifier ce sentiment, puisqu'il doit régler votre
vie, et que rien n'est plus contraire au repos,
et ne nous donne une conduite plus incertaine,
que de penser d'une façon et d'agir d'une autre.
Donnez-vous, autant que vous pourrez, les sentimens de la conduite qu'il faut garder. Fortifiez
donc ce préjugé de l'honneur, et que votre délicatesse le porte jusques au scrupule.

Ne vous relâchez point sur ces principes : ne
regardez pas la vertu des femmes comme une
vertu ordonnée par l'usage ; ne vous accoutumez
pas à croire qu'il suffit de se dérober aux yeux

du monde, pour payer le tribut que vous devez à vos obligations. Vous avez deux tribunaux iné- vitables, devant lesquels vous devez passer ; la conscience et le monde. Vous pouvez échapper au monde ; mais vous n'échapperez pas à la cons- cience. Vous vous devez à vous-même le témoi- gnage que vous êtes une honnête personne. Il ne faut pourtant pas abandonner l'approbation pu- blique, parce que du mépris de la réputation naît le mépris de la vertu.

Quand vous aurez quelque usage du monde, vous connoîtrez qu'il n'est pas nécessaire d'être menacée par les lois, pour vous contenir dans votre devoir : l'exemple de celles qui se sont re- lâchées, les malheurs qui les ont suivies de si près, suffiroient pour arrêter le penchant le plus rapide ; car il n'y a pas une femme galante, qui, si elle veut être sincère, ne vous avoue que c'est le plus grand malheur du monde que de s'être oubliée.

La honte est un sentiment dont on peut tirer de grands avantages, en la ménageant bien : je ne parle point de la mauvaise honte, qui ne fait que troubler notre repos, sans tourner au profit de nos mœurs ; je veux dire celle qui nous détourne du mal par la crainte du déshonneur. Il faut l'avouer, cette honte est quelquefois le plus fidèle gardien de la vertu des femmes : très-peu sont vertueuses pour la vertu même.

Il y a de grandes vertus, qui, portées à un certain degré, font pardonner bien des défauts ; la suprême valeur dans les hommes, et l'extrême pudeur dans les femmes. On pardonnoit tout à Agrippine, femme de Germanicus, en faveur de sa chasteté : cette princesse étoit ambitieuse et hautaine ; mais, dit Tacite, *toutes ses passions étoient consacrées par la chasteté.*

Si vous êtes sensible et délicate sur la réputation, si vous craignez d'être attaquée sur les vertus essentielles, il y a un moyen sûr pour calmer vos craintes, et pour contenter votre délicatesse, c'est d'être vertueuse. Ne songez qu'à épurer vos sentimens ; qu'ils soient raisonnables et pleins d'honneur. Songez à être contente de vous-même, c'est un revenu de plaisirs certains ; et vous aurez encore la louange et la bonne réputation : de plus, ayez de vraies vertus, vous trouverez assez d'approbateurs.

Les vertus d'éclat ne sont point le partage des femmes, mais bien les vertus simples et paisibles. La renommée ne se charge point de nous. Un ancien dit, *que les grandes vertus sont pour les hommes :* il ne donne aux femmes que le seul mérite d'être inconnues ; *et ce ne sont point celles,* dit-il, *qu'on loue le plus qui sont le mieux louées, mais celles dont on ne parle point.* La pensée me paroît fausse ; mais, pour réduire cette maxime en conduite, je crois qu'il faut éviter le monde et l'éclat, qu'ils prennent toujours sur la pudeur, et se contenter d'être à soi-même son propre spectateur.

Les vertus des femmes sont difficiles, parce que la gloire n'aide pas à les pratiquer. Vivre chez soi, ne régler que soi et sa famille, être simple, juste et modeste ; vertus pénibles, parce qu'elles sont obscures. Il faut avoir bien du mérite pour fuir l'éclat, et bien du courage pour consentir à n'être vertueuse qu'à ses propres yeux. La grandeur et la réputation sont des soutiens à notre foiblesse : c'en est une que de vouloir se distinguer et s'élever. L'ame se repose dans l'approbation publique, et la vraie gloire consiste à s'en passer. Qu'elle n'entre donc pas dans les motifs de vos actions ; c'est bien assez qu'elle en soit la récompense.

Il faut, ma fille, être persuadée que la perfection et le bonheur se tiennent ; que vous ne serez heureuse que par la vertu, et presque jamais malheureuse que par le dérèglement. Que chacun s'examine à la rigueur, il trouvera qu'il n'a jamais eu de douleur vive, qu'il n'y ait donné lieu par quelque défaut, ou par le manque de quelque vertu. Le chagrin suit toujours la perte de l'innocence, mais il y a à la suite de la vertu un sentiment de douceur, qui paye comptant ceux qui lui sont fidèles.

Ne croyez pourtant pas que votre seule vertu soit la pudeur : il y a bien des femmes qui n'en connoissent point d'autre, et qui se persuadent qu'elle les acquitte de tous les devoirs de la société ; elles se croient en droit de manquer à tout le reste, et d'être impunément orgueilleuses et médisantes. Anne de Bretagne, Princesse impérieuse et superbe, faisoit souffrir Louis XII, et ce bon Prince disoit souvent en lui cédant : *Il faut bien payer la chasteté des femmes.* Ne faites point payer la vôtre ; songez au contraire, que c'est une vertu qui ne regarde que vous, et qui perd son plus grand lustre, si les autres ne l'accompagnent.

Il faut avoir une pudeur tendre. Le désordre intérieur passe du cœur à la bouche, et c'est ce qui fait les discours déréglés. Les passions même les plus vives ont besoin de la pudeur pour se montrer dans une forme séduisante : elle doit se répandre sur toutes vos actions ; elle doit parer et embellir toute votre personne.

On dit que Jupiter, en formant les passions,

leur donna à chacune sa demeure ; la pudeur fut
oubliée, et quand elle se présenta, on ne savoit
plus où la placer ; on lui permit de se mêler
avec toutes les autres. Depuis ce temps-là, elle
en est inséparable ; elle est amie de la vérité, et
trahit le mensonge qui ose l'attaquer ; elle est liée
et unie particulièrement avec l'Amour ; elle l'ac-
compagne toujours, et souvent elle l'annonce et
le décèle : enfin l'Amour perd ses charmes, dès
qu'il est sans elle. C'est un grand lustre à une
jeune personne que la pudeur.

Que votre première parure soit donc la modestie ; elle a de grands avantages : elle augmente la beauté, et sert de voile à la laideur :
la modestie est le supplément de la beauté. Le
grand malheur de la laideur, c'est qu'elle éteint
et qu'elle ensevelit le mérite des femmes. On ne
va point chercher dans une figure disgraciée les
qualités de l'esprit et du cœur ; c'est une grande
affaire, quand il faut que le mérite se fasse jour
au travers d'un extérieur désagréable.

Vous n'êtes pas née sans agrémens, mais vous
n'êtes pas une beauté : cela vous oblige à faire
provision de mérite ; on ne vous fera grace sur
rien. La beauté a de grands avantages. Un ancien
dit, *que c'est une courte tyrannie, et le premier
privilége de la nature ; que les belles personnes*

portent sur leur front des lettres de recommandation. La beauté inspire un sentiment de douceur qui prévient. Si vous n'avez point ces avances, on vous jugera à la rigueur. Qu'il n'y ait donc rien dans votre air, ni dans vos manières, qui fasse sentir que vous vous ignorez. L'air de confiance révolte dans une figure médiocre. Que rien ne sente l'art ni dans vos discours, ni dans vos ajustemens, ou qu'il soit difficilement apperçu : l'art le plus délicat ne se fait point sentir.

Il ne faut pas négliger les talens, ni les agrémens, puisque les femmes sont destinées à plaire ; mais il faut bien plus penser à se donner un mérite solide, qu'à s'occuper de choses frivoles. Rien n'est plus court que le règne de la beauté : rien n'est plus triste que la suite de la vie des femmes qui n'ont su qu'être belles. Si l'on a commencé à s'attacher à vous par les agrémens, ramenez tout à l'amitié, et faites qu'on y demeure par le mérite.

Il est difficile de donner des règles certaines pour plaire. Les graces sans mérite ne plaisent pas long-tems, et le mérite sans graces peut se faire estimer sans toucher ; il faut donc que les femmes aient un mérite aimable, et qu'elles joignent les graces aux vertus. Je ne borne pas simplement le mérite des femmes à la pudeur ; je lui donne plus d'éten-

due. Une honnête femme a les vertus des hommes,
l'amitié, la probité, la fidélité à ses devoirs : une
femme aimable doit avoir non-seulement les graces
extérieures ; mais les graces du cœur et des sentimens. Rien n'est si difficile que de plaire sans une
attention qui semble tenir à la coquetterie. C'est
plus par leurs défauts que par leurs bonnes qualités, que les femmes plaisent aux gens du monde :
ils veulent profiter des foiblesses des personnes
aimables ; ils ne feroient rien de leurs vertus. Ils
n'aiment point à estimer, ils aiment mieux être
amusés par des personnes peu estimables, que
d'être forcés d'admirer des personnes vertueuses.

Il faut connoître le cœur humain quand on
veut plaire : les hommes sont bien plus touchés
du nouveau que de l'excellent ; mais cette fleur de
nouveauté dure peu : ce qui plaisoit comme nouveau, déplaît bientôt comme commun. Pour occuper ce goût par la nouveauté, il faut avoir en
soi bien des ressources et des sortes de mérites :
il ne faut pas se fixer aux seuls agrémens, il faut
présenter à l'esprit une variété de graces et de mérites, pour soutenir les sentimens, et faire jouir
dans le même objet de tous les plaisirs de l'inconstance.

Les filles naissent avec un désir violent de
plaire : comme elles trouvent fermés les chemins

qui conduisent à la gloire et à l'autorité, elles prennent une autre route pour y arriver, et se dédommager par les agrémens. La beauté trompe la personne qui la possède, elle enivre l'ame: cependant faites attention qu'il n'y a qu'un fort petit nombre d'années de différence entre une belle femme et une qui ne l'est plus. Surmontez cette envie excessive de plaire; du moins ne la montrez pas. Il faut mettre des bornes aux ajustemens, et ne s'en pas occuper; les véritables graces ne dépendent pas d'une parure trop recherchée. Il faut satisfaire à la mode comme à une servitude fâcheuse, et ne lui donner que ce qu'on ne peut lui refuser. La mode seroit raisonnable, si elle pouvoit se fixer à la perfection, à la commodité et à la bonne grace; mais changer toujours, c'est inconstance plutôt que politesse et bon goût.

Le bon goût rejette la délicatesse excessive; il traite les petites choses, de petites, et n'en est point occupé. La propreté est un agrément, et tient son rang dans l'ordre des choses gracieuses; mais elle devient petitesse dès qu'elle est outrée: il est d'un meilleur esprit de se négliger sur les choses peu importantes, que de s'y rendre trop délicate.

Les jeunes personnes sont sujettes à s'ennuyer: comme elles ignorent tout, elles courent avec inquiétude vers les objets sensibles : l'ennui est pourtant le moindre des maux qu'elles aient à craindre. Les joies excessives ne sont point à la suite des vertus ; tout ce qui s'appelle plaisir vif est danger. Quand on seroit assez retenu pour ne point blesser les bienséances, et pour demeurer dans les bornes prescrites à la pudeur, dès que le plaisir du cœur s'est fait sentir, il répand dans l'ame je ne sais quelle douceur qui donne du dégoût pour tout ce qui s'appelle vertu ; il vous arrête et vous rallentit sur vos devoirs. Une jeune personne ne voit pas les suites de ce poison, dont le moindre effet est de troubler le repos de la vie, de gâter le goût, et rendre insipides tous les plaisirs simples. Quand on établit une personne assez heureuse pour n'avoir pas le cœur touché, (comme il y a en nous un sentiment qui cherche à s'unir, et que ce sentiment n'a point été employé,) elle se porte et se donne naturellement à la personne qu'on lui destine.

Soyez retenue sur les spectacles. Il n'y a point de dignité à se montrer toujours ; il est de plus difficile que l'exacte pudeur se conserve avec l'extrême dissipation, ce n'est pas connoître ses intérêts. Si vous avez de la beauté, il ne faut pas user le goût du public en vous montrant toujours ; il faut encore être plus retenue, si vous êtes sans graces, d'ailleurs le grand usage des spectacles affoiblit le goût.

Quand vous ne vivez que pour les plaisirs, et qu'ils vous quittent, ou parce que votre goût cesse, ou parce que votre raison vous les défend, l'ame tombe dans un grand vuide. Si vous voulez donc faire durer vos plaisirs et vos amusemens, ne les faites servir que de délassemens à des occupations plus sérieuses. Soyez en société avec votre raison, et que l'absence des plaisirs ne vous laisse ni vuide ni besoin.

Il faut donc ménager ses goûts, nous ne tenons à la vie que par eux; c'est l'innocence qui les conserve, c'est le déréglement qui les corrompt.

Quand nous avons le cœur sain, nous tirons parti de tout, et tout se tourne en plaisirs. Nous approchons des plaisirs avec un goût de malade; souvent nous croyons être délicats, que nous ne sommes que dégoûtés. Quand on ne s'est pas gâté l'esprit et le cœur par les sentimens qui séduisent l'imagination, ni par aucune passion ardente, la joie se trouve aisément; la santé et l'innocence en sont les vraies sources : mais dès qu'on a eu le malheur de s'accoutumer aux plaisirs vifs, on devient insensible aux plaisirs modérés. On se gâte le goût par les divertissemens; on s'accoutume tellement aux plaisirs ardens, qu'on ne peut se rabattre sur les simples.

Il faut craindre ces grands ébranlemens de l'ame, qui préparent l'ennui et le dégoût; ils sont plus à redouter pour les jeunes personnes, qui résistent moins à ce qu'elles sentent. *La tempérance,* disoit un ancien, *est la meilleure ouvrière de la volupté* : avec cette tempérance, qui fait la santé de l'ame et du corps, on a toujours une joie douce et égale; ou n'a besoin ni de spectacles, ni de dépenses : une lecture, un ouvrage, une conversation, font sentir une joie plus pure que l'appareil des plus grands plaisirs. Enfin, les plaisirs innocens sont d'un meilleur usage, ils sont toujours prêts; ils sont bienfaisans, ils ne se font point acheter trop chers. Les autres flattent, mais ils nuisent; le tempérament de l'ame s'altère et se gâte comme celui du corps.

Mettez de la règle dans toutes vos vues et dans toutes vos actions : il seroit heureux de n'avoir jamais à compter avec sa fortune; mais comme la vôtre est bornée, elle vous assujettit à la règle; soyez retenue sur la dépense : si vous n'y apportez de la modération, vous verrez bientôt le désordre dans vos affaires : dès que vous n'avez plus d'économie, vous ne pouvez répondre de rien.

5 *

Le faste entraîne la ruine ; la ruine est presque toujours suivie de la corruption des mœurs. Mais pour être réglée, il ne faut pas être avare : songez que l'avarice profite peu, et déshonore beaucoup. On ne doit chercher dans une conduite réglée, qu'à éviter la honte et l'injustice attachée à une conduite déréglée : il ne faut retrancher les dépenses superflues, que pour être en état de faire mieux celles que la bienséance, l'amitié et la charité inspirent.

C'est le bon ordre, et non l'attention aux petites choses, qui fait les grands profits. Pline, en renvoyant à son ami une obligation considérable qu'il avoit de son père, avec une quittance générale, lui dit : *J'ai peu de bien ; je suis obligé à beaucoup de dépense, mais je me suis fait un fonds de frugalité, et c'est d'où je tire les services que je rends à mes amis.* Prenez sur vos goûts et sur vos plaisirs, pour avoir de quoi satisfaire aux sentimens de générosité que toute personne qui a le cœur bien fait doit avoir.

N'écoutez pas les besoins de la nature ; *il faut être*, dit-on, *comme les autres :* ce *comme* là s'étend bien loin. Ayez une émulation plus noble, ne souffrez pas que personne ait plus d'honneur et de droiture que vous. Sentez le besoin de la vertu : la pauvreté de l'ame est pire que celle de la fortune.

Pendant que vous êtes jeune, formez votre réputation, augmentez votre crédit, arrangez vos
affaires ; dans un autre âge, vous auriez plus de
peine. Charles-Quint disoit, que *la fortune aimoit les jeunes gens.* Dans la jeunesse tout vous
aide, tout s'offre à vous ; les jeunes personnes
dominent sans y penser ; dans un âge plus avancé,
vous n'êtes secourue de rien ; vous n'avez plus en
vous ce charme séduisant qui se répand sur tout ;
vous n'avez plus pour vous que la raison et la vérité, qui ordinairement ne gouvernent pas le
monde.

Vous allez, disoit Montagne aux jeunes gens,
*vers la réputation, vers le crédit, et moi j'en
reviens.* Quand vous n'êtes plus jeune, il ne vous
reste d'acquisition à faire que sur les vertus. Dans
toutes vos entreprises et dans toutes vos actions,
tendez au plus parfait ; ne faites aucun projet, ne
commencez rien sans vous dire à vous-même : Ne
pourrois-je pas mieux faire ? Insensiblement vous
acquérerez une habitude de justice et de vertu,
qui vous en rendra la pratique plus aisée. Faites
ce que Sénèque conseilloit à son ami Lucile : *Choisissez,* lui disoit-il, *parmi les grands hommes
celui qui vous paroîtra le plus respectable ; ne
faites rien qu'en sa présence : rendez-lui compte
de toutes vos actions.* Heureux celui qui est assez

estimé pour être choisi ! Cela est d'autant plus aisé, que les jeunes gens ont une disposition naturelle à l'imitation. On hasarde moins quand on choisit les modèles dans l'antiquité, parce qu'ordinairement on ne vous y présente que de grands exemples.

Dans les modernes cela peut avoir ses inconvéniens, rarement les copies réussissent : il y a long-temps que l'on a dit que toute copie doit trembler devant son original ; on ne le suit jamais que de loin : cela vous ôte le caractère naturel, qui d'ordinaire est le plus vrai et le plus simple. Vous vous relâchez quand vous vous fixez à un modèle ; de plus, une partie de nos défauts vient de l'imitation. Apprenez donc à vous craindre et à vous respecter vous-même, que votre délicatesse soit votre propre censeur.

Songez à vous rendre heureuse dans votre état ; mettez tout à profit, mille biens vous échappent, faute d'application. Nous ne sommes heureux que par l'attention, et que par comparaison.

Plus vous avez d'habileté, plus vous tirez de votre état, et plus vous étendez vos plaisirs. Ce n'est pas la possession qui vous rend heurenx, c'est la jouissance, et la jouissance est dans l'attention.

Si l'on savoit se renfermer dans son état, on ne seroit ni ambitieux, ni envieux, et tout seroit en paix; mais nous ne vivons point assez dans le présent, nos désirs et nos espérances nous portent sans cesse vers l'avenir.

Il y a de deux sortes de fous dans le monde: les uns vivent toujours dans l'avenir, et ne se soutiennent que d'espérances; et comme ils ne sont pas assez sages pour compter juste avec elles, ils passent leur vie en mécompte. Les gens raisonnables ne s'occupent que de désirs à leur portée, souvent ils ne sont point trompés: quand ils le seroient, ils s'en consoleroient; ils ont tiré de l'ignorance et de l'erreur tout le bien qu'ils en pouvoient tirer, qui est le plaisir d'espérer. Ils savent de plus, que le goût des biens finit, ou par la possession, ou par l'impossibilité d'obtenir la chose desirée: avec ces réflexions, les personnes sages se calment. Il y a une espèce de fous qui tirent trop du présent, et abandonnent l'avenir: ils ruinent leur fortune, leur réputation et leur goût, en ne les ménageant pas assez. Ceux qui sont raisonnables joignent les deux temps; ils jouissent du présent, et n'abandonnent point l'avenir.

C'est un devoir, ma fille, que d'employer le temps; quel usage en faisons-nous! Peu de gens savent l'estimer selon sa juste valeur. *Rendez-vous compte*, dit un ancien, *de toutes vos heures, afin qu'ayant profité du présent, vous ayiez moins besoin de l'avenir.* Le temps fuit avec rapidité ; apprenez à vivre, c'est-à-dire, à en faire un bon usage. Mais la vie se consomme en espérances vaines, à courir après la fortune ou à l'attendre. Tous les hommes sentent le vide de leur état ; toujours occupés sans être remplis. Songez que la vie n'est pas dans l'espace du tems, mais dans l'emploi que vous devez en faire : pensez que vous avez un esprit à cultiver, et à nourrir de la vérité ; un cœur à épurer et à conduire, et un culte de Religion à rendre.

Comme les premières années sont précieuses, songez, ma fille, à en faire un usage utile. Pendant que les caractères s'impriment aisément, ornez votre mémoire de choses précieuses ; pensez que vous faites la provision de toute votre vie. La mémoire se forme et s'étend en l'exerçant.

N'éteignez point en vous le sentiment de curiosité ; il faut seulement le conduire, et lui donner un bon objet. La curiosité est une connoissance commencée, qui vous fait aller plus loin et plus vîte dans le chemin de la vérité ; c'est un penchant de la nature qui va au-devant de l'instruction : il ne faut pas l'arrêter par l'oisiveté et la mollesse.

Il est bon que les jeunes personnes s'occupent de sciences solides. L'Histoire Grecque et Romaine élève l'ame, nourrit le courage par les grandes actions qu'on y voit. Il faut savoir l'Histoire de France ; il n'est pas permis d'ignorer l'Histoire de son pays. Je ne blâmerois pas même un peu de Philosophie, surtout de la nouvelle, si on en est capable : elle vous met de la précision dans l'esprit, démêle vos idées, et vous apprend à penser juste. Je voudrois aussi de la morale. A force de lire Cicéron, Pline et les autres, on prend du goût pour la vertu, il se fait une impression insensible qui tourne au profit des mœurs. La pente aux vices se corrige par l'exemple de tant de vertus, et rarement trouverez-vous un mauvais naturel avoir du goût pour ces sortes de lectures. On n'aime point à voir ce qui nous accuse et ce qui nous condamne toujours.

Pour les langues, quoiqu'une femme doive se contenter de parler celle de son pays, je ne m'opposerois pas à l'inclination que l'on pourroit avoir pour le latin ; c'est la langue de l'Eglise. Elle vous ouvre la porte à toutes les sciences, elle vous met en société avec ce qu'il y a de meilleur dans tous les siècles. Les femmes apprennent volontiers l'Italien, qui me paroît dangereux, c'est la langue de l'Amour. Les Auteurs Italiens sont peu châtiés ; il règne dans leurs ouvrages un jeu de mots, une imagination sans règle, qui s'oppose à la justesse de l'esprit.

La Poésie peut avoir des inconvéniens. J'aurois pourtant peine à interdire la lecture des belles tragédies de Corneille ; mais souvent les meilleures vous donnent des leçons de vertu, et vous laissent l'impression du vice.

La lecture des Romans est plus dangereuse, je ne voudrois pas que l'on en fît un grand usage ; ils mettent du faux dans l'esprit. Le Roman n'étant jamais pris sur le vrai, allume l'imagination, affoiblit la pudeur, met le désordre dans le cœur, et, pour peu qu'une jeune personne ait de la disposition à la tendresse, hâte et précipite son penchant. Il ne faut point augmenter le charme, ni l'illusion de l'amour : plus il est adouci, plus il est modeste, et plus il est dangereux. Je ne voudrois point les défendre ; toutes défenses blessent la liberté, et augmentent le désir. Mais il faut, autant qu'on peut, s'accoutumer à des lectures solides, qui ornent l'esprit et fortifient le cœur : on ne peut trop éviter celles qui laissent des impressions difficiles à effacer.

Modérez votre goût pour les sciences extraordinaires, elles sont dangereuses, et elles ne donnent ordinairement que beaucoup d'orgueil ;

elles démontent les ressorts de l'ame. Si vous
avez une imagination vaste, vive et agissante, et
une curiosité que rien ne puisse arrêter, il vaut
mieux occuper ces dispositions aux sciences, que
de hasarder qu'elles se tournent au profit des
passions ; mais songez que les filles doivent avoir
sur les sciences une pudeur presque aussi tendre
que sur les vices.

Soyez donc en garde contre le goût du bel esprit : ne vous amusez point à courir après des
sciences vaines, et après celles qui sont au-dessus
de votre portée. Notre ame a bien plus de quoi
jouir, qu'elle n'a de quoi connoître : nous avons
les lumières propres et nécessaires à notre bien
être ; mais nous ne voulons pas nous en tenir
là ; nous courons après des vérités qui ne sont
pas faites pour nous.

Avant que de nous engager à des recherches
qui sont au-dessus de nos connoissances, il faudroit savoir quelle étendue peuvent avoir nos lumières ; quelle règle il faut avoir pour déterminer
notre persuasion : apprendre à séparer l'opinion
de la connoissance, et avoir la force de douter
quand nous ne voyons rien clairement, et le courage d'ignorer ce qui nous passe.

Pour arrêter la hardiesse de l'esprit, et pour
diminuer la confiance, songeons que les deux

principes de toutes connoissances, la raison et les sens, manquent de sincérité, et nous abusent. Les sens surprennent la raison, et la raison les trompe à son tour : voilà nos deux guides, qui tous deux nous égarent. Ces réflexions dégoûtent des sciences abstraites ; employons donc le temps en connoissances utiles.

Il faut qu'une jeune personne ait de la docilité, peu de confiance en soi-même ; mais aussi ne faut-il pas pousser cette docilité trop loin. En fait de religion, il faut céder aux autorités : mais sur tout autre sujet, il ne faut recevoir que celle de la raison et de l'évidence. En donnant trop d'étendue à la docilité, vous prenez sur les droits de la raison, vous ne faites plus d'usage de vos propres lumières qui s'affoiblissent. C'est donner des bornes trop étroites à vos idées, que de les renfermer dans celles d'autrui. Le témoignage des hommes ne peut avoir créance, qu'à proportion du degré de certitude qu'ils se sont acquis en s'instruisant des faits. Il n'y a point de prescription contre la vérité, elle est pour toutes les personnes, et de tous les temps. Enfin, comme dit un grand homme : *pour être Chrétien, il faut croire aveuglément ; et pour être sage, il faut voir évidemment.*

Accoutumez-vous à exercer votre esprit, et à

en faire usage plus que de votre mémoire. Nous nous remplissons la tête d'idées étrangères, et nous ne tirons rien de notre propre fond. Nous croyons avoir beaucoup avancé quand nous nous chargeons la mémoire d'Histoires et de faits; cela ne contribue guères à la perfection de l'esprit. Il faut s'accoutumer à penser, l'esprit s'étend et augmente par l'exercice; peu de personnes en font usage : c'est chez nous un talent qui se repose, que de savoir penser.

Les faits historiques, ni les opinions des Philosophes ne vous défendront pas contre un malheur pressant : vous ne vous en trouverez pas plus forte. Vous arrive-t-il une affliction, vous avez recours à Sénèque et à Épictète. Est-ce à leur raison à vous consoler? N'est-ce pas à la vôtre à faire sa charge? Servez-vous de votre propre bien : faites des provisions dans le temps calme, pour le temps de l'affliction qui vous attend. Vous serez bien plus soutenue par votre propre raison, que par celle des autres.

Si vous pouvez régler votre imagination, et la rendre soumise à la vérité et à la raison, ce sera une grande avance pour votre perfection et pour votre bonheur. Les femmes sont ordinairement gouvernées par leur imagination : comme on ne les occupe à rien de solide, et qu'elles ne sont dans la suite de leur vie chargées ni du soin de leur fortune, ni de la conduite de leurs affaires, elles ne sont livrées qu'à leurs plaisirs. Spectacles, habits, romans et sentimens, tout cela est de l'empire de l'imagination. Je sais qu'en la réglant vous prenez sur les plaisirs : c'est elle qui en est la source, et qui met dans les choses qui plaisent le charme et l'illusion qui en font tout l'agrément; mais pour un plaisir de sa façon, quels maux ne vous fait-elle point? Elle est toujours entre la vérité et vous : la raison n'ose se montrer où règne l'imagination. Nous ne voyons que comme il lui plaît : les gens qu'elle gouverne savent ce qu'elle fait souffrir. Ce seroit un heureux traité à faire avec elle, que de lui rendre ses plaisirs, à condition qu'elle ne vous feroit point sentir ses peines; enfin, rien n'est plus opposé au bonheur qu'une imagination délicate, vive et trop allumée.

Donnez-vous une véritable idée des choses; ne jugez point comme le peuple; ne cédez point à l'opinion : relevez-vous des préjugés de l'enfance. Quand il vous arrive quelque chagrin, tenez la méthode suivante, je m'en suis bien trouvée. Examinez ce qui fait votre peine, écartez tout le faux qui l'entoure, et tous les ajoutés de l'imagination, et vous verrez que souvent ce n'est rien, et qu'il y a bien à rabattre. N'estimez les choses que ce qu'elles valent. Nous avons bien plus à nous plaindre des fausses opinions, que de la fortune : ce ne sont pas souvent les choses qui nous blessent, c'est l'opinion que nous en avons.

Il faut, pour être heureuse, penser sainement. On doit un grand respect aux opinions communes, quand elles regardent la Religion ; mais on doit penser bien différemment du peuple sur ce qui s'appelle morale et bonheur de la vie. J'appelle peuple, tout ce qui pense bassement et communément : la Cour en est remplie. Le monde ne parle que de fortune et de crédit: on n'entend que, *Suivez votre route, hâtez-vous d'avancer ;* et la Sagesse dit, *rabattez-vous aux choses simples : choisissez-vous une vie obscure, mais tranquille : dérobez-vous au tumulte, fuyez la foule.* La récompense de la vertu n'est pas toute dans la renommée ; elle est dans le témoignage de votre propre conscience. Une grande vertu ne peut-elle pas vous consoler de la perte d'un peu de gloire ?

Apprenez que la plus grande science est de savoir être en soi. *J'ai appris,* disoit un ancien, *à être mon ami ; ainsi je ne serai jamais seul.* Il faut vous ménager des ressources contre les chagrins de la vie, et des équivalens aux biens sur lesquels vous aviez compté. Assurez-vous une retraite, un asile en vous-même; vous pourrez toujours revenir à vous, et vous trouver. Le monde vous étant moins nécessaire aura moins de prise sur vous. Quand vous ne tenez pas à vous par des goûts solides, vous tenez à tout.

Faites usage de la solitude : rien n'est plus utile, ni plus nécessaire pour affoiblir l'impression que font sur nous les objets sensibles. Il faut donc de temps en temps se retirer du monde, se mettre à part. Ayez quelques heures dans la journée pour lire, et pour faire usage de vos réflexions. *La réflexion*, dit un Père de l'Eglise, *est l'œil de l'ame : c'est par elle que s'introduisent la lumière et la vérité. Je le menerai dans la solitude*, dit la Sagesse, *et là je parlerai à son cœur*. C'est là où la vérité donne ses leçons, où les préjugés s'évanouissent, où la prévention s'affoiblit, et où l'opinion, qui gouverne tout, commence à perdre ses droits. Quand on jette la vue sur l'inutilité, sur le vuide de la vie, on est forcé de dire avec Pline : *Il vaut mieux passer sa vie à ne rien faire, qu'à faire des riens*.

Je vous l'ai déjà dit, ma fille, le bonheur est dans la paix de l'ame. Vous ne pourrez jouir des plaisirs de l'esprit sans la santé de l'esprit : tout est presque plaisir pour un esprit sain. Pour vivre

avec tranquillité, voici les règles qu'il faut suivre.
La première, de ne se pas livrer aux choses qui
plaisent, de ne faire que s'y prêter, de n'attendre
pas trop des hommes, de peur de décompter ;
d'être son premier ami à soi-même. La solitude
aussi assure la tranquillité, et est amie de la Sagesse : c'est au-dedans de nous qu'habitent la Paix
et la Vérité. Fuyez le grand monde, il n'y a
point de sûreté ; il y a toujours quelque sentiment qu'on avoit affoibli, qui se réveille : on ne
trouve que trop de gens qui favorisent le déréglement : plus il y a de monde, et plus les passions acquièrent d'autorité. Il est difficile de résister à l'effort du vice, qui vient si bien accom-
pagné : enfin on en revient plus foible, moins
modeste, plus injuste, pour avoir été parmi les
hommes. Le monde communique son venin aux
ames tendres. Il faut de plus fermer toutes les
avenues aux passions ; il est plus aisé de les prévenir que de les vaincre ; et quand on seroit assez
heureux pour les bannir, dès qu'elles se sont fait
sentir, elles font bien payer leur séjour. On ne
peut refuser à la nature les premiers mouvemens ;
mais souvent elle étend ses droits bien loin, et
quand vous revenez à vous, vous trouvez bien
des sujets de repentir.

Il faut avoir des ressources et des pis-aller.

6

Mesurez vos forces et votre courage ; et pour cela, dans les choses que vous craignez, mettez tout au pis. Attendez avec fermeté le malheur qui peut vous arriver ; envisagez-le à face découverte : voyez-le dans toutes les circonstances les plus terribles, et ne vous en laissez pas accabler.

Un Favori, parvenu au comble de la fortune, faisoit voir ses richesses à son ami : en lui montrant une cassette, il lui disoit : *C'est là qu'est mon trésor.* Son ami le pressa de le lui faire voir, il lui permit d'ouvrir sa cassette ; elle ne renfermoit qu'un vieil habit tout déchiré. L'ami en paroissant surpris, le Favori lui dit : *Quand la fortune me renvoyera à mon premier état, je suis tout prêt.* Quelle ressource de mettre tout au pis, et de se sentir de la force pour s'y soutenir !

Quand vous desirerez quelque chose fortement, commencez par examiner la chose desirée ; voyez les biens qu'elle vous promet, et les maux qui la suivent : souvenez-vous du passage d'Horace : *La volupté marche devant, et vous cache sa suite.* Vous cesserez de craindre, dès que vous cesserez de desirer. Croyez que le sage ne court pas après la félicité, mais qu'il se la donne. Il faut que ce soit votre ouvrage : elle est entre vos mains. Songez qu'il faut peu de chose pour les besoins de la vie ; mais qu'il en faut infiniment pour satisfaire aux besoins de l'opinion : que vous aurez bien plutôt fait de mettre vos desirs au niveau de votre fortune, que votre fortune au niveau de vos desirs. Si les honneurs et les richesses pouvoient rassasier, il faudroit en amasser ; mais la soif augmente en les acquérant. Celui qui desire le plus, est le plus pauvre.

Les jeunes pesonnes s'occupent de l'espérance. M. de la Rochefoucault dit, *qu'elle vous conduit jusqu'à la fin de la vie par un chemin agréable.* Elle seroit bien courte, si l'espérance ne lui donnoit de l'étendue. C'est un sentiment consolant, mais qui peut être dangereux, puisqu'il vous prépare souvent bien des mécomptes. Le moindre mal qui en arrive, c'est de laisser échapper ce qu'on possède, en attendant ce qu'on desire.

Notre amour-propre nous dérobe à nous-mêmes, et nous diminue tous nos défauts. Nous vivons avec eux comme avec les odeurs que nous portons ; nous ne les sentons plus, elles n'incommodent que les autres : pour les voir dans leur vrai point de vue, il faut les voir dans autrui. Voyez vos imperfections avec les mêmes yeux que vous voyez celles des autres ; ne vous relâchez point sur cette règle, elle vous accoutumera à l'équité. Examinez votre caractère, et mettez à profit vos défauts; il n'y en a point qui ne tienne à quelques vertus, et qui ne les favorise. La Morale n'a pas pour objet de détruire la nature, mais de la perfectionner. Êtes-vous glorieuse? servez-vous de ce sentiment-là, pour vous élever au-dessus des foiblesses de votre sexe, pour éviter les défauts qui humilient. Il y a à chaque déréglement du cœur une peine et une honte attachées, qui vous sollicitent à le quitter. Êtes-vous timide? tournez cette foiblesse en prudence: qu'elle vous empêche de vous commettre. Êtes-vous dissipatrice? aimez-vous à donner? il est aisé de la prodigalité d'en faire de la générosité. Donnez avec choix et à propos; ne négligez pas les indigens; prenez soin des pauvres: prêtez dans le besoin, mais donnez à ceux qui ne peuvent rendre; par-là vous cédez à votre sentiment, et vous faites de bonnes actions. Il n'y a pas une foiblesse, dont, si vous voulez, la vertu ne puisse faire quelque usage.

Dans les afflictions qui vous arrivent, et qui vous font sentir votre peu de mérite, loin de vous irriter, et d'opposer l'opinion que vous avez de vous-même à l'injustice que vous prétendez qu'on vous fait, songez que les personnes qui vous la font sont plus en état de juger de vous, que vous-même ; que vous devez plutôt les croire que l'amour-propre, qui n'est qu'un flatteur, et que, sur ce qui vous regarde, votre ennemi est plus près que vous de la vérité ; que vous ne devez avoir de mérite à vos yeux, que celui que vous avez aux yeux des autres. L'on a trop de penchant à se flatter, et les hommes sont trop près d'eux-mêmes pour se juger.

Voilà des préceptes généraux pour combattre les vices de l'esprit : mais votre première attention doit être à perfectionner votre cœur et ses sentimens : vous n'avez de vertu sûre et durable que par le cœur ; c'est lui proprement qui vous caractérise. Pour vous en rendre maîtresse, gardez cette méthode. Quand vous vous sentez agitée d'une passion vive et forte, demandez quelque temps à votre sentiment, et composez avec votre foiblesse. Si vous voulez. sans l'écouter un moment, tout sacrifier à votre raison, à vos devoirs, il est à craindre que la passion ne se révolte, et ne devienne la plus forte. Vous êtes sous sa loi : il faut la ménager avec adresse ; vous tirerez plus de secours que vous ne pensez d'une pareille conduite ; vous trouverez des remèdes sûrs, même dans votre passion. Si c'est de la haine, vous connoîtrez que vous n'avez pas tant de raison de haïr, ni de vous venger. Si par malheur c'étoit le sentiment contraire dont vous fussiez occupée, il n'y a point de passion qui vous fournisse des secours plus sûrs contre elle-même.

Si votre cœur a le malheur d'être attaqué par l'amour, voici les remèdes pour en arrêter le progrès. Pensez que ses plaisirs ne sont ni solides, ni fidèles ; ils vous quittent, et quand ils ne vous feroient que ce mal, c'en est assez. Dans les passions, l'ame se propose un objet ; elle est plus intimement unie à lui par le desir ou par la jouissance, qu'elle ne l'est à son être : elle attache à sa possession tous ses biens, à sa perte tous ses maux. Cependant ce bien de l'opinion, ce bien du choix de l'ame, n'est ni solide, ni durable ; il dépend des autres, il dépend de vous ; et vous ne pouvez répondre ni des autres ni de vous.

L'amour, dans les commencemens, ne vous présente que des fleurs, et vous cache le danger. Il vous trompe ; il prend toujours quelque forme qui n'est pas la sienne : le cœur, d'intelligence avec lui, sait vous cacher son penchant, de peur d'alarmer la raison et la pudeur. C'est un simple amusement, c'est l'esprit qui nous touche ; enfin, jusques à ce que l'amour se soit rendu le maître, il est presque toujours ignoré. Dès qu'il s'est fait sentir, fuyez, n'écoutez point les plaintes de votre

cœur : l'amour ne s'arrache point de l'ame avec
des efforts ordinaires ; il a trop d'intelligence
avec notre cœur : dès qu'il vous a surpris, tout
est pour lui contre vous, et rien ne peut vous servir contre l'amour. C'est la plus cruelle situation
où une personne raisonnable puisse se trouver,
où rien ne vous soutient, où vous n'avez de spectateur que vous-même ; il faut sans cesse ranimer
son courage. Songez qu'il vous en faudroit faire
un bien plus triste usage, si vous vous relâchiez.

Faites réflexion aux funestes suites des passions ; vous ne trouverez que trop d'exemples
pour vous instruire; mais souvent nous en sommes
désabusées sans en être guéries. Supputez, s'il est
possible, les maux que l'amour fait faire : il sur-
prend la raison, il jette le trouble dans l'ame et
dans les sens ; il enlève la fleur de l'innocence, il
étonne la vertu, il ternit la réputation ; la honte
étant presque toujours à la suite de l'amour. Rien
ne vous avilit tant, et ne vous met tant au-dessous de vous-même, que les passions ; elles vous
dégradent. Il n'y a que la raison qui vous conserve
votre place. Il est bien plus fâcheux d'avoir besoin
de son courage pour soutenir un malheur, que
pour l'éviter ; le plaisir de faire son devoir vous
console ; mais ne vous applaudissez jamais, de
peur d'être humiliée. Songez que vous portez

votre ennemi avec vous ; prenez une conduite
qui vous réponde de vous à vous-même : fuyez
les spectacles, les représentations passionnées. Il
ne faut point voir ce qu'on ne veut point sentir.
La musique, la poésie, tout cela est du train de
la volupté. Faites des lectures solides qui fortifient la raison.

Ne soyez point en commerce avec votre imagination ; elle vous peindra l'amour avec tous ses
charmes. Tout est séduction, illusion quand il
passe par elle : il y a bien à perdre quand vous
la quittez pour venir à la réalité. Saint-Augustin
nous a peint son état, quand il a voulu quitter
l'amour et les plaisirs ; il dit que ce qu'il aimoit
se présentoit à lui sous une figure charmante : il
fait une peinture de ce qui se passoit dans son
cœur, si vive, qu'on ne sauroit la lire sans danger. Il faut passer légèrement sur les tableaux de la
volupté ; elle est à craindre dans les temps où l'on
conspire contre elle : quand on la pleure même,
il faut s'en défier. La passion s'augmente par les
retours qu'on fait sur soi : l'oubli est la seule sûreté qu'on puisse prendre contre l'amour. Il faut
compter sérieusement avec vous-même, et vous
dire : que veux-je faire du sentiment qui m'occupe ? Tels et tels malheurs ne m'attendent-ils pas,
si j'ai la foiblesse d'y céder ?

Tirez des forces et du secours de votre ennemi,
de son propre caractère : quand vous voudrez ne
le point flatter, il vous en fournira. Ecartez tous
les agrémens que vous lui donnez ; ne lui prêtez
rien, et ne lui faites grace sur rien, et vous verrez qu'il lui en reste peu. Après cela n'y pensez
plus ; prenez une résolution ferme de le fuir ;
croyez que nous sommes aussi forts que nous
voulons l'être. La dissipation, les amusemens
simples sont nécessaires ; mais il faut éviter tous
les plaisirs qui portent au cœur.

Ce ne sont pas toujours les fautes qui nous perdent, c'est la manière de se conduire après les
avoir faites. L'humble aveu de nos fautes dé-
sarme la haine et émousse la colère. Les femmes
qui ont eu le malheur de se dérober à leur devoir,
de blesser la bienséance, de révolter la vertu et
la pudeur, doivent ce respect à l'usage et à l'honnêteté violée, de paroître avec un air humilié ;
c'est une espèce de réparation que le Public demande ; il se souvient de vos fautes dès que vous
les oubliez. Le repentir assure le changement.
Prévenez la malignité naturelle qui est dans
tous les hommes : mettez-vous à la place que
leur orgueil vous destine. Ils vous veulent humiliée : quand vous aurez fait leur ouvrage,
ils n'auront rien à vous demander. La su-

perbe, après les fautes, les rappelle, et les im-
mortalise.

Passons, ma fille, aux devoirs de la société.
J'ai cru qu'avant tout il falloit vous tirer de l'éducation ordinaire et des préjugés de l'enfance, qu'il
étoit nécessaire de fortifier votre raison, et de
vous donner des principes certains pour vous servir d'appui. J'ai cru que la plupart des désordres
de la vie venoient des fausses opinions ; que les
fausses opinions donnoient des sentimens déréglés, et que, quand l'esprit n'est pas éclairé, le
cœur est ouvert aux passions ; qu'il faut avoir des
vérités dans l'esprit, qui nous préservent de l'erreur ; qu'il faut avoir des sentimens dans le cœur,
qui le ferment aux passions. Quand vous connoîtrez la vérité, et que vous aimerez la justice, toutes
les vertus seront en sûreté.

Le premier devoir de la vie civile est de songer
aux autres. Ceux qui ne vivent que pour eux tombent dans le mépris et dans l'abandon. Quand vous
voudrez trop exiger des autres, on vous refusera
tout, amitié, sentimens, services. La vie civile
est un commerce d'offices mutuels ; le plus honnête y met davantage : en songeant au bonheur
des autres, vous assurez le vôtre ; c'est habileté
que de penser ainsi.

Rien de plus haïssable que les gens qui font sentir qu'ils ne vivent que pour eux. L'amour-propre outré fait les grands crimes ; quelques degrés au-dessous, il fait les vices ; mais pour peu qu'il en reste , il affoiblit les vertus et les agrémens de la société.

Il est impossible de se lier aux personnes qui ont un amour-propre dominant, et qui le font sentir : cependant nous ne nous en dépouillerons jamais ; tant que nous tiendrons à la vie , nous tiendrons à nous. Mais il y a un amour-propre habile , qui ne s'exerce point aux dépens des autres.

Nous croyons nous élever en abaissant nos semblables ; c'est ce qui nous rend médisans et envieux. La bonté rend bien plus que la malignité. Faire du bien quand on le peut , en dire de tout le monde, ne juger jamais à la rigueur ; ces actes de bonté et de générosité souvent répétés vous acquièrent enfin une grande et belle réputation. Tout le monde est intéressé à vous louer, à dimi-nuer vos défauts, et à augmenter vos bonnes qua-lités. Il faut fonder votre réputation sur vos ver-tus, et non sur le démérite des autres Comptez que leurs bonnes qualités ne vous ôtent rien , et que vous ne devez imputer qu'à vous la diminu-tion de votre réputation.

Une des choses qui nous rend plus malheureuses, c'est que nous comptons trop sur les hommes : c'est aussi la source de nos injustices. Nous leur faisons des querelles, non sur ce qu'ils nous doivent, ni sur ce qu'ils nous ont promis, mais sur ce que nous avons espéré d'eux : nous nous faisons un droit de nos espérances, qui nous fournissent bien des mécomptes.

Ne soyez point précipitée dans vos jugemens ; n'écoutez point les calomnies ; résistez même aux premières apparences, et ne vous empressez jamais de condamner. Songez qu'il y a des choses vraisemblables sans être vraies, comme il y en a de vraies qui ne sont pas vraisemblables.

Il faudroit, dans les jugemens particuliers, imiter l'équité des jugemens solemnels. Jamais les Juges ne décident sans avoir examiné, écouté et confronté les témoins avec les intéressés ; mais nous, sans mission, nous nous rendons les arbitres de la réputation ; toute preuve suffit, toute autorité paroît bonne, quand il faut condamner. Conseillés par la malignité naturelle, nous croyons nous donner ce que nous ôtons aux autres. De-là viennent les haines et les inimitiés, car tout se sait.

Mettez donc de l'équité dans vos jugemens. Cette même justice que vous ferez aux autres, ils vous la rendront. Voulez-vous qu'on pense et qu'on dise du bien de vous? Ne dites jamais de mal de personne.

L'honnêteté, qui est une imitation de la charité, est aussi une des vertus de la société : elle vous met au-dessus des autres, quand vous l'avez à un degré plus éminent ; mais elle ne se pratique et se soutient qu'aux dépens de l'amour-propre. L'honnêteté prend toujours sur vous, et tourne au profit des autres : elle est un des grands liens de la société, et la seule qualité qui met de la sûreté et de la douceur dans le commerce.

Nous aimons naturellement à dominer ; c'est un sentiment injuste : où sont nos droits, pour vouloir nous élever au-dessus des autres ? Il n'y a qu'une domination permise et légitime, c'est celle que vous donne la vertu. Ayez plus de bonté et de générosité que les autres ; soyez en avances de services et de bienfaits : c'est le moyen de vous élever. Le grand désintéressement vous rend aussi indépendant, et vous élève plus que la fortune même : rien ne nous abaisse tant que l'amour du bien.

Ce sont les qualités du cœur qui entrent dans le commerce : l'esprit ne lie point aux autres, et vous voyez souvent des gens fort haïssables avec beaucoup d'esprit : ils vous donnent bonne opinion d'eux-mêmes, veulent dominer, et abaisser les autres.

Quoique l'humilité n'ait été regardée, que comme une vertu chrétienne, il faut pourtant convenir qu'elle est une vertu de la société, et si nécessaire, que sans elle vous êtes d'un commerce difficile. C'est l'idée que vous avez de vous-même qui vous fait soutenir vos droits avec tant de hauteur, et prendre sur ceux d'autrui.

Il ne faut jamais compter à la rigueur avec personne ; l'exacte honnêteté ne demande point tout ce qui vous est dû. Avec vos amis, ne craignez point d'être en avance. Si vous voulez être amie aimable, n'exigez rien avec trop de rigueur ; mais afin que les manières ne se démentent point, comme elles expriment les dispositions du dedans, faites souvent de sérieuses réflexions sur vos foiblesses, et vous montrez vous-même à découvert : vous tirerez de cet examen des sentimens d'humilité pour vous, et d'indulgence pour les autres.

Soyez humble sans être honteuse. La honte est un orgueil secret, et l'orgueil est une erreur sur ce que l'on vaut, et une injustice sur ce que l'on veut paroître aux autres.

La réputation est un bien très-desirable ; mais c'est foiblesse de la rechercher avec trop d'ardeur, et de ne rien faire que pour elle ; il faut se contenter de la mériter. Il ne faut pas rejeter le sentiment de la gloire ; c'est l'aide le plus sûr que nous ayions pour la vertu ; mais il est question de choisir la bonne gloire.

Accoutumez-vous à voir sans étonnement, et sans envie, ce qui est au-dessus de vous ; et sans mépris ce qui est au-dessous. Que le faste ne vous en impose pas : il n'y a que les petites ames qui se prosternent devant la grandeur, l'admiration n'est due qu'à la vertu.

Pour vous accoutumer à estimer les hommes par leurs qualités propres, considérez l'état d'une personne comblée d'honneurs, de dignités et de richesses, à qui il semble que rien ne manque ; mais à qui tout manque effectivement, faute d'avoir les vrais biens : elle souffre autant que si sa pauvreté étoit réelle, puisqu'elle a le sentiment de la pauvreté. *Rien n'est pire*, dit un Ancien, *que la pauvreté dans les richesses, parce que le mal tient à l'ame :* celui qui se trouve dans cet état a tous les maux de l'opinion, sans jouir des biens de la fortune ; il est aveuglé par l'erreur, et déchiré par les passions ; pendant qu'une personne raisonnable qui n'a rien, mais qui à la place des faux biens substitue de sages et de solides réflexions, jouit d'une tranquillité que rien n'égale. Le bonheur de l'un et le malheur de l'autre ne viennent que de la manière différente de penser.

Si vous êtes sensible à la haine et à la vengeance, opposez-vous à ce sentiment : rien n'est si bas que de se venger. Si on vous a offensée, vous ne devez que du mépris, et c'est une dette aisée à payer. Si on ne vous a manqué qu'en choses légères, vous devez de l'indulgence. Mais il y a des temps d'injustices à essuyer dans la vie ; des temps où les amis pour qui vous avez le plus fait, s'acharnent à vous blâmer. Après avoir tout mis en usage pour les désabuser, il ne faut point s'opiniâtrer à combattre contre eux. On doit courir après l'estime de ses amis; mais quand vous trouvez des gens qui ne vous voient qu'au travers de la prévention, quand vous avez affaire à ces imaginations ardentes et allumées, qui n'ont d'esprit que pour soutenir leurs injustices, il faut se retirer et se calmer; quelque chose que vous fissiez, vous n'obtiendriez que de l'improbation. C'est alors qu'il faut opposer à leur injustice et à la honte de se dédire, le rempart de votre innocence et la certitude de n'avoir point failli. Songez que, si dans le temps que l'on vous élevoit, vous n'en valiez pas davantage, à présent que l'on vous abaisse, vous n'en valez pas moins. Il faut, sans en être plus humiliée, avoir pitié d'eux, ne se point irriter, s'il est possible, et dire : *Ils ont de mauvais yeux.* Faites réflexion, qu'avec de bonnes qualités on surmonte la haine et l'envie; que les espérances qu'on tire de la vertu vous soutiennent et vous consolent.

Ne songez à vous venger, qu'en mettant dans votre conduite plus de modération que ceux qui vous attaquent n'ont de malice. Il n'y a que les ames élevées qui soient touchées de la gloire de pardonner.

Songez à vous estimer à bon titre, pour vous consoler de l'estime qu'on vous refuse. Vous ne pouvez vous permettre qu'une seule vengeance, c'est celle de faire du bien à ceux qui vous ont offensée; c'est la vengeance la plus délicate, et la seule permise : vous satisfaites à votre sentiment, et vous ne prenez point sur les vertus. César nous en donne l'exemple : son lieutenant Labiénus l'abandonna dans le temps qu'il avoit le plus besoin de lui, et passa dans le camp de Pompée ; il laissa dans celui de César de grandes richesses, César les lui renvoya, et lui manda : *Voilà comme César se venge.*

Il est de la prudence de profiter des fautes des autres, quand même elles nous blessent; mais souvent ils commencent les torts, et nous les

achevons : nous usons mal des droits qu'ils nous
donnent sur eux; nous voulons tirer trop d'avantage
de leurs fautes : c'est une injustice et une violence
qui met les spectateurs contre nous. Si nous souf-
frions avec modération, tout seroit pour nous,
et les fautes de ceux qui nous attaquent double-
roient par notre patience.

Quand vous savez que vos amis vous manquent,
dissimulez ; dès que vous faites sentir que vous
vous en appercevez, leur malignité augmente,
et vous mettez leur haîne en liberté. En dissimu-
lant, vous flatez leur amour-propre : ils jouissent
du plaisir de vous en imposer, ils se croient supérieurs, dès qu'ils ne sont point démêlés : ils triom-
phent de votre erreur, et jouissent du plaisir de
ne vous point perdre. En ne leur faisant point
sentir que vous les connoissez, vous leur donnez
le temps de se repentir, et de revenir à eux. Il ne
faut qu'un service rendu à propos, ou une autre
manière d'envisager les choses, pour vous les rendre plus attachées.

Soyez inviolable dans vos paroles ; mais pour
leur acquérir une entière confiance, songez qu'il
faut une extrême délicatesse à les garder. Respectez la vérité, même dans les choses indifférentes : songez que rien n'est si méprisable que de
la blesser. On a dit que le mensonge fait voir que

l'on méprise les Dieux, et qu'on craint les hommes ; que celui-là est semblable aux Dieux qui dit
la vérité, et qui fait du bien. Il faut aussi éviter les
sermens : la seule parole d'une honnête personne
doit avoir toute l'autorité des sermens.

La politesse est une envie de plaire : la nature
la donne, et l'éducation et le monde l'augmentent. La politesse est un supplément de la vertu : on
dit qu'elle est venue dans le monde, quand cette
fille du ciel l'a abandonné. Dans les tems les plus
grossiers, où la vertu regnoit davantage, on connoissoit moins la politesse : elle est venue avec la
volupté ; elle est la fille du luxe et de la délicatesse ; on a douté si elle tenoit plus du vice que
de la vertu. Sans oser décider, ni la définir,
m'est-il permis de dire mon sentiment ? Je
crois qu'elle est un des plus grands liens de la société, puisqu'elle contribue le plus à la paix : elle
est une préparation à la charité, une imitation
même de l'humilité. La vraie politesse est modeste ; et comme elle cherche à plaire, elle sait
que les moyens pour y réussir sont de faire sentir
qu'on ne se préfère point aux autres ; qu'on leur
donne le premier rang dans notre estime.

L'orgueil nous sépare de la société : notre
amour-propre nous donne un rang à part qui
nous est toujours disputé : l'estime de soi-même

7 *

qui se fait trop sentir est presque toujours
punie par le mépris universel. La politesse est
l'art de concilier avec agrément ce qu'on doit
aux autres, et ce qu'on se doit à soi-même, car
ces devoirs ont leurs limites, lesquelles passées,
c'est flaterie pour les autres, et orgueil pour vous :
c'est la qualité la plus séduisante.

Les personnes les plus polies ont ordinairement de la douceur dans les mœurs, et des qualités liantes. C'est la ceinture de Vénus ; elle embellit et donne des grâces à tous ceux qui la portent : avec elle vous ne pouvez manquer de
plaire.

Il y a bien des degrés de politesse : vous en
avez une plus fine à proportion de la délicatesse
de l'esprit. Elle entre dans toutes vos manieres,
dans vos discours, dans votre silence même.

L'exacte politesse défend qu'on étale avec hauteur son esprit et ses talens. Il y a aussi de la
dureté à se montrer heureux à la vûe de certains
malheurs. Il ne faut que du monde pour polir
les manières ; mais il faut beaucoup de délicatesse pour faire passer la politesse jusqu'à l'esprit. Avec une politesse fine et délicate, on vous
passe bien des défauts, et on étend vos bonnes
qualités. Ceux qui manquent de manieres, ont
plus besoin de qualités solides, et leur réputa-

tion se forme lentement. Enfin la politesse coûte
peu et rend beaucoup.

Le silence convient toujours à une jeune personne : il y a de la modestie et de la dignité à
le garder ; vous jugez les autres et vous ne ha-
zardez rien. Mais gardez-vous d'avoir un silence fier et insultant ; il faut qu'il soit l'effet de votre retenue, et non pas de votre orgueil. Mais,
comme on ne peut pas toujours se taire, il faut
savoir que la premiere regle pour bien parler,
c'est de bien penser.

Quand vos idées seront nettes et démêlées,
vos discours seront clairs. Qu'ils soient remplis
de pudeur et de bienséance. Respectez dans vos
discours les préjugés et les coutumes. Les expressions marquent les sentimens, et les senti-
timens sont les expressions des mœurs.

Il faut sur-tout éviter le caractère plaisant,
c'est toujours un mauvais personnage ; et rarement en faisant rire se fait-on estimer. Ayez attention aux autres bien plus qu'à vous : songez
plutôt à les faire valoir qu'à briller. Il faut savoir bien écouter, et ne montrer, ni dans ses yeux,
ni dans ses manières, un air distrait. Contez
peu : narrez d'une manière fine et serrée : que
ce que vous direz soit neuf, ou que le tout en
soit nouveau. Le monde est rempli de gens qui

portent des sons à l'oreille, sans rien dire à l'esprit. Il faut, quand on parle, plaire, ou instruire. Quand vous demandez de l'attention, il faut la payer par l'agrément. Un discours médiocre ne sauroit être trop court.

Approuvez; mais admirez rarement : l'admiration est le partage des sots. Eloignez de vos discours l'art et la finesse : la principale prudence consiste à parler peu, et à se défier plus de soi-même que des autres. Une conduite droite, la réputation de probité, attirent plus de confiance et d'estime, et à la longue plus d'avantages de la fortune, que les voies détournées. Rien ne vous rend digne des plus grandes choses, et ne vous met au-dessus des autres, que l'exacte probité.

Accoutumez-vous à avoir de la bonté et de l'humanité pour vos domestiques. Un ancien dit, *qu'il faut les regarder comme des amis malheureux.* Songez que vous ne devez qu'au hasard l'extrême différence qu'il y a de vous à eux : ne leur faites point sentir leur état ; n'appesantissez point leur peine ; rien n'est si bas que d'être haut à qui vous est soumis.

N'usez point de termes durs : il en est d'une espèce qui doivent être ignorés d'une personne polie et délicate. Le service étant établi contre

l'égalité naturelle des hommes, il faut l'adoucir.
Sommes-nous en droit de vouloir nos domestiques sans défauts, nous qui leur en montrons
tous les jours ? Il faut en souffrir. Quand vous
vous faites voir pleine d'humeur et de colère (car
souvent on se démasque devant son domestique),
quel spectacle n'offrez-vous point à leurs yeux ?
Ne vous ôtez-vous pas le droit de les reprendre ?
il ne faut pas avoir avec eux une familiarité
basse; mais vous leur devez du secours, des conseils et des bienfaits proportionnés à votre état
et à leur besoin.

Il faut se conserver de l'autorité dans son domestique; mais une autorité douce. Il ne faut pas
aussi toujours menacer sans châtier, de peur de
rendre les menaces méprisables; mais il ne faut
appeller l'autorité, que quand la persuasion manque. Songez que l'humanité et le christianisme
égalent tout. L'impatience et l'ardeur de la jeunesse, jointes à la fausse idée qu'on vous donne
de vous-même, vous font regarder les domestiques comme des gens d'une autre nature que
la vôtre. Que ces sentimens sont contraires à
la modestie que vous vous devez, et à l'humanité que vous devez aux autres !

N'ayez point de goût pour la flatterie des domestiques; et pour empêcher l'impression que les

discours flatteurs, et souvent répétés , peuvent faire sur vous, songez que ce sont gens payés pour servir vos foiblesses et votre orgueil.

Si par malheur, ma fille, vous ne suivez pas mes conseils, s'ils sont perdus pour vous, ils seront utiles pour moi : par ces préceptes, je me forme de nouvelles obligations. Ces réflexions me sont de nouvaux engagemens pour travailler à la vertu. Je fortifie ma raison, même contre moi, et me mets dans la nécessité de lui obéir; ou je me charge de la honte d'avoir sû la connoître, et de lui avoir été infidèle.

Rien de plus humiliant, ma fille , que d'écrire sur des matières qui me rappellent toutes mes fautes : en vous les montrant, je me dépouille du droit de vous reprendre, je me donne des armes contre moi, et je vous permets d'en user si vous voyez que j'aie les vices opposés aux vertus que je vous recomande : car les conseils sont sans autorité, dès qu'ils ne sont pas soutenus par l'exemple.

TRAITE

DE L'AMITIÉ.

TRAITÉ DE L'AMITIÉ.

Vous me devez, Monsieur, une consolation pour la perte de notre amie. J'appelle perte, toute diminution dans l'amitié; puisqu'ordinairement tout sentiment qui s'affoiblit, tombe. Je m'examine à la rigueur, et je crois mettre dans l'amitié plus qu'une autre : cependant tout échape. Je vous prie donc de me dire sans ménagement à qui je dois m'en prendre; car il faut que mes plaintes aient un objet. Est-ce de moi ? est-ce de mes amies, ou des mœurs du tems ? Enfin corrigez-moi où je manque; consolez-moi si je perds.

Plus on avance dans la vie, et plus on sent le besoin que l'on a de l'amitié. A mesure que la raison se perfectionne, que l'esprit augmente en délicatesse, et que le cœur s'épure, plus le sentiment de l'amitié devient nécessaire. Voici ce que le loisir de ma solitude m'a fait penser sur ce sujet.

Dans tous les tems on a regardé l'amitié comme un des premiers biens de la vie. C'est un sentiment qui est né avec nous : le premier mouvement du cœur a été de s'unir à un autre cœur. Cependant c'est une plainte générale : tout le monde dit qu'il ny a point d'amis. Tous les siècles ensemble fournissent à peine trois ou quatre exemples d'une amitié parfaite. Puisque tous les hommes conviennent des charmes de l'amitié, pourquoi dans un intérêt commun tous ne s'entendent-ils pas, ne s'unissent-ils pas, pour en jouir ? C'est un effet du déréglement des hommes de s'aveugler sur leurs véritables intérêts. La Sagesse et la Vérité en nous éclairant rendent notre amour-propre plus habile, et nous apprennent que nos véritables intérêts sont de nous attacher à la vertu, et que la vertu amène les doux plaisirs de l'amitié. Voyons donc quels sont les charmes et les avantages de l'amitié, pour les chercher ; quel est le véritable caractère de l'amitié, pour la connoître ; et quels sont les devoirs de l'amitié, pour les remplir.

Les avantages de l'amitié se présentent assez d'eux-mêmes : toute la nature n'a qu'une voix pour dire qu'ils sont de tous les biens les plus désirables ; sans elle, la vie est sans charmes. L'homme est plein de besoins : renvoyé à lui-même, il sent un vuide que l'amitié seule est capable de remplir : toujours inquiet et toujours agité, il ne se calme et ne se repose que dans l'amitié. Un ancien dit, que l'Amour est fils de la Pauvreté et du Dieu des richesses : de la Pauvreté, parce qu'il demande toujours; du Dieu des richesses, parce qu'il est libéral. L'amitié ne pourroit-elle pas aussi avoir la même origine? Quand elle est vive, elle demande des senti-mens : les ames tendres et délicates sentent les besoins du cœur plus qu'on ne sent les autres nécessités de la vie. Mais, comme elle est géné-reuse, elle mérite aussi qu'on la reconnoisse pour fille du Dieu des richesses; car il n'est pas per-mis de se parer du beau nom d'amitié dès que l'on manque à ses amis dans le besoin. Enfin les caractères sensibles cherchent à s'unir par les sentimens : le cœur étant fait pour aimer, il est sans vie dès que vous lui refusez le plaisir d'ai-mer et d'être aimé. Comblez les hommes de biens, de richesses et d'honneurs; et privez-les des dou-ceurs de l'amitié, tous les agrémens de la vie s'é-vanouissent. Les personnes raisonnables se refu-sent à l'amour : les femmes par l'attachement à leur devoir, et les hommes par la crainte d'un mauvais choix. Vous êtes attiré dans l'amitié, vous êtes entraîné dans l'amour. L'amitié s'enrichit des pertes de l'amour : elle en devient plus tendre, plus vive et plus empressée. Toutes les délicatesses de l'amour se trouvent dans les engagemens dont je parle. L'amitié naissante est sujette à l'illusion : la nouveauté plaît et promet, et tout ce qui réveille l'espérance est d'un grand prix. L'illusion est un sentiment qui nous transporte au-delà de la vérité, et qui obscurcit nos lumières. Vous voyez dans les personnes qui commencent à vous plaire, tout ce qu'il y a de bon ; et l'imagination, qui toujours agit au gré du cœur, prête à la personne aimée le mérite qui lui manque. On aime ses amis bien plus par les qualités qu'on devine, que par celles qu'on connoît. Il y a aussi des amitiés d'étoile et de sympathie, des liens inconnus qui nous unissent et qui nous serrent ; nous n'avons besoin ni de protestations ni de serment : la confiance va au-devant des paroles. Quand Montaigne nous peint ses sentimens pour son ami : « Nous nous cherchions, dit-il, et nos « noms s'embrassoient avant que de nous con- « noître. Ce fut un jour de fête que je le vis pour « la première fois ; nous nous trouvâmes tout d'un « coup si liés, si unis, si connus, si obligés, « que rien ne nous fut plus cher que l'un à l'au- « tre. Et quand je me demande d'où vient cette « joie, cette aise, ce repos que je sens lorsque

« je le vois ; c'est que c'est lui, c'est que c'est moi :
« c'est tout ce que je puis dire. » Nous jouissons
dans l'amitié de tout ce que l'amour a de plus
doux ; du plaisir de la confiance , du charme
d'exposer son ame à son ami , de lire dans son
cœur, de le voir à découvert, de montrer ses propres foiblesses ; car il faut penser tout haut devant
son ami. Il n'y a que ceux qui ont joui du doux
plaisir de l'amitié qui sachent quel charme il y a
à passer les journées ensemble. Que les heures
sont légères , quelles sont coulantes avec ce qu'on
aime !

Quelle ressource que l'asile de l'amitié ! Par
elle vous échappez aux hommes qui sont presque
tous trompeurs, faux et inconstans. Mais un des
grands avantages le l'amitié, c'est le secours des
bons conseils. Quelque raisonnable qu'on soit,
on a besoin d'être conduit : il faut se défier de sa
propre raison, que la passion fait souvent parler
comme il lui plaît. C'est un grand secours que de
savoir que l'on a un guide pour se conduire et se
redresser.

Les anciens ont connu tous les biens qu'apporte l'amitié ; mais ils en ont fait des portraits
si chargés, qu'on les a regardés comme de belles
idées , et qui n'étoient point dans la nature.
Comme les hommes aiment à se soustraire aux

grands modèles, et à rejetter les grands exemples, parce qu'ils exigent beaucoup de nous. ils s'accordent à les traiter de chimères : c'est mal connoître nos intérêts. En nous dérobant aux obligations de l'amitié, nous perdons tous ces avantages. C'est une société, c'est un commerce, enfin ce sont des engagemens réciproques, où l'on ne compte rien, où le plus honnête homme met davantage, et se trouve heureux d'être en avance. On partage sa fortune avec son ami, richesses, crédit, soins, services, tout est à lui, excepté notre honneur. Il m'a paru, à la honte de notre siècle, que d'offrir son bien à son ami, c'est le dernier effort de l'amitié. Il y a bien des témoignages au-dessus de celui-là : mais le plus grand avantage de l'amitié, c'est de trouver dans son ami un vrai modèle ; car on désire l'estime de ce qu'on aime, et ce désir nous porte à imiter les vertus qui y conduisent.

Sénèque recommande à son ami de choisir entre les grands hommes le plus respectable ; d'agir comme si l'on étoit en sa présence ; de lui rendre compte de toutes ses actions : ce grand homme qui nous tient en respect, c'est notre ami. Rien ne répond tant de nous à nous mêmes, et n'est d'une plus sûre caution envers les autres, qu'un ami estimable. Il ne nous est pas permis

d'être imparfaits à ses yeux : aussi ne voyez-vous
guères le vice se lier avec la vertu. L'on n'aime
point à voir ce qui nous juge et nous condamne
toujours. Il faut être sûr de soi pour oser se donner de certains amis. Pyrrhus dit : *Sauvez-moi
de mes amis, je ne crains qu'eux.* Pline ayant
perdu son ami : *Je crains bien*, dit-il, *de me
relâcher dans le chemin de la vertu; j'ai perdu
mon guide et le témoin de ma vie.* Enfin la
parfaite amitié nous met dans la nécessité d'être
vertueux. Comme elle ne se peut conserver
qu'entre personnes estimables, elle nous force
à leur ressembler, pour les garder. Vous trouverez donc dans l'amitié la sûreté du bon conseil, l'émulation du bon exemple, le partage
dans vos douleurs, le secours dans vos besoins,
sans être demandé, attendu, ni acheté. Voyons
à présent quels sont les véritables caractères de
l'amitié, pour la connoître.

Le premier mérite qu'il faut chercher dans
votre ami, c'est la vertu, c'est ce qui nous assure qu'il est capable d'amitié, et qu'il en est
digne. N'espérez rien de vos liaisons lorsqu'elles
n'ont pas ce fondement. Aujourd'hui ce n'est pas
le goût qui nous unit, ce sont les besoins; ce n'est
pas l'union des cœurs ni de l'esprit qu'on cherche
dans les engagemens; aussi les voyons-nous finir

8

aussi-tôt que se former. Il n'y a jamais de rupture
qui ne nous accuse ; c'est toujours la faute de l'un
des deux ; on ne peut éviter la honte de s'être mépris , et d'avoir à se dédire. On s'unit sans s'examiner, et on rompt sans délibérer; rien n'est si
méprisable. Choisissez votre ami entre mille; rien
n'est plus important qu'un tel choix , puisque le
bonheur en dépend. Rien de plus triste que de
tomber en de mauvaises mains, d'avoir à essuyer
la honte d'une rupture, ou les chagrins d'une liaison avec des personnes sans mérite. Il faut songer
de plus que nos amis nous caractérisent : on nous
cherche dans eux ; c'est donner au public notre
portrait , et l'aveu de ce que nous sommes. On
trembleroit si on faisoit attention sur ce que l'on
hasarde en avouant un ami. Voulez-vous être estimé ? vivez avec des personnes estimables. Il faut
donc bien connoître avant de s'engager. La première marque qui nous assure le plus qu'on est
digne d'amitié , c'est la vertu; après quoi il faut
chercher des amis libres , affranchis des passions.
Ceux que l'ambition possède sont incapables de
sentir ce doux sentiment , encore moins ceux qui
sont dans les liens de l'amour. L'amour emporte
avec soi toute la vivacité de l'amitié : c'est une
passion turbulente , et l'amitié est un sentiment
doux et réglé. L'amour donne à l'ame une joie

d'ivresse, qui quelquefois est suivie de violens chagrins ; l'autre est une joie de raison , toujours pure et toujours égale : rien ne peut l'arrêter , ni la lasser ; elle nourrit l'ame. De plus , si vous êtes attaché à une personne de mérite , n'a-t-elle pas toute votre confiance ? L'amitié d'un amant est trop sèche ; il peut vous donner des soins et des services ; mais il n'a plus de sentiment à vous offrir. La récompense de l'amour vertueux , c'est l'amitié ; mais ce n'est pas l'amour ordinaire qui nous y conduit , c'est l'amour épuré. Les personnes frivoles et dissipées ne sont pas propres à l'amitié ; chaque objet enlève une portion de sentiment et d'attention qui appartient à l'amitié. Quoique l'on ait toujours dit qu'il faut donner à l'amitié des fondemens plus solides que la simple sensibilité, cependant , si le goût ne s'en mêle , on n'est point entraîné ; l'esprit ne peut être convaincu. Si le cœur n'est pas touché , l'on ne va pas bien vîte ni bien loin. La vertu et le goût ont formé les amitiés dont la mémoire est venue jusqu'à nous.

MONTAIGNE, qui nous peint la naissance de ses sentimens pour son ami, dit qu'il fut frappé comme on l'est en amour. Il étoit dans une situation propre à jouir de l'amitié : dégagé des passions , voué à la raison , il ne lui restoit plus

8 *

de jouissance que celle de l'amitié. Les personnes revenues des passions violentes, et que la connoissance du peu de valeur des choses ramène à elles-mêmes, conviennent mieux à la véritable amitié. Celles qui sont libres et dégagées de mille amusemens frivoles, se lient à vous par sentiment; mais, quoiqu'insensibles à leurs propres besoins, elles ne laissent pas de sentir et de soulager ceux de leurs amis. Jamais nous ne vivons dans une telle indépendance, que nous puissions nous passer les uns des autres ; mais les services doivent être à la suite de l'amitié, et non pas l'amitié à la suite des services. Il faut aussi dans l'amitié, de la conformité des rapports, des âges à-peu-près semblables, que les mêmes goûts unissent. Les personnes élevées à des postes brillans, enivrées de leur bonheur; ces esprits déréglés que la Fortune caresse, ne sont guères propres à l'amitié. Les Rois sont aussi privés de ce doux sentiment. Ils ne sauroient jamais jouir de la certitude d'être aimés par eux-mêmes ; c'est toujours le Roi, et rarement la personne. Je ne voudrois pas avoir la première place à ce prix; tout est trop pesant sans le secours de l'amitié. Il n'y a eu de Roi qu'Agésilaüs qui fut puni pour avoir su se trop faire aimer. C'est une belle domination que de régner sur tous les cœurs. Les personnes en place ont

plus de soin d'amasser des richesses que d'acquérir des amis. Quel est celui qui pense à s'attacher
les cœurs par des bienfaits, à chercher les personnes de mérite, à les secourir, à se préparer
un asyle dans le cœur d'un ami pour le temps de
la disgrace? La plupart des biens que nous ac-
quérons sont pour les autres, celui-là seul est
pour nous. Il faut aussi dans l'amitié des mœurs
pures; vous courez trop de risque de vous unir
avec une personne de mœurs déréglées.

Vous voyez bien que toutes les vertus deviennent nécessaires à la parfaite amitié. La retraite
est propre à cultiver ce sentiment : la solitude est
amie de la sagesse; c'est au-dedans de nous qu'habite la paix et la vérité. De plus, *c'est la marque
d'un esprit bien fait*, dit un ancien, *que de savoir demeurer avec soi-même. Qu'il est doux
d'y rester, quand on s'en est rendu la jouissance agréable!* L'amitié demande une personne toute entière : dans la retraite ce sentiment-là devient plus nécessaire et moins partagé.
D'ailleurs nous sommes d'ordinaire avec les
autres, comme nous sommes avec nous-mêmes.
Les personnes sages savent établir la paix chez
eux, et la communiquent aux autres. Sénèque
dit : *J'ai assez profité pour apprendre à être
mon ami.* Quiconque sait vivre avec soi même,

sait vivre avec les autres. Les caractères doux et
paisibles répandent de l'onction sur tout ce qui
les approche. La retraite assure l'innocence, et
nous rend l'amitié plus nécessaire. Il nous faut
un témoin de ce que nous valons, sans cela nous
marchons mollement dans le chemin de la vertu.
Quand vous estimez votre ami à un certain degré, vous mettez toute votre gloire dans son estime ; si vous êtes heureux, vous voulez partager
votre bonheur avec lui. De plus, la possession du
bien devient insipide sans témoins.

Je crois que la grande jeunesse n'est guères
propre aux plaisirs de la parfaite amitié. Nous
voyons assez de jeunes gens se croire et se dire
amis ; mais les liens de leurs unions ce sont les
plaisirs, et les plaisirs ne sont pas des nœuds
dignes de l'amitié. *Vous êtes dans l'âge*, dit
Sénèque à son ami, *où vos passions violentes
sont éteintes, vous n'en avez plus que de
douces ; nous allons jouir du noble plaisir de
l'amitié.* Ce qui la rend plus sûre et plus solide,
c'est la vertu, l'éloignement du monde, l'amour
de la solitude, la pureté des mœurs, une vie
qui nous ramène à la sagesse et à nous-mêmes,
un esprit élevé (car il y a un goût et un degré
dans la parfaite amitié où ne peuvent atteindre
les caractères médiocres), mais sur-tout un cœur

droit. Les qualités du cœur sont beaucoup plus nécessaires que celles de l'esprit : l'esprit plaît, mais c'est le cœur qui lie. Les gens en qui l'amour-propre domine, n'en sont pas dignes ; ils ne pensent qu'à prendre sur le fonds de l'amitié ; et les personnes vertueuses ne sont pressées que d'y mettre. Les avares ne connoissent point un si noble sentiment ; la véritable amitié est opulente. L'avarice oppose à toutes les vertus un obstacle insurmontable. Le sentiment de l'avarice arrète, ou pour mieux dire, étouffe tous les bons mouvemens : il n'y a pas une vertu qui ne prenne sur nous, et ils veulent toujours prendre sur les autres. Il faut savoir donner en pure perte ; il faut avoir le courage de faire des ingrats. Mais passons aux devoirs de l'amitié.

Il y a trois temps dans l'amitié ; le commencement, la durée et la fin. Comme tous les commencemens de l'amitié sont pleins de sentimens, et que les amitiés naissantes sont soutenues d'un peu d'illusion, rien ne coûte dans ces premiers momens, et tout est plaisir. Mais il arrive souvent que le goût s'use, que cette pointe de sentiment s'émousse par l'habitude. L'illusion disparoît, et vous êtes réduit à soutenir l'amitié par raison ; qualité qui est toujours sèche. En amitié, comme en amour, il faudroit ménager ses goûts :

c'est une économie permise. Mais sait on s'arrêter sur un plaisir permis et innocent ? Cependant, comme rien n'est si doux dans la vie qu'une sensible amitié, on devroit prendre de concert des mesures pour faire durer un état si desirable ; car la vie heureuse consiste à sentir, et à imaginer agréablement. L'on sent les choses présentes, on imagine les futures. L'amitié remplit ces deux temps, soutient ces deux sentimens, puisqu'elle nous fait sentir agréablement dans le présent, et espérer dans l'avenir. Mais enfin, comme il est écrit que toute sensibilité périt, et que les cœurs les mieux faits ne peuvent pas répondre de garder toujours cette chaleur d'une amitié naissante, ils peuvent donc quelquefois être inconstans, mais jamais infidèles. La vivacité du goût se perd, mais l'amour du devoir subsiste. Il faut les plaindre ; ils avoient un sentiment agréable, il leur a échappé ; que n'avions-nous de quoi le retenir ! Donnons donc à l'amitié un fondement plus solide. L'estime appuyée sur la connoissance du mérite ne se dément point. Le bandeau qu'on donne à l'amour, on l'ôte à l'amitié. Elle est éclairée, elle examine avant que de s'engager, elle ne s'attache qu'aux mérites personnels, car ceux-là seuls sont dignes d'être aimés, qui ont en eux-mêmes la cause pour quoi on les aime.

Après avoir fait un bon choix, il faut se fixer, estimer ses amis, non d'une estime variable, mais de sentiment; car quand la sensibilité échapperoit, et voudroit emporter l'estime, par justice il faut la conserver. Il ne faut pas se permettre d'examiner les défauts de nos amis, encore moins d'en parler. Il faut respecter l'amitié; mais, comme elle nous est donnée pour être un aide à la vertu, et non pas la compagne du vice, il faut les avertir quand ils s'égarent: s'ils résistent, armez-vous de la force et de l'autorité que donne la prudence des sages conseils, et la pureté des bonnes intentions. Il faut avoir le courage de leur déplaire, en leur disant la vérité: on doit pourtant adoucir les termes selon leurs besoins. Peu de personnes ont la force de se laisser humilier par la vérité qui les redresse; mais en même-temps qu'on les avertit en particulier, il faut les défendre en public, et ne point souffrir, s'il est possible, qu'ils aient une réputation incertaine.

On demande quel est le terme de l'amitié? On dit qu'il faut servir ses amis jusques aux autels. Dieu et l'honneur sont les seules bornes qu'on doit donner à l'amitié; mais il y a bien des choses qu'un honneur délicat vous défendroit pour vous-même, qu'il vous seroit permis et honnête de faire pour vos amis. Sur le reste, je ne connois point de bornes : tout, et sans se faire valoir, doit être sacrifié à l'amitié. Diogène disoit : *Quand j'emprunte de mon ami, c'est mon argent que je lui demande.* Une pareille confiance fait l'éloge de l'un et de l'autre.

Ne faites jamais sentir à vos amis aucune supériorité ; et si vous êtes plus avancé qu'eux dans la possession de la vertu, dans le partage de l'esprit, et dans les bonnes graces de la Fortune, cela ne vous donne aucun droit de vous élever.

On demande si l'on peut confier à un autre le secret de notre ami ? Il n'y a pas à délibérer ; le secret est un dépôt, nous n'en pouvons disposer ; ce n'est pas notre bien. Reste à savoir de quelle manière nous devons nous conduire, quand l'amitié s'affoiblit et s'altère.

Comme ce sont des hommes qui s'unissent, il faut compter sur les défauts de l'humanité : il faut se passer l'un et l'autre bien des choses, si l'on veut que l'amitié subsiste. Le plus vertueux excuse, et pardonne davantage. *Vous rendrez votre ami fidèle,* dit un ancien, *si vous croyez qu'il le soit.* On met en droit de commettre une faute celui qu'on croit capable de la faire. L'amitié ordinaire ne veut jamais se charger d'aucun tort ; l'amitié délicate les met sur son compte : contens de pouvoir épargner une peine à notre ami, nous lui laissons le plaisir de nous pardonner, et lui épargnons la honte et le besoin du pardon : mais pour cela il faut avoir affaire à une ame forte, qui ait le courage de soutenir la vue de ses fautes, et d'avouer même celles qu'elle n'a pas faites. Si votre ami a besoin d'être conduit et gouverné pour son propre intérêt, il faut avoir la main légère, et ne lui pas faire sentir sa dépendance. Rien n'est plus opposé à l'amitié que ces caractères superbes, qui cherchent à vous accuser, et se font un plaisir de vous convaincre : c'est une victoire pour eux de vous trouver des défauts, cela fortifie leur domination, et augmente votre dépendance. Dérobez-vous aux occasions de vous irriter, et dans les éclaircissemens gardez-vous d'employer des termes durs : il en est dont il ne faut jamais user, et qui font dans les cœurs des plaies qui ne se ferment jamais. Dès que vous sentez que vous vous allumez, soyez en garde contre vous-même ; songez que la passion prend toujours quelque chose sur la justice : mais il y a des gens qui, lorsqu'ils ont un tort, en ont cent, et qui ne savent point s'arrêter : ils vous punissent de leurs propres fautes, et ne vous pardonnent jamais. Quand ils ont manqué, il ne faut pas croire qu'on puisse les convaincre ; leur esprit est au

service de leur injustice. Il ne faut point leur
faire de reproches ; mais si voulez les punir, et
vous venger avec dignité, ayez une conduite plus
exacte ; cherchez les occasions de leur faire plaisir : c'est votre propre conduite qui leur doit être
un reproche, et non pas vos discours. Quelqu'habile que soit l'amour-propre à nous cacher
nos foiblesses, il y a des momens consacrés à
la vérité, où elle se fait voir. Les plaisirs qu'on
a faits dans le temps de l'amitié doivent être
oubliés dans la rupture ; et quand on ne se croit
pas payé de son bienfait par le plaisir qu'on a
eu à le faire, on n'a point donné, on n'a fait
que prêter ou vendre. Enfin il faut courir après
l'amitié et l'estime de ses amis, et ne pas craindre
d'en trop faire. Mais si on est assez malheureux
pour avoir fait un mauvais choix, il faut le soutenir, et par-là se punir de son imprudence et
de sa légèreté à s'engager. Il y a toujours à perdre pour tout le monde dans les ruptures. Après
avoir fait tout ce qui est en vous pour les prévenir, comme souvent on a affaire à des gens en-
têtés qui ne vous voient qu'au travers de leur
prévention, tout est inutile. Rien n'est plus triste
que de combattre contre ces imaginations ardentes et allumées, qui n'ont d'esprit que pour
soutenir leur tort : quelque chose que vous fas-

siez, vous n'en aurez que de l'improbation. **Ne**
mettez pas votre gloire à les réduire, mais à
vous vaincre : il faut vous retirer, et que votre
innocence vous calme, et vous console. Il ne
faut pas croire qu'après les ruptures vous n'ayez
plus de devoirs à remplir : ce sont les devoirs les
plus difficiles, et où l'honnêteté seule vous soutient. On doit du respect à l'ancienne amitié.
Il ne faut point appeller le monde à vos querelles, et jamais n'en parler que quand vous y
êtes forcé pour votre propre justification. Il faut
éviter même de trop charger l'ami infidèle. C'est
un mauvais spectacle pour le public, et un mauvais rôle pour vous, que de rompre avec éclat.
Songez que tout le monde a les yeux ouverts sur
vous ; que vos juges sont tous vos ennemis, ou
par ignorance de ce que vous valez, ou par envie
s'ils le connoissent, ou par prévention et malignité naturelle. Pour les choses qui ont été con-
fiées dans le temps de l'amitié, il ne faut jamais
les révéler : songez que le secret est une dette
de l'ancienne amitié, que vous vous devez à vous-
même. Enfin, les devoirs que vous remplissez
dans le temps de l'amitié, c'est pour la personne
aimée ; dans les ruptures, c'est pour vous même.
Dans le temps du sentiment, tout le monde sait
se conduire, on n'a qu'à se laisser aller à ses

mouvemens ; mais dans les ruptures, c'est le devoir, c'est la raison qu'il faut écouter et suivre.
Peu de gens savent être en colère ; la plupart
ne gardent plus de mesures. Qu'il est triste d'a-
voir à donner des préceptes sur un pareil malheur, d'avoir à envisager dans les temps de l'amitié, la perte de l'amitié ! Songez cependant qu'un
pareil malheur vous menace peut-être, et que
l'ami le plus estimable peut avoir en lui des dispositions prochaines à une rupture. Il faut passer
légèrement sur de pareilles idées ; elles gâteroient
les plaisirs de l'amitié la plus parfaite.

Quelques personnes croient qu'il n'y a plus de
devoirs à remplir au-delà du tombeau ; très-peu
savent être amis des morts. Quoique la plus magnifique pompe funèbre soit les larmes et la douleur de nos amis, et que la plus honorable sé-
pulture soit dans leurs cœurs, cependant il ne
faut pas croire que des larmes que vous répandez
par sensibilité, quelquefois par retour sur vous-
même, vous acquittent envers eux : vous devez
à leur nom, à leur gloire et à leur famille : ils
doivent vivre dans votre cœur par les sentimens, dans votre mémoire par le souvenir, dans
votre bouche par des éloges, et dans votre conduite par l'imitation de leurs vertus.

Si j'ai donné des préceptes pour se conduire

quand les amitiés se rompent ou se dénouent, je suis cependant bien éloignée de croire que nous devons aimer comme devant haïr un jour. Mon cœur n'a jamais écouté les leçons de Machiavel ; il est bien éloigné de se conduire par ses maximes : ceux qui me connoissent savent que dans l'amitié je me livre trop : jamais mes sentimens ne m'avertissent de me défier de mes amis : ceux qui pensent d'une façon vulgaire me regardent comme une espèce de dupe : je ne m'en sauve qu'en voulant bien l'être. Ainsi la prudence, dont j'ai ici rassemblé quelques maximes, n'a pas encore passé jusqu'à mon cœur ; mais l'usage, le monde, et ma propre expérience, ne m'ont que trop appris, que dans l'amitié la mieux acquise et la plus méritée, il faut faire un fond de constance et de vertu, pour en pouvoir soutenir la perte.

On demande si l'amitié peut subsister entre personnes de sexe différent ? Cela est rare et difficile ; mais c'est l'amitié qui a le plus de charmes. Elle est plus difficile, parce qu'il faut plus de vertu et de retenue. Les femmes qui ne connoissent que l'amour d'usage n'en sont pas dignes, et les hommes qui ne veulent trouver dans les femmes que le bonheur du sexe, et qui n'imaginent pas qu'elles peuvent avoir des qualités dans l'esprit

et dans le cœur plus liantes que celles de la beauté, ne sont pas propres à l'amitié dont je parle.
Il faut donc chercher à s'unir par la vertu et par
le mérite personnel. Quelquefois de pareilles
unions commencent par l'amour, et finissent par
l'amitié. Quand les femmes sont fidelles à la
vertu de leur sexe, l'amitié étant la récompense
de l'amour vertueux, elles peuvent s'en flatter.
De la manière dont l'amour se traite aujourd'hui,
il est souvent suivi de rupture d'éclat ; la honte
étant toujours la punition du vice. Les femmes
qui opposent leurs devoirs à l'amour, et qui
vous offrent les charmes et les sentimens de l'amitié, quand d'ailleurs vous leur trouvez le même
mérite qu'aux hommes, peut-on mieux faire que
de se lier à elles ? Il est sûr que de toutes les
unions, c'est la plus délicieuse. Il y a toujours un
degré de vivacité qui ne se trouve point entre
les personnes du même sexe ; de plus, les défauts
qui désunissent, comme l'envie et la concur-
rence, de quelque nature que ce soit, ne se
trouvent point dans ces sortes de liaisons. Les
femmes ont le malheur de ne pouvoir compter entre elles sur l'amitié : les défauts dont
elles sont remplies, y forment un obstacle
presque insurmontable : elles s'unissent par nécessité, et jamais par goût. Que faire des senti-

mens qui sont en elles ? Pour celles qui se défendent de l'amour, cela les renvoie à l'amitié,
et les hommes en profitent. Quand elles n'ont
point usé le cœur par les passions, leur amitié
est tendre et touchante; car il faut convenir, à
la gloire ou à la honte des femmes, qu'il n'y a
qu'elles qui savent tirer d'un sentiment tout ce
qu'elles en tirent. Les hommes parlent à l'esprit, les femmes au cœur. De plus, comme la
nature a mis des rapports et des liens invisibles
entre les personnes de sexe différent, on trouve
tout préparé à l'amitié. Les ouvrages de la nature
sont toujours plus parfaits : ceux où elle n'a pas
la principale part ont moins d'agrémens. Dans
l'amitié dont je parle, on sent que c'est son
ouvrage; ces nœuds secrets, ces sympathies, ce
doux penchant auquel on ne peut résister, tout
s'y trouve : un bien si désirable est toujours la récompense du mérite. Mais il faut être en garde
contre soi-même, de peur qu'une vertu ne devienne passion dans la suite.

TRAITÉ

DE LA VIEILLESSE.

δ

9*

TRAITÉ DE LA VIEILLESSE.

On a donné aux hommes tous les secours nécessaires pour perfectionner leur raison, et leur
apprendre la grande science du bonheur dans
tous les temps de leur vie. Cicéron a fait un
Traité de la Vieillesse, pour les mettre en état
de tirer parti d'un âge où tout semble nous quitter. On ne travaille que pour les hommes : mais
pour les femmes, dans tous les âges, on les abandonne à elles-mêmes : on néglige leur éducation
dans la jeunesse ; dans la suite de leur vie, on les
prive de soutien et d'appui pour leur vieillesse :
aussi la plupart des femmes vivent sans attention et sans retour sur elles-mêmes : dans leur
jeunesse elles sont vaines et dissipées ; et dans la
vieillesse elles sont foibles et délaissées. Nous arrivons à chaque âge de la vie, sans savoir nous y
conduire ni en jouir : quand il est passé, nous
voyons l'usage qu'on en pouvoit faire : mais
comme les regrets sont inutiles, à moins qu'ils

ne servent à nous redresser, voyons à profiter du temps qui nous reste. Je m'aide de mes réflexions; et comme j'approche de cet âge où tout nous échappe, je veux retrouver dans ma raison la valeur des choses que je perds.

Tout le monde craint la vieillesse : on la regarde comme un âge livré à la douleur et au chagrin, où tous les plaisirs disparoissent. Chacun perd en avançant dans l'âge, et les femmes plus que les hommes. Comme tout leur mérite consiste en agrémens extérieurs, et que le temps les détruit, elles se trouvent absolument dénuées ; car il y a peu de femmes dont le mérite dure plus que la beauté. Voyons s'il n'est pas possible de les remplacer ; et comme il n'y a point de si petit bien qui ne vaille quelque chose entre les mains d'une personne habile, mettons à profit le temps de la vieillesse; et songeons à en faire usage pour notre perfection et pour notre bonheur.

Examinons les devoirs de la vieillesse, le respect et la décence qui sont dûs à cet âge ; et connoissons aussi les avantages qu'on en peut tirer, pour en jouir.

La vie n'est pas dans l'espace du temps, mais dans l'usage qu'on en sait faire. Il faut faire un plan, et le suivre avec fermeté; car enfin, changer de dessein et de conduite, c'est couper notre vie : nous l'abrégeons par notre légéreté, et nous l'allongeons par une conduite uniforme.

Ces réflexions, ma fille, qui sont à présent pour moi, seront un jour pour vous. Préparez-vous une vieillesse heureuse par une jeunesse innocente. Souvenez-vous que le bel âge n'est qu'une fleur que vous verrez changer : les grâces vous abandonneront, la santé s'évanouira : la vieillesse viendra effacer les fleurs de votre visage : quelque jeune que vous soyez, ce qui vient avec tant de rapidité n'est pas loin de vous.

Nous avons en vieillissant les maux communs à l'humanité. Les maux du corps et de l'esprit sont à la suite d'un certain âge : *La vieillesse,* dit Montaigne, *attache plus de rides à l'esprit qu'au visage.* Les passions nous attendent dans le cours de la vie, et il semble que ce soient des gîtes où il faut passer nécessairement : *Des passions ardentes,* dit Montaigne, *nous passons aux passions frileuses.* Les sentimens tristes sont à la suite de la vieillesse : elle tarit dans notre cœur la source de la joie et des plaisirs : elle dégoûte du présent, et craint l'avenir : elle rend insensible à tout, excepté à la douleur.

Tous ces maux sont communs aux deux sexes; mais il y en a qui ne sont que pour les femmes : comme il en est de différens caractères, il y a

différentes sortes de peines à souffrir, et de conduites à suivre. Les femmes sont ou galantes, ou
vertueuses : ces deux caractères sont variés d'une
infinité de différences ; il y a bien des nuances et
des degrés dans l'un et dans l'autre. Pour celles
qui sont nées sans tendresse et sans agrémens,
et qui n'ont fait ni reçu aucune impression, elles
jouissent de la tranquillité et de l'uniformité de
la vie ; elles perdent moins en avançant en âge,
que celles qui sont capables de prendre des sentimens et d'en inspirer : cependant elles auront
encore bien des maux à souffrir, et des imperfections à combattre. Elles doivent être en garde
contre la tristesse. Nous devenons ennemies de
la joie que nous avons intérêt de conserver en
nous, et que nous ne devons pas condamner dans
les autres. Mais il faut choisir ses plaisirs, ou
plutôt ses amusemens : ce qui est permis et honnête dans un certain âge, est indécent dans un
autre.

L'avarice est encore un des foibles du dernier
âge. Comme tout manque, on veut tenir à quelque chose, et on s'attache aux richesses comme
à son soutien. Cependant, si on savoit raisonner,
on verroit qu'on n'en a que faire, et qu'on s'assure
plus de bonheur en les partageant qu'en les gar-
dant.

Mais revenons aux femmes galantes : elles ont plus à perdre en vieillissant, et plus à travailler. Comme il en est de bien des sortes, il y a aussi différentes conduites à garder. Pour celles qui n'ont rien ménagé, qui ont été infidelles aux préjugés et aux vertus de leur sexe, elles perdent infiniment : les plaisirs, le seul lien qui les unissoit aux hommes, venant à manquer, elles ne tiennent plus à eux, ni eux à elles. Pour celles qui se sont respectées, qui ont su joindre la probité et l'amitié à l'amour, elles tiennent aux hommes par les vertus de la société ; car la vertu seule a droit de nous unir. Les caractères sensibles ont plus à souffrir : le cœur ne s'use pas comme les sens. La fidélité à vos devoirs est souvent suivie d'une longue et pénible sensibilité : l'amour se dédommage sur les sentimens du cœur de ce que les sens lui ont refusé. Plus les sentimens sont retenus, et plus ils sont vifs.

Les goûts s'affoiblissent en les exerçant, et les passions des femmes s'usent comme celles des hommes. Enfin, il y a un temps dans la vie des femmes, qui devient une crise : c'est la conduite qu'elles gardent, et le parti qu'elles prennent, qui donnent la dernière forme à leur réputation, et d'où dépend le repos de leur vie.

Dans la jeunesse, les femmes se soutiennent

par l'ardeur du sang, qui les entraîne vers les objets sensibles, qui les livre aux passions permises ou défendues : la nouveauté des objets qui excite et nourrit leur curiosité; tout cela les soutient. Pour celles qui ont de la beauté et des agrémens, elles jouissent des avantages de leur propre figure et de l'impression qu'elles font sur les autres ; l'amour-propre est toujours nourri de ce qu'elles voient en elles, ou de ce qu'elles inspirent. Quelle domination est plus prompte, plus douce et plus absolue que celle de la beauté? La majesté et l'autorité n'ont droit que sur les choses extérieures; la beauté en a sur l'ame; il n'y a guères de femme aimable qui n'ait joui de ces triomphes secrets. De plus, quelle source d'amusemens ne fournit pas l'envie de plaire ! Tout l'appareil de la galanterie permise à une jeune personne, la parure, les spectacles; tous ces plaisirs sont l'occupation d'un certain âge. Quels mouvemens ne donnent point les passions ! Peut-on être plus vivement et plus fortement remué que par elles? Les événemens de la vie des femmes en dépendent; et de grands établissemens ont été souvent la suite et la récompense d'un sentiment. Toutes ces choses sont enchaînées et relatives au cœur, et font une vie pleine et occupée, même pour celles qui n'ont pas fait un mauvais usage de leur liberté.

Tout cela échappe dans un certain âge, où, si vous voulez faire quelque usage de votre cœur, vous ne sentez plus que pour la douleur. Il vient un temps où il faut mener une sorte de vie convenable aux bienséances et à la dignité de son âge ; il faut renoncer à tout ce qui s'appelle plaisir vif. Souvent vous avez perdu le goût pour les amusemens ; ils ne peuvent plus occuper ni remplir vos heures ; vous avez perdu même vos véritables amis, et le temps est passé d'en faire d'autres. Le revenu de la beauté, c'est l'amour ; et la récompense de l'amour vertueux, c'est l'amitié ; et vous êtes bienheureuse quand toutes vos belles années vous ont acquis un ou deux amis véritables. Enfin, vous quittez chaque âge de la vie quand vous commencez à le connoître, et vous arrivez toute neuve dans un autre. Toutes les choses extérieures ne vous soutiennent plus, ou vous sont interdites. Chez vous, vous ne trouvez plus qu'infirmités dans votre corps, que réflexions tristes dans l'esprit, que dégoûts. Il faut rompre tout commerce avec vos sentimens ; on sent ses liens quand il les faut rompre.

On a dit que la dévotion étoit le foible de la vieillesse ; pour moi, je crois qu'elle en est le soutien : c'est un sentiment décent, et le seul nécessaire ; le joug de la Religion n'est pas un fardeau, mais un soutien.

Mais passons aux devoirs de la vieillesse. Dans tous les temps de la vie nous devons aux autres, nous nous devons à nous-mêmes. Les devoirs envers les autres doublent en vieillissant. Dès que nous ne pouvons plus mettre d'agrémens dans le commerce, on nous demande de vraies vertus : dans la jeunesse on songe à vous ; dans la vieillesse, il faut penser aux autres. On nous demande du partage, et on ne nous pardonne rien. En perdant la jeunesse, vous perdez aussi le droit de faillir ; il ne vous est plus permis d'avoir tort. Nous n'avons plus en nous ce charme séduisant ; et on nous juge à la rigueur. Les premières grâces de la jeunesse ont un lustre qui couvre tout ; les fautes de jugement sont pardonnées, et ont le mérite de l'ingénuité.

En vieillissant, il faut s'observer sur tout, et mettre dans ses discours et dans ses habits de la décence. Rien de plus ridicule que de faire sentir par des parures recherchées, qu'on veut rappeler des agrémens qui nous quittent : une vieillesse avouée est moins vieille ; le grand inconvénient des femmes qui ont été aimables, est d'oublier qu'elles ne le sont plus. Il faut aussi se donner une forme de vie convenable ; ce n'est pas vivre

comme l'on doit, que de vivre au gré de ses passions et de ses fantaisies; et nous ne vivons comme
nous devons, que quand nous vivons selon la
raison, car ce qui s'appelle nous, c'est notre
raison.

Il faut aussi avoir attention à ses sociétés, et ne
s'unir qu'à des personnes de mœurs et d'âge semblables. Les spectacles, les lieux publics doivent
être interdits, ou du moins, il faut y aller rarement : rien de moins décent que d'y montrer un
visage sans grâces ; dès qu'on ne peut plus parer
ces lieux-là, il faut les abandonner. Les avantages
de l'esprit se soutiennent mal au milieu d'une jeunesse brillante ; ils vous font trop sentir ce que
vous avez perdu. Rien ne convient que d'être chez
soi, l'amour-propre y souffre moins qu'ailleurs.
Il y a cependant des amusemens permis, et tout
ce qui s'appelle plaisir honnête n'est point interdit.

Voyons ce que nous nous devons à nous-
mêmes. Nos sentimens et notre conduite doivent
être différens de ce qu'ils ont été dans nos premières années. Vous devez au monde des devoirs
de bienséance, mais vous vous devez des sentimens permis et innocens, par dignité pour vous,
car il faut vivre respectueusement avec soi-même;
il le faudroit aussi pour votre propre repos; mais

on doit convenir qu'il y a des sentimens dont le divorce coûte à l'ame : vous n'en connoissez le prix et vous n'en savez faire usage que quand il faut les abandonner. Dans un âge plus avancé, le goût devient plus délicat sur ce qui blesse, et plus exquis sur ce qui plaît. L'amour est le premier des plaisirs, et la plus douce des erreurs ; mais dès que vous avez perdu la jeunesse, les peines doublent, et les plaisirs diminuent. Ce qui fait les malheurs d'un certain temps, c'est que vous voulez conserver et porter des sentimens dans un âge où ils ne doivent point être ; est-ce la faute de l'âge ? n'est-ce pas la nôtre ! Ce sont les mœurs qui font les malheurs, et non pas la vieillesse ; tout âge est à charge à qui n'a pas au-dedans de soi-même ce qui peut rendre la vie heureuse. Il faut avec docilité se soumettre aux peines de son âge et de son état ; la nature fait une espèce de traité avec les hommes ; elle ne leur donne la vie qu'à des conditions ; elle ne nous donne rien en propriété ; elle ne fait que nous prêter. Il ne faut pas se révolter contre les suites naturelles de l'humanité. On demandoit à un Philosophe qui avoit vécu cent sept ans, s'il ne trouvoit pas la vie ennuieuse ; *je n'ai pas à me plaindre de ma vieillesse, dit-il, parce que je n'ai pas abusé de ma jeunesse.*

Quand les mœurs sont pures et innocentes
dans le premier âge, la Vieillesse est douce et
tranquille. Le soutien et la consolation d'un âge
avancé, c'est une longue habitude de vertu :
quand on l'a pratiquée dans la jeunesse, on en
recueille le fruit dans les derniers temps :
mais nous nous prenons à elle des maux que
nous donne notre dérèglement. La plupart de
nos malheurs viennent de notre imagination.
Les besoins du cœur sont infinis ; ceux de la
nature sont bornés : heureuse la vieillesse dont
le cœur se tourne vers Dieu !

La Dévotion est un sentiment décent dans les
femmes, et convenable à tous les sexes. La Vieillesse sans Religion est pesante. Tous les plaisirs
de dehors nous abandonnent ; nous nous quit-
tons nous-mêmes. Les meilleurs biens, la santé
et la jeunesse, ont disparu : le passé vous fournit
des regrets, le présent vous échappe, et l'avenir vous fait trembler. Pour un Chrétien infidèle, ce sont des peines qui nous attendent ; et
pour un Philosophe, c'est le néant. Voilà ce qui
termine la plus belle vie du monde ; le dernier
acte est toujours tragique : il y a bien à gagner
de changer l'idée de son néant contre l'idée de
l'Eternité ! Si nous vivons de manière à la rendre
heureuse, c'est un beau point de vue qu'une éter-

nité de bonheur : mais la plupart du monde vit
sans penser jamais à s'éclaircir de son état. Qui
croiroit que ces mêmes hommes , qui sont si
ardens sur ce qui regarde leur gloire ou leur
fortune, quand ils la croient en péril, sont tranquilles et indolens sur la connoissance de leur
être ; qu'ils se laissent mollement conduire à la
mort, sans s'instruire si ce qu'on leur dit sont
des chimères ou des réalités ; qu'ils s'acheminent
et voient venir vers eux la mort, l'éternité, les
peines et les récompenses éternelles, sans penser
que ces grandes vérités les regardent et les intéressent ? Peut-on , sans prévoyance et sans
crainte, aller tenter un si grand événement ?
C'est cependant l'état où vivent la plupart des
hommes ; et pour quelques-uns qui ont pris parti
du bon ou du mauvais côté , combien y en a-t-il
qui n'y pensent pas ?

Pour ceux qui sont assez heureux pour être
touchés de la Religion, la piété les console ; elle
est aussi plus aisée à pratiquer. Tous les liens
qui attachent à la vie sont presque rompus : c'est
l'ouvrage de la nature de nous détacher, plus
que celui de la raison : le bandeau de l'illusion
est tombé, et nous voyons les choses ce qu'elles
sont. On a connu le monde à ses dépens ; et
qui le connoît bien sait qu'il n'est bon qu'à quit-

ter : il a toujours manqué de biens solides, ce monde trompeur, et nous trouvons souvent qu'il manque de biens périssables.

Nous ne tirons pas tant du monde que de la dévotion : elle a bien d'autres ressources. Il faut de la résignation dans tous les âges de la vie; mais l'usage en est plus nécessaire dans la vieillesse, parce que nous faisons des pertes continuelles. Mais comme le sentiment est moins vif, nous tenons moins aux choses. Il faut se laisser insensiblement aller à la nature, sans se révolter contre elle; c'est le meilleur guide que nous puissions avoir.

Nous ne vivons que pour perdre, et pour nous détacher. Nous devons compter sur notre changement et sur celui des autres, et nous conduire, quand ils changent, comme nous voudrions qu'ils se conduisissent, si c'étoit nous qui eussions changé. Mais souvent il n'y a qu'à gagner dans nos pertes : les honnêtes gens regardent comme un bien d'être affranchis des liens de la volupté. C'est donc aux mœurs, et non à l'âge qu'il se faut prendre si nous souffrons.

Il faut se soumettre doucement aux lois de notre condition : nous sommes tous faits pour affoiblir, vieillir et mourir. Rien de si inutile

10

que de se révolter contre les effets du temps ;
il est plus fort que nous.

Dans la jeunesse, nous vivons tous dans l'ave-
venir : l'on passe sa vie à désirer, et l'on renvoie à l'avenir son repos et ses joies. Dans la
vieillesse, il faut se saisir du présent.

Montaigne dit, qu'il met tout à profit. « Je
« sens, dit-il, comme les autres hommes ; mais
« ce n'est pas en passant et en glissant : à me-
« sure que la possession de la vie est plus courte,
« je veux la rendre plus vive, plus pleine et plus
« profonde. Je veux arrêter la légéreté de sa
« fuite par la promptitude de ma saisie. Il faut
« secourir la vieillesse ; il faut l'étayer. Je m'aide
« de tout ; et la sagesse et la folie auront assez
« à faire à m'aider par offices alternatives en ce
« dernier âge. »

Un des devoirs de la vieillesse est de faire
usage du temps : moins il nous en reste, plus
il nous doit être précieux. Le temps des Chrétiens est le prix de l'Eternité ; et sans l'employer
à courir après des Sciences vaines et au-dessus
de nous, tirons parti de notre situation, et connoissons une fois la portée de notre esprit.

Nous avons en nous de quoi jouir, mais nous
n'avons pas de quoi connoître. Nous avons les
lumières propres et nécessaires à notre bien-être ;

mais nous courons après des vérités qui ne sont pas faites pour nous. Mais avant que de nous engager à des recherches au-dessus de notre portée, il faudroit savoir quelle étendue peuvent avoir nos lumières, quelle est la règle qui doit déterminer notre persuasion; il faudroit apprendre à séparer l'opinion de la connoissance; avoir la force de nous arrêter et de douter quand nous ne voyons rien clairement, et avoir le courage d'ignorer ce qui est au-dessus de nous. Mais pour arrêter notre hardiesse, et pour affoiblir notre confiance, songeons que les deux principes de notre connoissance, la Raison et les Sens, manquent de sincérité et nous abusent. Les sens surprennent la raison, et la raison les trompe à son tour: voilà nos deux guides, qui tous deux nous égarent.

Ces réflexions dégoûtent des vérités abstraites. Employons donc le temps en connoissances utiles à notre perfection et à notre bonheur.

Il n'y a nul âge qui n'ait en sa disposition une certaine portion de biens : le premier âge, les plaisirs vifs des sens et de l'imagination; le second âge, les plaisirs de l'ambition et de l'opinion; le dernier, les plaisirs de la raison et de la tranquillité.

La paix de l'ame est la plus nécessaire dispo-

sition au plaisir. Quand l'ame n'est pas ébranlée
par un grand nombre de sensations, elle est bien
plus propre à tirer parti des biens qui se présentent, et elle retrouve dans son goût ce qui manque
dans les objets.

On a regardé comme un devoir du dernier âge
de penser à la mort. Je crois qu'il est utile d'y
songer pour régler sa vie et s'en détacher ; mais
il n'est pas nécessaire de l'avoir toujours présente pour nous affliger. L'idée du premier acte
est toujours triste ; quelque belle que soit la comédie, la toile tombe ; les plus belles vies se ter-
minent toutes de même ; on jette de la terre, et
en voilà pour une éternité.

Montaigne pensoit autrement ; il disoit *qu'il
vouloit ôter à la mort son étrangeté, et se la
domestiquer à force d'y penser.*

Il faut espérer que le Ciel aura soin du dernier
acte ; il faut seulement l'intéresser par une vie
vertueuse et innocente. Il ne faut pas aussi regarder la vie comme un si grand bien ; il y a toujours
assez de quoi nous y attacher, et assez de maux
pour nous consoler de sa perte.

Un Philosophe répondoit à un homme, qui lui
demandoit s'il se feroit mourir ? *Tu ne délibères
pas de si grande chose.*

Les grands hommes ne mesurent pas la vie par

la durée du temps, mais par la durée de la gloire.
La bonne mort donne du relief à la vie, et la
mauvaise la déshonore. Pour juger de quelqu'un,
il faut lui avoir vu jouer le dernier rôle.

La vie est déjà très-courte, et nous l'abrégeons
par notre légéreté et par le déréglement. Le peu
que nous vivons, nous le vivons moins à nous
qu'aux passions qui nous tourmentent. Qui ôte-
roit de la vie le temps du sommeil, celui qu'on
donne aux autres nécessités, celui des maladies
du corps et de l'esprit, il nous en resteroit peu
pour le bonheur; et d'une longue vie, à peine en
retirerions-nous quelques années.

Il faut, dit-on, achever sa vie avant sa mort,
c'est-à-dire, ses projets: achever sa vie, c'est
avoir usé son goût pour la vie; car pour les projets, tant que nous vivons, nous nous amusons
d'espérances, et nous vivons moins dans le présent que dans l'avenir. La vie seroit courte si l'espérance ne lui donnoit pas d'étendue. *Le présent*,
dit Pascal, *n'est jamais notre but; le passé et
le présent sont nos moyens; le seul avenir est
notre objet: ainsi nous ne vivons pas, mais
nous espérons de vivre.* Il faut cependant se dé-
pêcher de vivre: il n'est pas sage de dire, *je vivrai*; c'est vivre trop tard que de dire: *Je vivrai
demain.* Les Philosophes disent: *Apprenez à*

vivre, et les Chrétiens disent : *Apprenez tous les jours à mourir.*

Un des avantages de la vieillesse, c'est la liberté. Pisistrate demandoit à Solon qui le traversoit, sur quoi étoit appuyée sa liberté ? *sur ma vieillesse, qui n'a plus rien à craindre*, lui répondit il. Le dernier âge nous affranchit de la tyrannie de l'opinion. Quand on est jeune, on ne songe qu'à vivre dans l'idée d'autrui : il faut établir sa réputation, et se donner une place honorable dans l'imagination des autres, et être heureux même dans leur idée : notre bonheur n'est point réel ; ce n'est pas nous que nous consultons, ce sont les autres. Dans un autre âge, nous revenons à nous ; et ce retour a ses douceurs, nous commençons à nous consulter et à nous croire : nous échappons à la fortune et à l'illusion ; les hommes ont perdu le droit de nous tromper ; nous avons appris à les connoître, et à nous connoître nous-mêmes, à profiter de nos fautes qui nous instruisent autant que celles des autres : nous commençons à voir notre erreur d'avoir fait tant de cas des hommes ; ils nous apprennent souvent à nos dépens à ne compter sur rien ; les infidélités nous dégagent ; la fausseté des plaisirs nous désabuse.

La vieillesse nous affranchit aussi de la tyrannie des passions, et nous fait éprouver que c'est un grand plaisir que de savoir s'en passer, et une grande volupté que de se sentir au-dessus d'elles.

La nature nous donne des desirs et des goûts conformes à l'état présent. Dans la jeunesse, on se fait une fausse idée de la vieillesse ; ce sont des craintes que nous nous donnons, ce n'est pas la nature qui nous les donne ; parce que nous craignons, dans l'état où nous sommes, les passions de l'état où nous ne sommes pas.

La nature a des ressources admirables, elle nous conduit et nous gouverne presque à notre insu, elle sait nous donner des secours dans les inconvéniens.

Les privations ne sont point sensibles quand le desir est éteint. Tous les goûts passent, même jusqu'au goût de la vie. Il est à souhaiter que toutes les passions meurent avant nous ; alors c'est *avoir achevé sa vie avant sa mort.*

Dans cet âge, la raison nous est rendue ; elle reprend tous ses droits ; nous commençons à vivre quand nous commençons à lui obéir.

Pour ceux dont les pensées, les espérances et la raison même sont à la merci de la fortune et de leurs fantaisies, ils ne peuvent s'assurer sur rien, n'étant appuyés sur rien. Il est triste d'arriver à la fin de la vie, sans avoir fait provision des vrais biens qui ne périssent jamais. Cependant les hommes l'emploient toute entière à amasser des biens qu'ils perdront nécessairement, sans songer que les biens que nous pouvons perdre malgré nous, ne sont pas à nous.

L'expérience est aussi un des avantages du dernier âge. Le passé nous instruit; les fautes même nous redressent, et nous rendent souvent la raison que l'on conserve rarement dans les bons succès; car les personnes qui ont été toujours heureuses sont rarement dignes de l'être. Mais il y a des malheurs de la fortune et du hasard, et des malheurs du déréglement des mœurs : ceux-ci corrompent l'esprit et la santé, car la suite d'une jeunesse déréglée est une vieillesse malheureuse, et souvent nous employons la première partie de la vie à rendre l'autre misérable.

La servitude des passions est une prison où l'ame diminue et s'affoiblit; quand nous en sommes affranchis, l'ame s'agrandit et s'étend. Dans un certain âge, nous ne sommes plus en prise avec les plaisirs de l'imagination; nous savons combien elle est trompeuse, et que toutes les passions promettent plus qu'elles ne donnent. Celles qui ne sont soutenues que par l'illusion, sont déplacées et odieuses dans un certain âge. L'ambition trop poussée dégénère en folie : l'amour qui se montre et se donne en spectacle, se charge de ridicule.

Il vient un temps dans la vie qui est consacré à la vérité, qui est destiné à connoître les choses selon leur juste valeur. La jeunesse et les passions fardent tout. Alors nous revenons aux plaisirs simples ; nous commençons à nous consulter et à nous croire sur notre bonheur.

Il faut se prêter aux usages de la vie ; mais il ne faut pas y en engager son opinion ni sa liberté.

Rien de plus glorieux que de faire une honorable retraite, et de mettre un espace entre la vie et la mort. *La mort,* dit Montaigne, *n'est pas un acte de la Société, c'est l'acte d'un seul.* Dans la vieillesse, il faut plutôt être avare que prodigue de soi. On a dit d'un grand homme, *qu'il prit conseil de sa vieillesse, et se retira.* Nous devons le premier et le second âge à la patrie, et le dernier à nous-mêmes.

Vivre dans l'embarras, c'est vivre à la hâte : le repos allonge la vie. Le monde nous dérobe à nous-mêmes, et la solitude nous y rend. Le monde n'est qu'une troupe de fugitifs d'eux-mêmes.

La solitude, dit un grand homme, *est l'in-*

firmerie des ames. Retirez-vous donc en vous-même, dit-il, *mais préparez-vous à vous bien recevoir : ayez honte et respect de vous-même : cessez de vous aimer, et apprenez à vous respecter.* Mais on fait tout le contraire. C'est une chose bien triste de s'aimer tant, et de se voir mourir à tous momens. Il faut pour notre intérêt, nous détacher de nous-mêmes ; rompre tous les jours quelque lien, afin d'être plus libres ; fermer toutes les avenues au retour du monde, et ne point tourner la tête vers lui.

O vie heureuse, qui se trouve affranchie de toutes servitudes ; où on renonce à tout, non par un dégoût passager, mais par un goût constant qui vient de la connoissance du peu de valeur des choses ! C'est cette connoissance qui nous réconcilie avec la sagesse, qui nous assaisonne la vieillesse, si l'on peut hasarder ce terme. Il n'appartient qu'aux ames libres, de peser la vie et la mort : il n'appartient qu'aux ames pleines de ressources, de jouir de ces dernières années : les ames foibles les souffrent, les ames fortes en tirent parti.

On a dit, *qu'il n'y avoit point de spectacle plus digne d'un Dieu, qu'un homme vertueux en prise avec la fortune :* on en doit dire autant d'un homme seul avec lui-même, et aux

prises avec la vieillesse, l'infirmité et la mort.
Dans la retraite, qui est l'asyle de la vieillesse,
on jouit d'un calme sans interruption ; des jours
innocens vous donnent des nuits tranquilles ; et
en société avec les morts, ils vous instruisent,
vous guident et vous consolent : ce sont des amis
sûrs et constans, sans légéreté et sans jalousie :
enfin on a dit, *que ce qu'il y avoit de plus délicieux dans la vie de l'homme étoit dans sa fin.*

En avançant, on apprend aussi à se soumettre
aux lois de la nécessité : cette volonté libre, forte
et indomptable s'émousse et s'éteint insensiblement : nous avons trop éprouvé que la résistance est inutile, et ne nous laisse que la honte
de la révolte : nous voulons quelquefois ce qui
nous est contraire, et souvent ce que nous avons
cru contraire a tourné à notre profit. Nous ne
savons plus ce que nous devons vouloir ; nous
n'avons plus la force de désirer : on a bien plutôt
fait de se soumettre, que de changer l'ordre du
monde.

La paix intérieure réside, non dans les sens, mais
dans la volonté : on la conserve au milieu de la
douleur, tant que la volonté demeure ferme et
soumise. La paix ne consiste pas à ne pas souffrir, mais à se soumettre doucement à ces mêmes
souffrances.

Il faut regarder tous les biens qui sont hors de notre pouvoir comme étrangers. C'est parce que nous regardons les choses comme propres, et comme dues, que nous souffrons de leur privation : la seule impossibilité fixe l'esprit de l'homme : les personnes sages s'occupent à considérer les bornes qui leur sont prescrites par la raison et la nature.

Enfin les choses sont en repos, lorsqu'elles sont à leur place : la place du cœur de l'homme est le cœur de Dieu : lorsque nous sommes dans sa main, et que notre volonté est soumise à la sienne, nos inquiétudes cessent ; la soumission et l'ordre nous donnent la paix que notre révolte nous avoit ôtée : il n'y a point d'asyle plus sûr pour l'homme, que l'amour et la crainte de Dieu.

RÉFLEXIONS

NOUVELLES

SUR LES FEMMES.

ÉPITRE

DE MADAME VATRY

A

MADAME LA MARQUISE DE LAMBERT,

Sur la pièce suivante.

VOTRE aimable métaphysique
Nous décrit de l'amour les plus beaux sentimens ;
   Vous le peignez avec des traits charmans,
Bien dignes d'exciter à le mettre en pratique.
Mais, illustre Lambert, il est bien peu de cœurs,
Faits pour des sentimens si remplis de noblesse.
Dans presque tous on ne voit que foiblesse,
    Inconstance et folles ardeurs :
    Des hommes c'est la destinée.
    Ah ! pourquoi ne suis-je pas née
    D'un Sexe au vôtre différent !
    En vous préférant à toute autre,
    Je vous aurois fait le présent
    D'un cœur fait pour le vôtre.

RÉFLEXIONS NOUVELLES

SUR LES FEMMES.

Il a paru, depuis quelque tems, des Romans faits par des Dames, dont les Ouvrages sont aussi aimables qu'elles : l'on ne peut mieux les louer. Quelques personnes, au lieu d'en examiner les grâces, ont cherché à y jetter du ridicule. Il est devenu si redoutable, ce ridicule, qu'on le craint plus que le déshonorant. Il a tout déplacé, et met où il lui plaît la honte et la gloire. Le laisserons-nous le maître et l'arbitre de notre réputation? Je demande ce qu'il est; on ne l'a point encore défini. Il est purement arbitraire, et dépend plus de la disposition qui est en nous, que de celle des objets. Il varie et relève, comme les modes, du seul caprice. Il a pris le savoir en aversion. A peine le pardonne-t-il à un petit nombre d'hommes supérieurs en esprit; mais pour ce qui est des personnes du grand monde, s'ils osent savoir, on les appelle pédans. La pé-

danterie cependant est un vice de l'esprit et le
savoir en est l'ornement. Si l'on passe aux hommes l'amour des Lettres, on ne le passe pas aux
femmes. On dira que je prends un ton bien sérieux pour défendre les Enfans de la Reine de
Lydie ; mais qui ne seroit blessé de voir attaquer des femmes aimables qui s'occupent inno-
cemment, quand elles pourroient employer leur
tems suivant l'usage d'à-présent ? J'attaquerai les
mœurs du tems, qui sont l'ouvrage des hommes.
La honte n'est plus pour les vices, elle se garde
pour ce qui s'appelle le ridicule. Son pouvoir
s'étend plus loin qu'on ne pense. Il est dangereux
de le répandre sur ce qui est bon. L'imagination
une fois frappée ne voit plus que lui.

Un auteur Espagnol disoit que le Livre de
Don Quichotte avoit perdu la Monarchie d'Es-
pagne, parce que le ridicule qu'il a répandu sur
la valeur, que cette Nation possédoit autrefois
dans un degré si éminent, en a amolli et énervé
le courage.

Molière, en France, a fait le même désordre
par la Comédie des *Femmes Savantes*. Depuis ce
tems-là, on a attaché presque autant de honte au
savoir des Femmes, qu'aux vices qui leur sont le
plus défendus. Lorsqu'elles se sont vues attaquées
sur des amusemens innocens, elles ont compris

que honte pour honte, il falloit choisir celle qui leur rendoit davantage, et elles se sont livrées au plaisir.

Le désordre s'est accru par l'exemple, et a été autorisé par les Femmes en dignité; car la licence et l'impunité sont les privilèges de la Grandeur. Alexandre nous l'a appris. On vint un jour lui dire que sa Sœur aimoit un jeune homme; que leur intrigue étoit publique, et qu'elle se respectoit peu : *Il faut bien*, dit-il, *lui laisser sa part de la Royauté, qui est la liberté et l'impunité.*

La société a-t-elle gagné dans cet échange du goût des femmes? Elles ont mis la débauche à la place du savoir; le précieux qu'on leur a tant reproché, elles l'ont changé en indécence. Par-là elles se sont dégradées, et sont déchues de leur dignité; car il n'y a que la vertu qui leur conserve leur place, et il n'y a que les bienséances qui les maintiennent dans leurs droits. Mais plus elles ont voulu ressembler aux hommes de ce côté-là, et plus elles se sont avilies.

Les hommes, par la force plutôt que par le droit naturel, ont usurpé l'autorité sur les femmes : elles ne rentrent dans leur domination, que par la beauté et par la vertu. Si elles peuvent joindre les deux, leur empire sera plus absolu. Mais le règne de la beauté est peu durable :

on l'appelle une courte tyrannie : elle leur donne le pouvoir de faire des malheureux ; mais il ne faut pas qu'elles en abusent.

Le règne de la vertu est pour toute la vie : c'est le caractère des choses estimables, de redoubler de prix par leur durée, et de plaire par le dégré de perfection qu'elles ont, quand elles ne plaisent plus par le charme de la nouveauté. Il faut penser qu'il y a peu de tems à être belle, et beaucoup à ne l'être plus ; que quand les grâces abandonnent les femmes, elles ne se soutiennent que par les parties essentielles, et par les qualités estimables. Il ne faut pas qu'elles espèrent allier une jeunesse voluptueuse, et une vieillesse honorable. Quand une fois la pudeur est immolée, elle ne revient pas plus que les belles années : c'est elle qui sert leur véritable intérêt : elle augmente leur beauté, elle en est la fleur ; elle sert d'excuse à la laideur ; elle est le charme des yeux, l'attrait des cœurs, la caution des vertus, l'union et la paix des familles.

Mais si elle est une sûreté pour les mœurs, elle est aussi l'aiguillon des desirs : sans elle l'amour seroit sans gloire et sans goût ; c'est sur elles que se prennent les plus flatteuses conquêtes ; elle met le prix aux faveurs. La pudeur, enfin, est si nécessaire aux plaisirs qu'il faut la conserver, même

dans les tems destinés à la perdre. Elle est aussi
une coqueterie rafinée, une espèce d'enchère
que les belles personnes mettent à leurs appas,
et une manière délicate d'augmenter leurs charmes en les cachant. Ce qu'elles dérobent aux yeux
leur est rendu par la libéralité de l'imagination.
Plutarque dit qu'il y avoit un Temple dédié à
Vénus-la-Voilée. *On ne sauroit*, dit-il, *entou-
rer cette Déesse de trop d'ombres d'obscurité et
de mystères.* Mais à présent l'indécence est au
point de ne vouloir plus de voile à ses foiblesses.

Les femmes pourroient dire : Quelle est la
tyrannie des hommes ! Ils veulent que nous ne
fassions aucun usage de notre esprit, ni de nos
sentimens. Ne doit-il pas leur suffire de régler
tout le mouvement de notre cœur, sans se saisir
encore de notre intelligence ? Ils veulent que
la bienséance soit aussi blessée quand nous or-
nons notre esprit, que quand nous livrons notre
cœur. C'est étendre trop loin leurs droits.

Les hommes ont un grand intérêt à rappeler
les femmes à elles-mêmes, et à leurs premiers
devoirs. Le divorce que nous faisons avec nous-
mêmes est la source de tous nos égaremens. Quand
nous ne tenons pas à nous par des goûts solides,
nous tenons à tout. C'est dans la solitude que la
Vérité donne ses leçons, et où nous apprenons à

11 *

rabattre du prix des choses que notre imagination sait nous surfaire. Quand nous savons nous occuper par de bonnes lectures, il se fait en nous insensiblement une nourriture solide qui coule dans les mœurs.

Il y avoit autrefois des maisons où il étoit permis de parler et de penser : où les Muses étoient en société avec les Grâces. On y alloit prendre des leçons de politesse et de délicatesse : les plus grandes Princesses s'y honoroient du commerce des gens d'esprit.

Madame Henriette d'Angleterre, qui auroit servi de modèle aux Grâces, donnoit l'exemple. Sous un visage riant, sous un air de jeunesse qui ne sembloit promettre que des jeux, elle cachoit un grand sens, et un esprit sérieux. Quand on traitoit, ou qu'on disputoit avec elle, elle oublioit son rang, et ne paroissoit élevée que par sa raison. Enfin l'on ne croyoit avancer dans l'agrément et dans la perfection, qu'autant qu'on avoit su plaire à Madame. Un Hôtel de *Rambouillet*, si honoré dans le siècle passé, seroit le ridicule du nôtre. On sortoit de ces maisons comme des repas de Platon, dont l'ame étoit nourrie et fortifiée. Ces plaisirs spirituels et délicats ne coûtoient rien aux mœurs, ni à la fortune ; car les dépenses d'esprit n'ont jamais ruiné personne. Les jours coulent dans l'innocence et dans la paix. Mais à présent, que ne faut-il point pour l'emploi du tems, pour l'amusement d'une journée ! Quelle multitude de goûts se succèdent les uns aux autres ! La table, le jeu, les spectacles. Quand le luxe et l'argent sont en crédit, le véritable honneur perd le sien.

On ne cherche plus que ces maisons où règne le luxe honteux. Ce Maître de la maison, que vous honorez, songez en l'abordant, que souvent c'est l'injustice et le larcin que vous saluez. Sa table, dites-vous, est délicate; le goût règne chez lui. Tout est poli, tout est orné, hors de l'ame du Maître. Il oublie, dites-vous, ce qu'il est. Eh ! comment ne l'oublieroit-il pas ? Vous l'oubliez vous-même. C'est vous qui tirez le rideau de l'oubli et de l'orgueil devant ses yeux. Voilà les inconvéniens, pour les deux sexes, où conduit l'éloignement des lettres et du savoir; car les Muses ont toujours été l'asile des mœurs.

Les femmes ne peuvent-elles pas dire aux hommes : Quel droit avez-vous de nous défendre l'étude des sciences et des beaux-arts? Celles qui s'y sont attachées, n'y ont-elles pas réussi, et dans le sublime et dans l'agréable ? Si les Poésies de certaines Dames, avoient le mérite de l'antiquité, vous les regarderiez avec la même admiration que les ouvrages des anciens, à quelques faites justice.

Un auteur très-respectable (1) donne au sexe tous les agrémens de l'imagination : *Ce qui est de goût, est*, dit-il, *de leur ressort, et elles sont juges de la perfection de la langue.* L'avantage n'est pas médiocre.

Or, que ne doit-on pas aux agrémens de l'imagination ? C'est-elle qui fait les Poètes et les Orateurs : rien ne plaît tant que ces imaginations vives, délicates, remplies d'idées riantes. Si vous joignez la force à l'agrément, elle domine, elle force l'ame et l'entraîne ; car nous cédons plus certainement à l'agrément, qu'à la vérité. L'imagination est la source et la gardienne de nos plaisirs. Ce n'est qu'à elle qu'on doit l'agréable illusion des passions. Toujours d'intelligence avec le cœur, elle sait lui fournir toutes les erreurs dont il a besoin : elle a droit aussi sur le tems : elle sait rappeler les plaisirs passés, et nous fait jouir par avance de tous ceux que l'avenir nous promet : elle nous donne de ces joies sérieuses qui ne font rire que l'esprit : toute l'ame est en elle ; et dès qu'elle se refroidit, tous les charmes de la vie disparoissent.

----

(1) Le Père Malebranche.

Parmi les avantages qu'on donne aux femmes on prétend qu'elles ont un goût fin pour juger des choses d'agrément. Beaucoup de personnes ont défini le goût. Une dame (1) d'une profonde érudition a prétendu que c'est *une harmonie, un accord de l'esprit et de la raison;* et qu'on en a plus ou moins, selon que cette harmonie est plus ou moins juste. Une autre personne a prétendu que le goût est une union du sentiment et de l'esprit, et que l'un et l'autre, d'intelligence, forment ce qu'on appelle le *Jugement.* Ce qui fait croire que le goût tient plus au sentiment qu'à l'esprit, c'est qu'on ne peut rendre raison de ses goûts, parce qu'on ne sait point pourquoi on sent : mais on rend toujours raison de ses opinions et de ses connoissances. Il n'y a aucun rapport, aucune liaison nécessaire entre les goûts. Ce n'est pas la même chose entre les vérités. Je crois donc pouvoir amener toute personne intelligente à mon avis. Je ne suis jamais sûre d'amener une personne sensible à mon goût : je n'ai point d'attrait pour l'attirer à moi. Rien ne se tient dans les goûts ; tout vient de la disposition des organes, et du rapport qui se trouve entre eux et les objets. Il y a cependant une justesse

---

(1) Madame Dacier.

de goût, comme il y a une justesse de sens. La
justesse de goût juge de ce qui s'appelle agrément,
sentiment, bienséance, délicatesse, ou fleur d'esprit, (si on ose parler ainsi) qui fait sentir dans
chaque chose la mesure qu'il faut garder. Mais,
comme on n'en peut donner de règle assurée on
ne peut convaincre ceux qui y font des fautes. Dès
que leur sentiment ne les avertit pas, vous ne
pouvez les instruire. De plus, le goût a pour
objet des choses si délicates ; si imperceptibles,
qu'il échappe aux règles. C'est la nature qui le
donne ; il ne s'acquiert pas. Le goût est d'une
grande étendue ; il met de la finesse dans l'esprit ; et vous fait appercevoir d'une manière vive
et prompte, sans qu'il en coûte rien à la raison,
tout ce qu'il y a à voir dans chaque chose. C'est
ce que veut dire Montaigne quand il assure que
les femmes ont un *esprit Prim-sautier*. Dans
le cœur, le goût donne des sentimens délicats;
et dans le commerce du monde, une certaine
politesse attentive, qui nous apprend à ménager
l'amour-propre de ceux avec qui nous vivons.
Je crois que le goût dépend de deux choses;
d'un sentiment très-délicat dans le cœur, et
d'une grande justesse dans l'esprit. Il faut
donc avouer que les hommes ne connoissent
pas la grandeur du présent qu'ils font aux

dames, quand ils leur passent l'esprit du goût.

Ceux qui attaquent les femmes ont prétendu que l'action de l'esprit, qui consiste à considérer un objet, étoit bien moins parfaite dans les femmes, parce que le sentiment, qui les domine, les distrait et les entraîne. L'attention est nécessaire : elle fait naître la lumière, pour ainsi dire, approche les idées de l'esprit, et les met à sa portée : mais chez les Femmes, les idées s'offrent d'elles-mêmes, et s'arrangent plutôt par sentiment que par réflexions : la nature raisonne pour elles, et leur en épargne tous les frais. Je ne crois donc pas que le sentiment nuise à l'entendement : il fournit de nouveaux esprits, qui illuminent de manière que les idées se présentent plus vives, plus nettes et plus démêlées ; et pour preuve de ce que je dis, toutes les passions sont éloquentes. Nous allons aussi sûrement à la vérité par la force et la chaleur des sentimens, que par l'étendue et la justesse des raisonnemens ; et nous arrivons toujours par eux plus vîte au but dont il s'agit, que par les connoissances. La persuasion du cœur est au-dessus de celle de l'esprit, puisque souvent notre conduite en dépend : c'est à notre imagination et à notre cœur, que la Nature a remis la conduite de nos actions, et de ses mouvemens.

La sensibilité est une disposition de l'ame qu'il

est avantageux de trouver dans les autres. Vous
ne pouvez avoir ni humanité, ni générosité,
sans sensibilité. Un seul sentiment, un seul mouvement du cœur a plus de crédit sur l'ame, que
toutes les sentences des philosophes. La sensibilité secourt l'esprit, et sert la vertu. On convient que les agrémens se trouvent chez les personnes de ce caractère ; les graces vives et sou-
daines, dont parle Plutarque, ne sont que pour
elles. Une dame qui a été un modèle d'agrément (1) sert de preuve à ce que j'avance. On
demandoit un jour à un homme d'esprit de ses
amis, *ce qu'elle faisoit et ce qu'elle pensoit dans
sa retraite. Elle n'a jamais pensé,* répondit-il,
elle ne fait que sentir. Tous ceux qui l'ont connue conviennent que c'étoit la plus séduisante
personne du monde, et que les goûts, ou plutôt
les passions se rendoient maîtres de son imagination et de sa raison, de manière que ses goûts
étoient toujours justifiés par sa raison, et res-
pectés par ses amis. Aucun de ceux qui l'ont
connue, n'a osé la condamner qu'en cessant de
la voir, parce que jamais elle n'avoit tort en présence. Cela prouve que rien n'est si absolu que
la supériorité de l'esprit qui vient de la sensi-

---

(1) Madame de la Sablière.

bilité, et de la force de l'imagination ; parce que la persuasion est toujours à sa suite.

Les femmes, d'ordinaire, ne doivent rien à l'art. Pourquoi trouver mauvais qu'elles aient un esprit qui ne leur coûte rien ? Nous gâtons toutes les dispositions que leur a donné la Nature : nous commençons par négliger leur éducation : nous n'occupons leur esprit à rien de solide ; et le cœur en profite : nous les destinons à plaire ; et elles ne nous plaisent que par leurs grâces, ou par leurs vices. Il semble qu'elles ne soient faites que pour être un spectacle agréable à nos yeux. Elles ne songent donc qu'à cultiver leurs agrémens, et se laissent aisément entraîner au penchant de la Nature : elles ne se refusent pas à des goûts qu'elles ne croient pas avoir reçus de la nature pour les combattre.

Mais ce qu'il y a de singulier, c'est qu'en les formant pour l'amour, nous leur en défendons l'usage. Il faudroit prendre parti : si nous ne les destinons qu'à plaire, ne leur défendons pas l'usage de leurs agrémens : si vous les voulez raisonnables et spirituelles, ne les abandonnez pas quand elles n'ont que cette sorte de mérite. Mais nous leur demandons un mélange et un ménagement de ces qualités, qu'il est difficile d'attraper et de réduire à une mesure juste. Nous leur voulons de l'esprit ;

mais pour le cacher, l'arrêter, et l'empêcher de rien produire. Il ne sauroit prendre l'essor, qu'il ne soit aussi-tôt rappellé par ce qu'on appelle *bienséance*. La gloire, qui est l'ame et le soutien de toutes les productions de l'esprit, leur est refusée. On ôte à leur esprit tout objet, toute espérance : on l'abaisse ; et, si j'ose me servir des termes de PLATON, *on lui coupe les aîles*. Il est bien étonnant qu'il leur en reste encore.

Les femmes ont pour elles une grande autorité : c'est S. EVREMOND. Quand il a voulu donner un modèle de perfection, il ne l'a pas placé chez les hommes. *Je crois*, dit-il, *moins impossible de trouver dans les femmes la raison des hommes, que dans les hommes les agremens des femmes.* Je demande aux hommes, de la part de tout le sexe ; que voulez-vous de nous ? Vous souhaitez tous de vous unir à des personnes estimables, d'un esprit aimable et d'un cœur droit ; permettez-leur donc l'usage des choses qui perfectionnent la raison. Ne voulez-vous que des graces qui favorisent les plaisirs ? Ne vous plaignez donc pas si les femmes étendent un peu l'usage de leurs charmes.

Mais, pour donner aux choses le rang et le prix qu'elles méritent, distinguons les qualités estimables et les agréables. Les estimables sont réelles, et sont intrinsèques aux choses ; et, par les lois de la justice, ont un droit naturel sur notre estime. Les qualités agréables, qui ébranlent l'ame et qui donnent de si douces impressions, ne sont point réelles, ni propres à l'objet ; elles se doivent à la disposition de nos organes et à la puissance de notre imagination. Cela est si vrai, qu'un même objet ne fait pas les mêmes impressions sur tous les hommes ; et que souvent nos sentimens changent, sans qu'il y ait rien de changé dans l'objet.

Les qualités extérieures ne peuvent être aimables par elles-mêmes ; elles ne le sont que par les dispositions qu'elles trouvent en nous. L'amour ne se mérite point ; il échappe aux plus grandes qualités. Seroit-il donc possible que le cœur ne pût dépendre des lois de la justice, et qu'il ne fût soumis qu'à celles du plaisir. Quand les hommes voudront, ils réuniront toutes ces qualités, et ils trouveront des femmes aussi aimables que respectables. Ils prennent sur leur bonheur et sur leur plaisir, quand ils les dégradent. Mais de la manière dont elles se conduisent, les mœurs y ont infiniment perdu, et les plaisirs n'y ont pas gagné.

Tout le monde convient qu'il est nécessaire que les femmes se fassent estimer : mais n'avons-nous besoin que d'estime, et ne nous manquera-t-il

plus rien ? Notre raison nous dira que cela doit
suffire ; mais nous abandonnons aisément les
droits de la raison, pour ceux du cœur. Il faut
prendre la nature comme elle est. Les qualités
estimables ne plaisent qu'autant qu'elles peuvent
nous devenir utiles : mais les aimables nous sont
aussi nécessaires pour occuper notre cœur. Car
nous avons autant de besoin d'aimer que d'estimer. On se lasse même d'admirer, si ce qu'on
admire n'est aussi fait pour plaire. Ce n'est pas
même assez que le sexe nous plaise ; il semble
qu'il soit obligé de nous toucher. Le mérite
n'est pas brouillé avec les grâces : lui seul a droit
de les fixer : sans lui elles sont légères et fugitives.
De plus, la vertu n'a jamais enlaidi personne ; et
cela est si vrai, que la beauté, sans mérite et sans
esprit, est insipide ; et que le mérite fait pardonner la laideur.

Je ne mets pas l'aimable sentiment dans les
qualités extérieures ; je l'étends plus loin. Les
Espagnols disent, que *la beauté est comme les*
odeurs, dont l'effet est de peu de durée : on s'y
accoutume, et on ne les sent plus. Mais des
mœurs, un esprit juste et fin, un cœur droit et
sensible, ce sont des beautés ravissantes et toujours nouvelles. A présent nos plaisirs sont
moins délicats, parce que nos mœurs sont

moins pures. Examinons à qui on doit s'en prendre.

On attaque depuis long-temps la conduite des femmes ; on prétend qu'elles n'ont jamais été si déréglées qu'à présent ; qu'elles ont banni la pureté de leur cœur, et les bienséances de leur conduite. Je ne sai si on n'a pas quelque raison. Je pourrois cependant dire qu'il y a long-temps qu'on se plaint des mêmes choses ; qu'un siècle peut être justifié par un autre ; et pour sauver le présent, je n'ai qu'à vous renvoyer au passé. Les mœurs se ressemblent dans tous les temps ; mais elles se montrent sous des formes différentes. Comme l'usage n'a droit que sur les choses extérieures, et qu'il ne s'étend point sur les sentimens, il ne redresse pas la Nature, il n'ôte point les besoins du cœur, et les passions sont toujours les mêmes.

Les hommes se sont-ils acquis, par la pureté de leurs mœurs, le droit d'attaquer celles des femmes ? En vérité, les deux sexes n'ont rien à se reprocher : ils contribuent également à la corruption de leur siècle. Il faut pourtant convenir que les manières ont changé. La galanterie est bannie, et personne n'y a gagné. Les hommes se sont séparés des femmes, et ont perdu la politesse, la douceur, et cette fine délicatesse qui ne s'acquiert que dans leur commerce. Les femmes aussi, ayant moins de commerce avec les hommes, ont perdu l'envie de plaire par des manières douces et modestes, et c'étoit pourtant la véritable source de leurs agrémens.

Quoique la Nation Française soit déchue de l'ancienne galanterie, il faut pourtant convenir qu'aucune autre nation ne l'avoit ni plus poussée, ni plus épurée. Les hommes en ont fait un art de plaire ; et ceux qui s'y sont exercés, et qui y ont acquis une grande habitude, ont des règles certaines, quand ils savent s'adresser à des caractères foibles. Les femmes se sont donné des règles pour leur résister. Comme elles jouissent d'une grande liberté en France, et qu'elles ne sont gardées que par leur pudeur et par les bienséances, elles ont su opposer leur devoir aux impressions de l'amour. C'est des desirs et des desseins des hommes, de la pudeur et de la retenue des femmes, que se forme le commerce délicat qui polit l'esprit, et qui épure le cœur ; car l'amour perfectionne les ames bien nées. Il faut convenir qu'il n'y a que la Nation Française qui se soit fait un art délicat de l'amour.

Les Espagnols et les Italiens l'ont ignoré. Comme les femmes y sont presque enfermées, les hommes ne mettent leur application qu'à

vaincre les obstacles extérieurs ; et quand ils les
ont surmontés, ils n'en trouvent plus dans la personne aimée. Mais l'amour qui s'offre n'est guère
piquant; il semble que ce soit l'ouvrage de la nature
et non pas celui de l'amant. En France, l'on sait
faire un meilleur usage du temps. Comme le cœur
est de la partie, et que souvent même, chez les
honnêtes personnes, on n'a de commerce qu'avec
lui, il est regardé comme la source de tous les
plaisirs. C'est aussi aux sentimens à qui nous
devons tous nos *Romans*, si pleins d'esprit et
si épurés, et qui sont ignorés des Nations dont
je parle. Une Espagnole, en lisant les *Conver-
sations de Clélie*, disoit : *Voilà bien de l'esprit
mal employé*. Dès qu'on ne sait faire qu'un usage
de l'amour, le roman est court : en retranchant
la galanterie, vous passez sur la délicatesse de
l'esprit et des sentimens. Les Espagnoles sont
vives et emportées : elles sont à l'usage des sens,
et ne sont point à celui du cœur. C'est dans la
résistance que les sentimens se fortifient, et acquièrent de nouveaux degrés de délicatesse. La
passion s'éteint dès qu'elle est satisfaite; et l'amour,
sans crainte et sans desirs, est sans ame.

L'amour est le premier plaisir, la plus douce
et la plus flatteuse de toutes les illusions. Puisque
ce sentiment est si nécessaire au bonheur des

humains, il ne le faut pas bannir de la société : il faut seulement apprendre à le conduire et à le perfectionner. Il y a tant d'écoles
établies pour cultiver l'esprit ; pourquoi n'en
pas avoir pour cultiver le cœur? C'est un art
qui a été négligé. Les passions cependant sont
des cordes, qui ont besoin de la main d'un
grand maître pour être touchées. Echappe-t-on
à qui sait remuer les ressorts de l'ame par ce
qu'il y a de plus vif et de plus fort ?

L'amour n'étoit pas décrié chez les anciens
comme il l'est à présent. Pourquoi l'avilissons-
nous ? que ne lui laissons-nous toute sa dignité?
Platon a un grand respect pour ce sentiment :
quand il en parle, son imagination s'échauffe,
son esprit s'illumine, et son style s'embellit :
quand il parle d'un homme touché ; *Cet amant,*
dit-il, *dont la personne est sacrée, etc.* Il appelle les amans, *des amis divins et inspirés
par les Dieux.*

Les anciens ne croyoient pas que le plaisir dût
être le premier objet de l'amour. Ils étoient per-
suadés que la vertu devoit en être le soutien.
Nous en avons banni les mœurs et la probité, et
c'est la source de tous les malheurs. La plupart
des hommes d'à-présent croient que les sermens
que l'amour a dictés n'obligent à rien. La morale

et la reconnoissance ne défendent point les sens
contre les amorces de la nouveauté. La plupart
aiment par caprice , et changent par tempérament.

Ce que l'amour fait souffrir, souvent n'apprend
pas à s'en passer ; il n'apprend qu'à le déplorer.
Voyons ce que nous en pouvons faire. Examinons la conduite des femmes dans l'amour , et
leurs différens caractères.

Il en est de bien des sortes. Il y a des femmes
qui ne cherchent et ne veulent que les plaisirs de
l'amour ; d'autres , qui joignent l'amour et les
plaisirs ; et quelques-unes qui ne reçoivent que
l'amour, et qui rejettent tous les plaisirs. Je pas-
serai légèrement sur le premier caractère. Celles-
là ne cherchent dans l'amour que les plaisirs des
sens, que celui d'être fortement occupées et entraînées, et que celui d'être aimées. Enfin elles aiment
l'amour , et non pas l'amant. Ces personnes se
livrent à toutes les passions les plus ardentes.
Vous les voyez occupées du jeu, de la table : tout
ce qui porte la livrée du plaisir est bien reçu.

J'ai toujours été étonnée qu'on pût associer
d'autres passions à l'amour, qu'on laissât du vide
dans son cœur , et qu'après avoir tout donné ,
on ne fût pas uniquement occupé de ce qu'on
aime. Ordinairement , les personnes de ce ca-

ractère perdent toutes les vertus en perdant l'innocence ; et quand leur gloire est une fois immolée, elles ne ménagent plus rien. On faisoit des reproches à madame de C*** qui violoit toutes les lois de la bienséance : *Je veux jouir,* disoit-elle, *de la perte de ma réputation.* Celles qui suivent de pareilles maximes, rejettent les vertus de leur sexe. Elles les regardent comme un usage de politique, auquel elles veulent échapper. Quelques-unes croient qu'il suffit de donner quelque dehors pour satisfaire à leurs obligations, et dérober leurs foiblesses. Mais il est dangereux de croire que ce qui est ignoré soit innocent. Elles rejettent les principes pour éluder les remords, et appellent du décret de tous les hommes. Toute leur vie, elles passent de foiblesse en foiblesse, et ne s'arrêtent jamais.

Dès qu'une femme a banni de son cœur cet honneur tendre et délicat, qui doit être la règle de sa vie, tremblez pour les autres vertus. Quel privilége auront-elles pour être respectées ? Leur doit-on plus qu'à son propre honneur ? Ces caractères-là ne font jamais des caractères aimables. Vous ne trouvez en elle ni pudeur, ni délicatesse; elles se font une habitude de galanterie ; elles ne savent point joindre la qualité d'amie à celle d'amante. Comme elles ne cherchent que les plaisirs, et non pas l'union des cœurs, elles échappent à tous les devoirs de l'amitié. Voilà l'amour d'usage et d'à-présent, et où les conduit une vie frivole et dissipée.

Il est une autre sorte de femmes galantes, qui se livrent au plaisir d'aimer, qui ont su conserver les principes de l'honneur, qui n'ont jamais rien pris sur les bienséances, qui se respectent, mais que la violence de la passion entraîne. Il en est qui ne se prêtent pas à leur foiblesse, qui y résistent ; mais enfin l'amour est le plus fort. J'ai connu une femme de beaucoup d'esprit, à qui je faisois quelquefois de petits reproches, par l'intérêt que j'y prenois. « N'avez-vous jamais senti, me di- » soit-elle, la force de l'amour ? Je me sens » liée, garottée, entraînée : ce sont les fautes de » l'amour; ce ne sont plus les miennes. » Montaigne nous peint ses dispositions, quand il étoit touché. C'est un Philosophe qui parle. *Je me sentois*, dit-il, *enlevé tout vivant et tout voyant. Je voyois ma raison et ma conscience se retirer, se mettre à part; et le feu de mon imagination me transportoit hors de moi-même.* J'ai toujours cru qu'il n'y a point d'honnête personne qui ne doive craindre de se trouver dans cet état.

Il y a des femmes qui ont une autre sorte d'attachement. On ne peut les dire galantes ; cependant elles tiennent à l'amour par les sentimens. Elles sont sensibles et tendres, et elles reçoivent l'impression des passions. Mais, comme elles respectent les vertus de leur sexe, elles rejettent les engagemens considérables. La Nature les a faites pour aimer. Les principes arrêtent les mouvemens de la Nature. Mais, comme l'usage n'a des droits que sur la conduite, et qu'il ne peut rien sur le cœur, plus leurs sentimens sont retenus, plus ils sont forts.

Ceux des femmes galantes ne sont ni vifs, ni durables : ils s'usent, comme ceux des hommes, en les exerçant. On trouve bientôt la fin d'un sentiment, dès qu'on se permet tout. L'habitude au plaisir les fait disparoître. Les plaisirs des sens prennent toujours sur la sensibilité des cœurs, et ce que vous en retranchez retourne aux plaisirs de la tendresse.

Mais si vous voulez trouver une imagination ardente, une ame profondément occupée, un cœur sensible et bien touché, cherchez-le chez les femmes d'un caractère raisonnable. Si vous ne trouvez de bonheur et de repos que dans l'union des cœurs : si vous êtes sensible au plaisir d'être ardemment aimé, et que vous vouliez jouir de toutes les délicatesses de l'amour, de ses impatiences, et de ses mouvemens si purs et si doux ;

soyez bien persuadé qu'ils ne se trouvent que chez les personnes retenues, et qui se respectent.

De plus, ne sentez-vous pas le besoin d'estimer ce que vous aimez ? Quelle paix cela ne met-il pas dans un commerce ? Dès qu'on a su vous persuader qu'on vous aime, et que vous voyez, à n'en pas douter, que c'est à la vertu seule qu'on sacrifie les desirs de son cœnr ; cela n'établit-il pas la confiance de tout le reste ? *Les refus de chasteté*, dit Montaigne, *ne déplaisent jamais.*

Les hommes ne connoissent pas leurs intérêts, quand ils cherchent à gagner l'esprit et le cœur des personnes qu'ils aiment. Il y a un plaisir plus touchant et plus durable que la liaison des sens : c'est l'union des cœurs ; ce penchant secret qui vous porte vers ce que vous aimez, cet épanchement de l'ame, cette certitude qu'il y a une personne au monde qui ne vit que pour vous, et qui feroit tout pour vous sauver un chagrin. *L'Amour*, dit Platon, *est entrepreneur de grandes choses : il vous conduit dans le chemin de la vertu, et ne vous souffrira aucune foiblesse.* Voilà la marque du véritable amour. A Lacédémone, quand un homme avoit manqué, ce n'étoit pas lui qu'on punissoit, mais la personne qui l'aimoit ; on la croyoit coupable des fautes de la personne aimée. Ils savoient que l'amour dont je parle est l'appui le plus sûr de la vertu. Tous les exemples le confirment. Combien d'amans ont demandé à combattre devant leurs maîtresses, et ont fait des choses incroyables ? Voilà le motif par lequel les honnêtes personnes se permettent d'aimer. Elles savent que se liant à un homme de mérite, elles seront soutenues et conduites dans le chemin de la vertu, par des principes et par des préceptes. Les femmes entre elles ne peuvent jouir du doux plaisir de l'amitié. Ce sont les besoins qui les unissent, et non point les sentimens : la plupart ne la connoissent pas, et n'en sont pas dignes.

Il y a un goût dans la parfaite amitié, où ne peuvent atteindre les caractères médiocres. Les femmes ne peuvent pas ne point sentir leur cœur. Que faire de ce fond de sentimens, et de ce besoin qu'on a d'aimer, et d'être aimée ? Les hommes en profitent. Mais rien n'est si précieux ni si durable que cette sorte d'amour, quand vous y avez associé la vertu. Il met de la décence dans les pensées, dans la conduite, et dans les sentimens. Le Tasse nous donne un modèle de délicatesse en la personne d'Olynde; il dit (1) que *cet*

---

(1) Brama assai, poco spera, nulla chiede. CANT. 2.

amant desire beaucoup, espère peu, et ne demande rien. Cet amour peut se suffire à lui-même : il est sa propre récompense.

La plupart des hommes n'aiment que d'une manière vulgaire, ils n'ont qu'un objet. Ils se proposent un terme dans l'amour, où ils espèrent d'arriver : après bien des mystères, ils ne se reposent que dans les plaisirs. Je suis toujours surprise qu'on ne veuille pas raffiner sur le plus délicieux sentiment que nous ayons. Ce qui s'appelle *le terme de l'amour* est peu de chose. Pour un cœur tendre, il y a une ambition plus élevée à avoir ; c'est de porter nos sentimens, et ceux de la personne aimée, au dernier degré de délicatesse, et de les rendre toujours plus tendres, plus vifs et plus occupans. De la manière dont on se conduit, l'amour meurt avec les desirs, et disparoît quand il n'y a plus d'espérance. Ce qu'il y a de plus touchant est ignoré. La tendresse ordinaire s'affoiblit et s'éteint : il n'y a rien de borné dans l'amour, que pour les ames bornées ; mais peu d'hommes ont l'idée de ces engagemens, et peu de femmes en sont dignes.

L'amour agit selon les dispositions qu'il trouve : il prend le caractère des personnes qu'il occupe. Pour les cœurs qui sont sensibles à la gloire et au plaisir, comme ce sont deux sentimens qui se

combattent, l'amour les accorde : il prépare, il
épure les plaisirs, pour les faire recevoir aux ames
fières, et il leur donne pour objet la délicatesse
du cœur et des sentimens. Il a l'art de les élever
et de les ennoblir. Il inspire une hauteur dans
l'esprit, qui les sauve des abaissemens de la volupté. Il les justifie par l'exemple, il les déifie
par la poésie ; enfin il fait si bien que nous les
jugeons dignes d'estime, ou tout au moins d'excuse.

Ces caractères fiers coûtent plus à l'amour pour
les assujettir. Les personnes qui ont de la gloire
dans le cœur, souffrent dans les engagemens, il
y a toujours une image de servitude attachée à
l'amour, la tendresse prend sur la gloire des
femmes. Pour celles qui ont été bien élevées, et
à qui on a inspiré des principes, les préjugés se
sont profondément gravés ; quand il faut déplacer
de pareilles idées, ce n'est pas le travail d'un jour.
Rarement sont-elles heureuses. Entraînées par le
cœur, déchirées par leur gloire, l'un de ces sentimens ne subsiste plus qu'aux dépens de l'autre.
Celui-là prend toujours sur elles ; et ce sont ordinairement les plus aimables conquêtes. Vous sentez l'effort et la résistance que le devoir oppose
à leur tendresse. Un amant jouit du plaisir secret de sentir tout son pouvoir. La conquête est

plus grande et plus pleine ; elles ont plus à perdre, vous leur coûtez davantage.

Il y a toujours une sorte de cruauté dans l'amour. Les plaisirs de l'amant ne se prennent que sur les douleurs de l'amante. *L'amour se nourrit de larmes.*

Ce qui rend ces caractères plus aimables, c'est qu'il a plus de sûreté. Quand une fois elles se sont engagées, c'est pour la vie, à moins que les mauvais procédés ne les dégagent. Elles se font un devoir de leur amour; elles le respectent; elles sont fidelles et délicates; elles ne manquent à rien. Le sentiment de gloire qui les occupe, tourne au profit de l'amour, puisqu'elles en sont plus tendres, plus vives et plus appliquées. Une amante aimable, et qui a de la gloire dans le cœur, ne songe qu'à se faire estimer, et l'amour la perfectionne. Il faut convenir que les femmes sont plus délicates que les hommes en fait d'attachement. Il n'appartient qu'à elles de faire sentir par un seul mot, par un seul regard, tout un sentiment.

Les inconvéniens des caractères fiers, sont d'être absolus et aisés à blesser. Comme elles sentent leur prix, elles exigent plus. Les caractères sensibles et mélancoliques trouvent des charmes et des agrémens infinis dans l'amour, et en font sentir. Il y a des plaisirs à part pour les ames tendres et délicates. Ceux qui ont vécu de la vie de l'amour savent combien leur vie étoit animée ; et quand il vient à leur manquer, ils ne vivent plus. L'amour fait tous les biens et tous les maux ; il perfectionne les ames bien nées ; car l'amour dont je parle est un censeur sévère et délicat, qui ne pardonne rien. Les caractères mélancoliques y sont plus propres. Qui dit amoureux, dit triste ; mais il n'appartient qu'à l'amour de donner des tristesses agréables.

Les personnes mélancoliques ne sont occupées que d'un sentiment : elles ne vivent que pour ce qu'elles aiment. Désoccupées de tout, aimer est l'emploi de tout leur loisir. A-t-on trop de toutes ses heures, pour les donner à ce qu'on aime ?

Opposez à ce caractère, pour en connoître le prix, ce qui lui est contraire. Voyez les femmes du monde, qui sont livrées au jeu, aux plaisirs et aux spectacles ; que ne leur faut-il pas pour l'emploi du temps ? Si elles savent bien trouver la fin de la journée, sans qu'elles aiment, n'est-ce pas autant de pris sur le goût principal ? Nous n'avons qu'une portion d'attention et de sentiment ; dès que nous nous livrons aux objets extérieurs, le sentiment dominant s'affoiblit : nos desirs ne sont-ils pas plus vifs et plus forts dans la retraite?

Il y a des plaisirs qui ne sont faits que pour des gens délicats et attentifs. L'Amour est un dieu jaloux, qui ne souffre aucune rivalité. La plupart des femmes prennent l'amour comme un amusement: elles s'y prêtent, et ne s'y donnent pas : elles ne connoissent point ces sentimens profonds qui occupent l'ame d'une tendre amante.

Mademoiselle Scuderi dit, « que la mesure » du mérite se tire de l'étendue du cœur et de » la capacité qu'on a d'aimer. » Avec une pareille règle, le mérite des femmes d'à-présent sera léger.

Enfin, celles qui sont destinées à vivre d'une vie de sentiment, sentent que l'amour est plus nécessaire à la vie de l'esprit, que les alimens ne le sont à celle du corps. Mais notre amour ne sauroit être heureux, qu'il ne soit réglé. Quand il ne nous coûte ni vertu ni bienséance, nous jouissons d'un bonheur sans interruption ; nos sentimens sont profonds, nos joies sont pures, nos espérances sont flatteuses : l'imagination est agréablement remplie, l'esprit vivement occupé, et le cœur touché. Il y a dans cette sorte d'amour des plaisirs sans douleur, et une espèce d'*immensité* de bonheur qui anéantit tous les malheurs, et les fait disparoître. L'amour est à l'ame ce que la lumière est aux yeux : il écarte les peines, comme la lumière écarte les ténèbres. Madame de Longueville disoit, « que les beaux jours que » donne le Soleil n'étoient que pour le peuple ; » mais que la présence de ce qu'on aimoit fai- » soit les beaux jours des honnêtes-gens. » Ceux qui sont destinés à une vie heureuse sont dans le monde comme s'ils n'y étoient pas, et ne s'y prêtent que pour des instans. Rien ne les inté- resse, que ce qu'ils sentent : rien ne les peut rem- plir, que l'amour.

L'esprit que l'amour donne est vif et lumineux : il est la source des agrémens. Rien ne peut plaire à l'esprit, qu'il n'ait passé par le cœur.

La différence de l'amour aux autres plaisirs est aisée à faire à ceux qui en ont été touchés. La plupart des plaisirs ont besoin, pour être sen- tis, de la présence de l'objet. La musique, la bonne chère, les spectacles, il faut que ces plai- sirs soient présens pour faire leur impression, pour rappeler l'ame à eux, et la tenir atten- tive. Nous avons en nous une disposition à les goûter ; mais ils sont hors de nous, ils viennent du dehors. Il n'en est pas de même de l'amour ; il est chez nous, il est une portion de nous-mêmes : il ne tient pas seulement à l'objet ; nous en jouissons sans lui. Cette joie de l'ame, que donne la certitude d'être aimée, ces sentimens tendres et profonds ; cette émotion de cœur vive et touchante, que vous donne l'idée et le nom de la personne que vous aimez ; tous ces plaisirs sont en nous, et tiennent à notre propre senti-ment. Quand votre cœur est bien touché, et que vous êtes sûre d'être aimée, tous vos plus grands plaisirs sont dans votre amour : vous pouvez donc être heureuse par votre seul sentiment, et associer ensemble le bonheur et l'innocence.

On me dira : Voilà un terrible écart. J'en con-viens. Ne puis-je pas le justifier ? Un ancien disoit que les pensées étoient les promenades de l'esprit. J'ai cru avoir le privilége de me promener de cette manière. Les idées se sont offertes assez naturellement à moi, et de proche en proche elles m'ont menée plus loin que je ne devois ni ne voulois. Voici le chemin qu'elles m'ont fait faire. J'ai été blessée que les hommes connussent si peu leur intérêt, que de condamner les femmes qui savent occuper leur esprit. Les inconvéniens d'une vie frivole et dissipée, les dangers d'un cœur qui n'est soutenu d'aucun principe, m'ont aussi toujours frappée. J'ai examiné si on ne pouvoit pas tirer un meilleur parti des femmes. J'ai trouvé des auteurs respectables qui ont cru qu'elles avoient en elles des qualités qui les pouvoient conduire à de grandes choses, comme l'imagination, la sensibilité, le goût : ce sont des présens qu'elles ont reçus de la nature. J'ai fait des réflexions sur chacune de ces qualités. Comme la sensibilité les domine, et qu'elle les porte naturellement à l'amour ; en passant par son temple, il a bien fallu lui payer tribut, et jeter quelques fleurs sur son autel. J'ai cherché si on ne pouvoit point se sauver des inconvéniens de l'amour, en séparant les vices des plaisirs, et jouir de ce qu'il a de meilleur. J'ai donc imaginé une Métaphysique d'Amour : la pratiquera qui pourra.

Voilà l'histoire de mes idées ; si vous voulez, de mes égaremens. Je serois bien heureuse, si ayant les défauts qu'on reproche à Montaigne, je pouvois, comme lui, conduire ceux qui liront ce petit écrit dans le pays de la raison et du bon-sens, quelquefois même dans celui des fleurs et des zéphyrs.

RÉFLEXIONS

SUR LE GOUT.

RÉFLEXIONS SUR LE GOUT. (1)

Tout le monde parle du Goût : on sait que l'esprit de goût est au-dessus des autres ; on sent donc tout le besoin qu'on a d'en avoir : cependant rien de moins connu que le Goût. Une Dame d'une profonde érudition a prétendu que c'étoit une harmonie , un accord de l'esprit et de la raison ; qu'on en a plus ou moins, selon que cette harmonie est plus juste. D'autres personnes ont cru que le Goût étoit une union du senti- ment et de l'esprit ; que le Sentiment, averti par les objets sensibles , faisoit son rapport à l'esprit, (car tout parle à l'esprit) et que l'un et l'autre, d'intelligence, formoient le jugement.

---

(1) Quoique ces Réflexions soient en partie une répéti- tion de ce qui est contenu dans les pages 167 et suivantes, des Réflexions sur les Femmes , on a cru que cet inconvé- nient étoit encore moindre que de se donner la liberté de retrancher quelque chose dans les Manuscrits qui ont été fournis.

Ce qui fait croire que le Goût tient plus au sentiment qu'à l'esprit, c'est qu'on ne peut rendre
raison de son Goût, parce qu'on ne sait point
pourquoi l'ont sent ; mais on rend toujours raison
de ses connoissances.

Le Goût est le premier mouvement et une
espèce d'instinct qui nous entraîne, et qui nous
conduit plus sûrement que tous les raisonnemens.
Il n'y a nulle liaison nécessaire entre les Goûts :
ce n'est pas la même chose entre les Vérités.
Il est sûr que quiconque conviendra de mes principes, conviendra aussi de mes conséquences. On
peut donc amener une personne intelligente à
son avis, et on n'est jamais sûr d'amener une
personne sensible à son Goût : on n'a point de
liens, d'attraits pour l'attirer à soi : rien ne se
tient dans les Goûts ; tout vient de la disposition
des organes, et du rapport qui se trouve entre
eux et les objets.

Ce sentiment est appuyé par Mr. Pascal : « Il
» y a, dit-il, un modèle d'agrément et de beauté,
» qui consiste dans le rapport que nous avons
» avec la chose qui nous plaît ; tout ce qui est
» formé sur ce modèle, nous donne un senti-
» ment agréable : c'est ce qui s'appèle Goût.
» Quel est ce modèle, et à quoi le connoître ?
» c'est ce que l'on ignore.

Il y a cependant une justesse de Goût, comme il y a une justesse de sens. La justesse de Goût juge de tout ce qui s'appèle agrémens, sentimens, bienséance, délicatesse ou fleurs de l'esprit (si l'on ose parler ainsi); c'est je ne sais quoi de sage et d'habile, qui connoît ce qui convient, et qui fait sentir dans chaque chose la mesure qu'il faut garder. Comme on ne peut en donner de règle assurée, on ne peut aussi convaincre ceux qui y font des fautes; dès que leur sentiment ne les avertit pas, vous ne pouvez plus les instruire. De plus, le Goût a pour objet des choses si délicates, si imperceptibles, qu'elles échappent aux règles: c'est la nature qui le donne, il ne s'acquiert pas; lé monde délicat seulement le perfectionne.

La justesse de sens a pour objet la vérité: elle consiste à bien établir ses principes; à en tirer des conséquences justes; à sentir les rapports qu'il y a d'une chose à une autre, soit qu'on les assemble, ou qu'on les sépare. Cette justesse vient du bon sens et de la droite raison: pour peu qu'on y manque, ceux qui ont le sens juste le connoissent.

Comme il n'y a dans chaque chose qu'une seule vérité; quand vous l'avez attrapée, vous avez acquis le sûr et le facile: il n'y a aussi dans chaque chose qu'un bon Goût, sans quoi rien ne peut plaire à un certain dégré.

Le Goût a pour objet l'agréable : la beauté a des règles, l'agréable n'en a point. Le beau sans l'agréable ne peut plaire; il tient au Goût : voilà pourquoi il plaît plus que le beau : il est arbitraire et variable comme lui. Le Goût est ce je ne sais quoi qu'on sent et qu'on ne peut dire, qui vous attire, et qui vous unit si intimément. Le Goût a un empire bien étendu, puisqu'il s'étend sur tout.

Jusqu'à présent on a défini le bon Goût, *un usage établi par les personnes du grand monde, poli et spirituel.* Je crois qu'il dépend de deux choses ; d'un sentiment très-délicat dans le cœur, et d'une grande justesse dans l'esprit.

LA FEMME

HERMITE.

LA FEMME HERMITE.

Nouvelle Nouvelle.

Adelaïde et ses amies , qui étoient venues voir Bellamirte à sa campagne, lui proposèrent un jour de faire mettre les chevaux au carrosse pour aller se promener. On étoit dans la saison où l'on peut sortir de bonne-heure. Elles allèrent dans une prairie qui est sur le bord de l'eau, au bout de laquelle est un grand bois. D'un côté du bois, est un rocher assez escarpé, sur lequel il y a un Hermitage ; et le rocher est bordé d'un ruisseau assez large, qui semble en défendre l'entrée. Ce ruisseau se forme d'un torrent, qui tombe de la montagne sur les rochers. Il y fait un bruit, et forme une cascade naturelle, qui, dans le sombre du bois, offre aux yeux le même agrément que les lieux les plus cultivés par l'art.

C'est ici ma promenade ordinaire, dit Bella-

mirte : j'aime cette secrette horreur : ce lieu
est propre à nourrir une douce mélancolie ; et
j'y viens souvent seule , et sans autre compagnie que mes réflexions.

N'y voyez-vous point *l'Hermite*? dit une des
Dames ; et n'êtes-vous jamais entrée chez lui ?
Je ne l'ai pas encore apperçu.

J'aime les *Hermites* , dit Adelaïde ; et je
voudrois bien l'entretenir. Cette sorte de vie, si
fort au-dessus de l'usage ordinaire, me fait croire
qu'il faut qu'ils soient fort au-dessus des autres
hommes, ou fort au-dessous.

Les Dames descendirent de carrosse , et se
promenèrent sur une Pelouse, qui étoit tout le
long du ruisseau. En avançant, elles trouvèrent
des arbres fort courbés , car le ruisseau étoit
bordé de grands Peupliers : ces arbres par leur
courbure faisoient une espèce de pont, au bout
duquel paroissoit dans le rocher un petit chemin
par où on pouvoit monter assez aisément. Soit
qu'il fût fait des mains de la nature, ou de celles
des hommes, c'est ce que j'ignore.

Les Dames curieuses se mirent en route ,
et, suivant ce petit sentier, elles arrivèrent devant la porte de l'Hermitage. Elles virent une
femme grande et bien faite , qui entroit brusquement dans cette demeure champêtre, et qui

ferma la porte après elle. Puisqu'il y entre des femmes, dirent-elles, nous sommes aussi en droit d'y entrer. Elles frappèrent à la porte, mais personne ne répondit. Elles firent un grand bruit, et faisant entendre qu'elles vouloient absolument entrer, la même personne qu'elles avoient vue vint au-devant d'elles, et leur dit, que le lieu qu'elle habitoit n'étoit pas digne de la curiosité des personnes comme elles. Les Dames répondirent, qu'elles souhaitoient voir *l'Hermite* qui habitoit ces lieux. Elle crut qu'il n'étoit plus tems de faire résistance ; elle ouvrit la porte, et leur dit qu'elles n'y trouveroient qu'elle. Elles entrèrent brusquement ; et ayant en peu de tems parcouru toute cette petite habitation, qui étoit simple, propre et modeste, elles furent très-étonnées de n'y trouver personne que celle qui leur parloit.

Notre curiosité augmente, lui dit Bellamirte, et comment est-il possible que vous soyez ici seule ? Quel parti pour une femme ! et qui peut vous l'avoir fait prendre ? Plus je vous examine, et plus mon étonnement augmente. Vous me paroissez peu faite, par votre âge, et par votre figure, pour habiter une demeure aussi sauvage. Vous êtes propre à être l'ornement des villes. Avec un air abbatu, et une contenance douce et modeste , elle leur parut une grande beauté.

Je ne puis répondre à un discours si flatteur,
leur dit-elle; j'ai perdu l'habitude de la parole;
et depuis quatre ans que je suis dans cette solitude,
je n'ai vu ni parlé à personne. Mais qui vous
fournit les besoins de la vie, lui demanda-t-on?
Une fille, qui s'étoit attachée à moi , voulut
me suivre dans ces lieux, repliqua-t-elle; mais
ayant une famille, elle ne put la quitter. Elle
s'est retirée dans la ville la plus voisine; et deux
fois la semaine, elle m'apporte plus qu'il ne m'en
faut pour le soutien d'une vie, que je voudrois et
devrois avoir perdue.

Elle accompagna ce discours d'un torrent de
larmes. Sa figure et ses malheurs intéressèrent
bientôt les dames pour elle. L'on ne peut, en
vous voyant, lui dirent-elles , vous refuser de
la pitié; et nous sommes si sensibles à vos malheurs, que cela nous rend dignes de les entendre.
De quelque cause qu'ils viennent, nous vous
plaindrons toujours. Si vous êtes malheureuse
par la faute d'autrui, nous partagerons avec vous
votre haine : si c'est par la vôtre, ce sera la faute
du destin, et vous ne serez jamais coupable à
nos yeux.

Vos bontés, mesdames, et votre indulgence,
ne me racommoderont pas avec moi-même, dit-

elle. J'ai quitté le monde pour me fuir; et je me
suis toujours présente : j'ai cru, que quand je
n'aurois plus de témoins de mes foiblesses, je
pourrois les oublier et me les pardonner; mais
impitoyable à moi-même, je me condamne, et
me punis toujours. Le silence des bois me les rend
plus présentes et plus sensibles : désoccupée de
tout, c'est l'occupation de tout mon loisir. Appa-
rement, madame, c'est votre délicatesse, qui vous
rend si cruelle à vous-même, dit Adelaïde : mais
enfin, vous ne pouvez refuser le récit de vos in-
fortunes à des personnes qui s'y intéressent.

Elle fit tout ce qu'elle put pour s'en défendre;
mais les dames, dont elle avoit excité la curiosité,
l'assurèrent qu'elles ne la quitteroient pas qu'elle
ne leur eût appris ses malheurs.

Puisque vous le voulez, Mesdames, dit-elle,
je vais vous dire simplement l'histoire de ma vie.
Si je n'ai pas le mérite de paroître innocente à vos
yeux, j'aurai du moins celui de me montrer
sincère. Je suis d'une naissance assez illustre.
Mon père avoit eu le bonheur de rendre de grands
services à son Roi : il avoit de grands emplois à la
cour; mais ayant essuyé injustement la préférence d'un de ses concurrens, pour une charge
qu'il croyoit mériter, il en fut vivement offensé.
Dans le même tems, il rendit un service très-con-

sidérable au Roi de S***. Par l'injustice qu'on lui avoit faite, il se crut quitte envers sa patrie, et envers un prince ingrat; et entra dans la révolte qui se fit contre lui. Il commandoit une grande province; et il ne lui fut pas difficile de faire changer de maître les peuples qui lui étoient soumis. Il ne prit pas grand soin de faire son traité : les services qu'il rendoit, et une grande province qu'il assujétissoit, devoient être une sûreté et un ôtage des paroles qu'on lui donnoit. Nous perdîmes toutes nos terres et nos établissemens : il ne nous resta que les paroles qu'on nous donna, qui ont été mal exécutées. J'étois fort jeune; j'avois perdu ma mère, et j'étois chère à mon père. Je n'avois qu'un frère, qui étoit mon aîné de quelques années : il servoit auprès de mon père, et apprenoit son métier sous un tel maître.

On m'alloit mettre dans ces maisons destinées à l'éducation des jeunes personnes, quand la princesse Zélie, dont le mari avoit commandé dans la province, et qui étoit amie de mon père, le pria de me laisser avec elle. Elle aimoit les enfans; elle s'en amusoit; et elle n'avoit qu'un fils. Je fus élévée avec le même soin que si j'avois été sa fille : on me donna des gouvernantes et des maîtres convenables; et l'on cultiva toutes les dispositions que je pouvois avoir au bien. J'étois tou-

jours auprès de la princesse : elle s'amusoit à ma
parure ; elle donnoit de petites fêtes aux enfans
de mon âge ; j'avois l'avantage d'y réussir, et je
m'efforçois de faire mieux que ce qu'on trouvoit
bien dans les autres.

Le prince Camille, c'est le nom du fils de la
princesse, avoit quelques années plus que moi : il
avoit une figure noble et gracieuse : nous passions
notre vie ensemble ; et dès qu'il n'étoit plus avec
ses maîtres, il venoit me trouver avec un grand
empressement. Dans toutes ses actions, il me donnoit une préférence très-marquée sur mes compagnes : on disoit qu'en avançant en âge, les
grâces ne négligèrent pas de prendre soin de
moi ; et son goût augmentoit tous les jours. De
bonne heure, j'ai senti le plaisir d'être aimée, et
en ai été touchée : il est malheureux de contracter
dès l'enfance une pareille habitude.

Le prince Camille étoit destiné par sa famille à
épouser la fille du Duc de ***. Elle s'appeloit
Valérie : elle étoit héritière de sa maison : ainsi,
de grands biens et de grandes dignités la rendoient
un parti digne de lui. On le menoit souvent lui
faire sa cour : elle venoit aussi voir la princesse,
et nous nous trouvions souvent ensemble, dans
nos jeux et dans nos fêtes. Elle étoit bien faite, et
elle souffroit impatiemment qu'on me donnât une

si grande préférence : elle s'en vengeoit par le mépris et le dédain qu'elle donnoit à ma fortune ; mais les louanges du prince et mon miroir me rassuroient ; et j'étois dans l'âge ou l'on est sensible à la beauté.

On remarqua bientôt la peine qu'il avoit d'aller chez Valérie. Jusques-là nous avions vécu sans contrainte, et on avoit regardé son attachement pour moi comme étant sans conséquence ; mais comme il augmentoit tous les jours, on commença à craindre, on lui défendit d'entrer dans mon appartement.

L'amour augmenta par la défense : il devint chagrin et rêveur ; et comme il étoit d'un tempérament vif et sensible, la contrainte dans laquelle il vivoit prit sur sa santé, de manière qu'il tomba malade. La princesse sa mère en fut allarmée. Valérie venoit quelquefois le voir ; mais il recevoit ses soins avec tant de froideur, qu'elle en fut blessée. Son mal augmentoit : on oublia tout autre intérêt, et on ne pensa qu'à celui de sa vie : on lui permit de me voir. Je fus menée chez lui par les femmes qui avoient soin de moi. Ma vue eut un effet plus prompt que tous les remèdes, et sa santé revenoit à proportion de la liberté qu'on lui donnoit. La princesse sa mère se vengeoit sur moi de la nécessité où on la met-

toit, de consentir à une liaison dont on appré-
hendoit les suites ; elle n'avoit plus pour moi
cette amitié tendre : les louanges qu'on me donnoit, et qui lui faisoient autrefois tant de plaisir, la blessoient; et elle me punissoit souvent
de trop plaire.

La santé du prince s'étant affermie, il devint
en peu de temps le seigneur de la cour le mieux
fait. Il se fit voir fier et indépendant. Il commençoit à négliger les secours des maîtres : il
avoit un respect infini pour madame sa mère;
mais j'étois les bornes de son dévouement : il
faisoit ce qu'elle vouloit, hors sur ce qui me
regardoit.

Un jour elle s'expliqua avec lui, et lui demanda ce qu'il vouloit faire de l'attachement qu'il
avoit pour moi. Tout, lui répondit-il, madame,
et quand je trouve de la naissance, de la vertu
et de la beauté, je crois que sans rougir je puis
avouer ma passion et mes intentions. Un discours si ferme et si hardi la fit trembler. Elle
lui représenta la distance qu'il y avoit de lui à
moi, les malheurs de ma maison, nos charges
perdues, nos terres confisquées. Ce sont les fautes
de la fortune, dit le prince, ce ne sont point
les siennes. N'est-ce point aussi un peu la vôtre,
madame, de faire tant de cas de ces sortes de

biens, qui ne dépendent point de nous? Mais vous trouverez dans la princesse Valérie, reprit-elle, tous ceux dont vous êtes touché, et ceux dont vous me reprochez que je fais trop de cas. Les jugemens de mon cœur, madame, et ceux de vos yeux, sont bien différens, répondit-il : vous voyez, et je sens ; et quelque inégalité qu'il y ait entre les personnes, l'amour les rapproche toutes.

La princesse vit qu'il n'y avoit plus de temps à perdre, et qu'il falloit m'éloigner. On me mit dans une maison destinée à la retraite. Le prince l'ayant su, courut au lieu où j'étois, et menaça ceux qui devoient me garder, de se porter aux dernières extrêmités, si on ne me laissoit voir. Ils lui résistèrent, et lui dirent qu'ils ne me feroient voir à personne, sans les ordres de la princesse sa mère. Il fut chez elle, et lui parla avec un emportement dont elle se sentit outrée. Il lui dit, qu'il ne lui étoit guères obligé, de lui avoir donné une vie qu'elle vouloit rendre si malheureuse ; que le bonheur de ses jours étoit d'unir sa destinée à la mienne, et que son pouvoir ne s'étendoit pas sur les sentimens. Quand elle voulut lui opposer son autorité et ses devoirs, il lui dit, que le cœur avoit ses droits et ses devoirs à part.

Comme la princesse étoit sage , elle crut qu'il étoit inutile de s'opposer au torrent. Elle lui dit, qu'elle sacrifioit son vif ressentiment à l'amitié qu'elle avoit pour lui ; qu'elle le regardoit comme une personne malade dont elle avoit pitié , mais qu'il ne pouvoit lui refuser d'être six mois sans me voir ; que cela lui devoit d'autant moins couter que la campagne s'approchoit ; qu'il falloit qu'il partît pour commander les troupes que le roi avoit bien voulu lui confier , et qu'elle s'étoit persuadée que la passion dont il étoit occupé n'avoit pas éteint celle de la gloire. Cela étoit vrai : personne n'a jamais eu ces deux sentimens en un plus haut degré , et ils ne s'affoiblissoient pas l'un par l'autre.

Il ne put refuser à madame sa mère ce qu'elle exigeoit : il l'assura que sa passion n'étoit pas sujette au pouvoir du temps, et que les réflexions, qui guérissent les passions communes, ne feroient qu'augmenter la sienne.

Quelque chose qu'il put dire , elle espéra du secours du temps ; et elle songea à faire diversion d'un sentiment par un autre. Elle lui fit faire un équipage magnifique ; elle fit chercher ce qu'il y avoit de gentilshommes les mieux faits, d'anciens officiers qui avoient le mieux servi le roi, pour lui apprendre le métier des grands hommes.

14 *

Elle ne négligea rien pour lui inspirer l'amour de la gloire ; et comme il avoit un fond d'honneur, il ne balança pas à prendre un parti qui convenoit à un homme de sa naissance. Il se disposa donc à partir pour la guerre ; et la gloire s'y fit sentir, comme elle se montra à lui, avec tout son éclat.

Un jeune homme de mérite, qu'il avoit auprès de lui, étoit devenu son confident. Il étoit très-bien né : il lui parloit souvent de sa situation présente, et le plaignoit d'être livré à une passion, qui, en désespérant madame sa mère, terniroit sa réputation. Il lui dit, que l'on ne pardonnoit l'amour aux grands hommes, que quand ils avoient payé le tribut à la gloire ; que l'amour pouvoit être un état passager dans la vie d'un héros, mais qu'il falloit que la gloire fût un état permanent. Du sang dont vous êtes sorti, disoit-il, et du mérite dont vous êtes, vous avez à remplir une grande attente de fermeté et de courage.

Le temps n'étoit pas venu d'être écouté : le prince étoit livré à un désespoir qui faisoit tout craindre : il avoit couru plusieurs fois au lieu où j'étois ; et ne pouvant me voir, il avoit voulu se porter aux dernières violences. Timandre son confident, qui adoucissoit ses maux par sa confiance, lui

promit enfin qu'il me porteroit une lettre. Il alla
voir la princesse, et lui dit : qu'il falloit composer
avec la douleur du prince ; que si elle vouloit
soutenir ses ordres, et se faire obéir avec trop
de rigueur, elle le porteroit à de grandes extré-
mités ; qu'il ne falloit pas mesurer son pouvoir
avec celui de l'amour, ni ses droits contre ceux
du cœur ; que l'un et l'autre ne se gouvernoient
pas par autorité ; qu'il falloit plaindre le prince
et le distraire ; lui donner quelque grand objet
pour le guérir, sans lui faire sentir qu'on en avoit
le dessein ; qu'il y avoit de grandes ressources
dans les ames fières et élevées ; qu'il venoit pour
cet effet demander un ordre pour me voir, et
qu'elle n'avoit rien à craindre de la confiance que
son fils avoit en lui.

Elle lui permit de me venir voir. Je lui parus
triste et modeste. Votre beauté, me dit-il, fait
déjà bien du bruit, Mademoiselle : seront-ce là
vos coups d'essai ? Je ne lui répondis que par de
l'embarras, et par un regard timide. Voilà, pour-
suivit-il, une lettre du prince, qu'il me charge de
vous donner. Je ne dois point la prendre, lui
dis-je ; je suis bien fâchée des effets que ce que
vous appelez beauté a fait sur lui ; je sais ce que
je suis, et combien les malheurs de ma maison
m'éloignent de lui : je tiens par respect et par re-

connoissance à madame sa mère ; et si mes yeux ont pu lui plaire , ce n'est point par les ordres de mon cœur. Ainsi dites-lui que je le prie de m'oublier. Ne voulez-vous pas recevoir cette lettre qu'on m'a permis de vous donner, répliqua-t-il? Une personne qui avoit soin de moi me dit de la prendre et de la lire. Je l'ouvris.

Rien n'est au-dessus de ma douleur, Mademoiselle, que la passion que vous m'avez inspirée. Toutes les expressions ne sont pas dignes de ce que je sens. Vous êtes persécutée pour moi ; et je ne souffre plus que de vos maux. Je vous montre mon amour sans ménagement et sans retenue ; je prends cette hardiesse dans l'innocence de mes intentions ; et comme tout s'oppose à mes desseins, mes desirs s'en irritent et mes résolutions s'en affermissent. Etes-vous faite , Mademoiselle , pour n'être pas aimée ? Je trouve en vous toutes mes excuses. Quand on aime autant que je fais, le plus grand plaisir est de sentir qu'on a raison d'aimer ; et ce plaisir-là je vous le dois , Mademoiselle , à tous les momens de ma vie.

N'y répondez-vous pas ? me dit Timandre. Il

n'est pas séant d'y répoudre, lui dis-je. On ne vous le défend pas, répondit-il. Je lui répliquai, Monsieur, mes devoirs me le défendent.

Après une heure de conversation, il me quitta, en me demandant ce qu'il diroit au Prince. Dites-lui, Monsieur, que je suis touchée de reconnoissance et de sa douleur, que dans la situation où nous sommes, il n'y a rien de mieux à faire pour lui que de ne plus penser à moi ; et pour moi, que de l'oublier, s'il m'est possible. Il fit cette réponse au Prince, dont il ne fut pas mécontent.

Je rentrai dans ma chambre, et je relus la lettre du Prince avec un attendrissement dont il auroit été satisfait. J'appris qu'il se préparoit à partir. Madame sa mère luit fit faire l'équipage du monde le plus brillant ; elle lui avoit acheté une des premières charges de l'armée ; par-là, elle lui ouvroit la porte aux honneurs, et il entroit avec éclat dans le chemin de la gloire. Timandre vint me revoir avant le départ du Prince, et m'apporta la lettre que voici :

Je pars pour l'armée, Mademoiselle ; il faut satisfaire la gloire pour aller à l'amour, et pour être digne de vous. Je m'imagine donc que je vais vous conquérir. Mais hélas ! l'amour ne se mérite point. Je vais m'abandonner à une dou-

leur digne de votre absence et de mon cœur.
Songez, Mademoiselle, que je suis sans vous;
en voilà assez pour mériter votre pitié. Je sa-
crifierois ma vie à mes malheurs, si je ne savois qu'elle vous est consacrée, et que j'en dois
compte à l'amour.

Timandre me fit une peinture très-vive de l'état
où étoit le Prince. J'en fus touchée; j'étois agitée
d'une infinité de mouvemens; je croyois lui devoir beaucoup; je craignois, j'espérois, je desi-
rois même. Tous ces mouvemens n'étoient pas
bien démêlés dans mon ame. J'étois flattée de
l'amour du Prince; mais on me faisoit trop sentir la distance qu'il y avoit de lui à moi : ma fierté
en étoit soulevée; et quand mon amour-propre
prenoit la balance pour peser nos mérites, je ne
me trouvois pas si loin de lui. J'étois capable
de renoncer à un établissement qu'on me faisoit
trop acheter; mais quand je le voulois faire, l'a-
mour du Prince et sa douleur m'arrêtoient; il me
faisoit un sacrifice de sa grandeur, et je lui en faisois un de ma fierté.

Il ne fut pas long-temps à l'armée sans montrer sa valeur. Il joignoit à son courage un grand
sens, et beaucoup de prudence; mais la prudence restoit dans sa tête, et n'avoit pas passé

jusqu'à son cœur. Ses lectures et ses réflexions lui tenoient lieu d'expérience ; ce qui faisoit croire qu'il seroit un jour un grand Général.

Il se donna, peu de temps après son arrivée, une grande bataille. Les ennemis s'étant trouvés pressés dans le poste qu'ils occupoient, et craignant d'être attaqués dans leurs retranchemens, se résolurent à nous prévenir. Ils se mirent en état de donner bataille, et nous attaquèrent, quand, par la situation où ils étoient, on auroit cru qu'ils ne devoient être que sur la défensive. Ils attaquèrent en gens désespérés, qui vouloient vendre chèrement leur vie; et la victoire demeura quelque temps incertaine, quand l'aile gauche, que mon Père commandoit, alloit plier. Le Prince, qui étoit à la tête de l'infanterie, vola à son secours. Il le trouva blessé, abattu sous son cheval, et tous ceux qui étoient auprès de lui ou morts ou fuyans. Il courut à mon père, le fit relever, lui fit donner un cheval qu'on tenoit en réserve, prit un mouchoir pour bander sa plaie; et ralliant ses troupes, chargea les ennemis, les mit en déroute, et obtint une victoire complette. Ils laissèrent leur artillerie, leurs équipages, et l'on fit beaucoup de prisonniers.

Mon père sentit son mal quand il fut hors de la chaleur du combat; on le mena dans sa tente, et les chirurgiens, après avoir visité sa blessure, la trouvèrent très-considérable.

Son premier soin fut de s'informer de celui à qui il devoit la vie. On lui dit que c'étoit au Prince. Faut-il tant lui devoir ? s'écria-t-il.

Dans toute sa maladie, le Prince ne cessa point de lui rendre des soins ; il fit chercher les meilleurs chirurgiens, le fit servir par les officiers de sa maison, et lui offrit plusieurs fois de l'argent, qu'il ne prit point.

J'appris la blessure de mon père ; on me fit savoir que je devois sa vie au Prince, et tous les soins qu'il lui avoit donnés pendant sa maladie. Comme je tenois à mon père par un respect et un attachement infini, je crus que sans blesser la bienséance, je pouvois faire des remercimens au Prince. Sans consulter personne, je lui écrivis la lettre qui suit :

Je ne crois pas blesser les bienséances, Monsieur, quand je vous marquerai la reconnoissance que je vous ai d'avoir conservé une vie aussi précieuse que m'est celle d'un père que j'honore au-delà de toute expression. Ah ! faut-il que l'estime, la reconnoissance et les sentimens naturels viennent forcer un cœur, qui n'auroit voulu se rendre qu'à son goût et à votre tendresse ? La Renommée , Monsieur , ne parle plus que de vous. Dois-je n'en remercier que la gloire , et n'en devrai-je rien à l'amour ?

J'appréhendai long-temps pour la vie de mon père ; mais enfin , on espéra pour sa guérison. Il se fit mener à une maison de campagne : j'allai l'y trouver , et donner mes soins à une santé qui m'étoit si précieuse.

Le Prince revint chargé de gloire; il venoit souvent avec amitié voir mon père , et je le retrouvai avec les mêmes sentimens qu'il avoit en me quittant. Je lui parlai des obligations que je lui avois , et de ma reconnoissance ; ce terme le blessoit : je ne veux rien devoir qu'à votre cœur , me disoit-il. La délicatesse est un présent de l'amour , qui assaisonne ses plaisirs , quoiqu'elle nous prépare souvent bien des peines. Que deviendrai-je , si, avec des sentimens si naturels, aussi vifs et aussi forts que les miens, vous n'y répondez pas, et que je ne puisse vous inspirer que de la reconnoissance? Je ne puis m'en permettre d'autres, lui répondis-je.

On parla de la paix , et le Prince, tout jeune qu'il étoit , tenoit un si haut rang , qu'il fut appelé dans tous les conseils. La paix générale fut conclue. Il eut une grande attention à faire entrer

mon père dans le traité ; il y eut une amnistie générale, et un article pour notre maison, par lequel on devoit nous rendre nos terres, les charges
de mon père, et il étoit maître d'y rentrer, ou
l'on devoit lui rendre l'équivalent.

La santé de mon père revenoit, avec le plaisir
de voir sa maison florissante. La paix donna
une joie universelle ; et l'on ne pensa à la cour
qu'à la célébrer par des fêtes et des plaisirs.

Mon père quitta enfin la campagne ; il prit une
maison à la ville, et un train digne de sa naissance. Comme je n'étois plus dans l'enfance, il
me garda auprès de lui, et il se contenta de prier
une de ses amies, qui avoit perdu son mari et
sa fortune, de vouloir bien venir loger avec lui ;
il la pria d'avoir quelqu'inspection sur ma conduite ; elle s'appeloit Eléonor, et il m'ordonna
de lui obéir comme à ma mère. Cette dame avoit
beaucoup d'esprit ; elle savoit le monde, et je ne
faisois aucun pas sans elle.

Peu de temps après, on me présenta à la Reine.
Elle me reçut avec beaucoup de bonté, me traita
avec distinction, et me dit, sur ma figure, des
choses très-flatteuses.

L'hiver se passa en fêtes. La Reine étoit jeune,
et les plaisirs étoient de son goût. Il n'y eut point
d'assemblée dont elle n'eût la bonté de me mettre,

et j'y parus avec assez des succès. Le Prince Camille étoit aussi de tous les bals ; il dansoit parfaitement bien ; sa figure étoit au-dessus de celle
de tous les seigneurs de la cour, et il sembloit
que la gloire qu'il s'étoit acquise à la dernière
campagne, répandît un nouveau lustre sur sa
personne. J'avois le plaisir de l'entendre louer, et
il avoit celui de savoir qu'on applaudissoit à son
choix. Quelquefois même, quand nous dansions
ensemble, on entendoit un secret murmure derrière nous, et tout le monde convenoit que nous
étions faits l'un pour l'autre.

La Princesse Valérie souffrit impatiemment les
succès que j'avois à la cour, et les bontés de la
Reine ; mais plus que tout cela les empressemens
du Prince. Elle tomba dans une mélancolie si
profonde, que j'eus pitié de son état. Sa passion
étoit peinte dans ses yeux ; une langueur secrette
étoit répandue sur toute sa personne ; la tristesse
empêchoit les progrès de sa beauté ; et si la nature
la fit pour être belle, l'amour en avoit ordonné
autrement. Elle avoit de beaux traits, mais la
maigreur et la pâleur leur déroboient tous leurs
agrémens.

Elle se consoloit avec une jeune parente, qui
étoit auprès d'elle, et qui avoit sa confiance. Un
jour, comme j'allois me promener dans les jar-

dins du palais avec Eléonor, nous apperçûmes la Princesse avec sa confidente, qui entroit dans un bois sombre. Je dis à mon amie : suivons la Princesse Valérie. Nous allons sur ses pas, et nous entrâmes dans une contre-allée qui répondoit à celle où elle étoit assise. On parloit avec vivacité. Que voulez-vous, disoit-elle, que je devienne ? Je ne vis que pour lui, et je n'en serai jamais aimée. Pardonnez-lui cette légéreté, Madame, dit la confidente, il reviendra à vous. Vous voulez que je lui pardonne, reprit-elle, et vous appelez une légéreté, une passion naturelle et dont il ne peut se défendre ; car il sacrifie à son amour, sa fortune, sa gloire et tout ce qu'il doit à une mère aussi estimable. Mon cœur lui a souvent prêté des excuses; on pardonne long-temps, lorsque l'on aime; mais vous ne le voyez pas avec des yeux aussi intéressés que les miens. Quelle insensibilité n'eut-il point pour mes malheurs ! Il y a un avilissement à sentir et à souffrir pour qui ne sent rien pour nous. Je ne puis soutenir les tourmens de mon cœur et les reproches de ma fierté; il faut l'appaiser, et prendre un parti digne de moi. Et quel est-il ce parti, Madame ? demanda sa parente. De me retirer de la Cour pour toujours, répliqua-t-elle; mais elle ne put achever; un torrent de larmes interrompit son discours.

Quel dessein! lui dit sa confidente. Parce qu'il est coupable, vous vous en punissez! La nuit approchant, elles se retirèrent.

Je fus si vivement touchée du malheur de la Princesse, que mon amie en fut étonnée. A-t-on de la sensibilité pour les maux d'une rivale? me dit-elle. Je ne l'ai jamais craint, répondis-je; je n'ai rien eu à disputer avec elle, et je ne jouis point par conséquent du plaisir du triomphe. Le cœur du Prince s'est offert à moi sans l'avoir ni desiré, ni demandé; comme elle ne me donne ni crainte, ni défiance, je ne puis la haïr; je suis humaine, et j'ai pitié de son état.

En arrivant chez mon père, je trouvai un gentilhomme de la chambre de la Reine, qui me dit de sa part, qu'elle me mettoit d'une fête que le Roi donnoit pour le mariage de la Princesse Orimante, parente de la Reine; que si je n'avois pas assez de pierreries, elle m'en enverroit, et il me demanda ce que je souhaitois. Je lui dis que j'avois un habit de velours verd brodé d'or, et que si je pouvois avoir une garniture de rubis, cela me conviendroit fort. Je me retirai pour mettre ordre à ma parure; et afin de plaire à la Reine, j'y donnai plus d'attention.

Le jour destiné à une fête si magnifique, fut rempli de tous les plaisirs. L'après-dînée il y eut comédie, qui fut suivie d'un soupé superbe; jamais on ne vit de fête plus galante. La Princesse Orimante y parut charmante; et quoiqu'elle ne soit pas une beauté dans les formes, elle a une si grande jeunesse, tant d'éclat, et de si belles couleurs, qu'elle a droit d'en défaire de plus belles.

Comme le bal étoit un peu avancé, il y eut un grand bruit à la porte, et tout le monde fit attention à ce que c'étoit. Le Duc de Praxede arrivoit de l'armée; on ne l'attendoit pas; il avoit fait une campagne très-brillante, et ayant battu les ennemis, il parut avec un air de confiance, paré de sa valeur et de sa bonne mine. Je ne l'avois jamais vu; je lui étois aussi inconnue, et j'entendis qu'il dit, en me regardant, des choses très-flatteuses. Ses discours, ses regards, et le son de sa voix jettèrent dans mon ame un trouble que je n'avois jamais senti. Le Prince et lui avoient eu quelques démêlés ensemble; ils couroient l'un et l'autre la même carrière; ils étoient rivaux de gloire et de mérite : c'est pourquoi on les avoit séparés, et l'on n'avoit pas voulu qu'ils servissent dans la même armée.

La Princesse Orimante le prit à danser dès qu'il arriva; il me prit ensuite; j'en fus troublée; et si je n'avois craint, je l'aurois refusé.

Pendant le bal, ses yeux se tournèrent toujours sur moi ; je détournai les miens, et lui refusai mes regards, comme une faveur qui ne lui appartenoit pas. Il me prit plusieurs fois à danser ; et cela fut si marqué, que l'on crut qu'il vouloit déplaire au Prince. Vous jugez bien que je n'étois pas de moitié ; aussi le bal étoit-il fini à peine, que je me sauvai pour aller chez moi, et le Prince me quitta pour me donner la main.

Vos grâces, me dit-il, font leur effet sur tout le monde, Mademoiselle, et le Duc est du nombre de vos conquètes. L'affectation qu'il a eue à me prendre à danser et à me regarder, m'a fait beaucoup de peine, lui répondis-je. Pourquoi, reprit-il, Mademoiselle ? Tant d'attention à ne jamais l'envisager marque que vous avez craint vos regards et les siens. Quand on ne sent rien, on est simple ; et trop faire dans de certaines occasions, fait voir qu'on ne fait pas toujours tout ce qu'on doit. Mais je ne l'ai jamais vu, lui dis-je ; quelle querelle me faites-vous ? Il vous a vue, et vous étiez plus belle aujourd'hui qu'à votre ordinaire, répliqua-t-il : il vous aime : quand même vous ne seriez pas coupable, c'est assez pour me rendre malheureux.

Depuis ce temps, le Prince eut pour moi une attention blessante : le Duc me suivoit par-tout, et je le trouvois toujours sous mes yeux, dans tous les lieux publics. Le Prince étoit instruit de toutes ses démarches : il devint chagrin et soupçonneux ; et quoiqu'il ne pût rien m'imputer, cependant il n'étoit pas content de moi. Il trouvoit que le Duc étoit bien insolent, de penser à une personne à qui il étoit attaché depuis long-temps. De mon côté, je crus qu'il ne vouloit que chagriner le Prince, et l'alarmer ; et que, si je n'étois pas à l'usage de son cœur, j'étois au moins à celui de sa vanité. Une pareille idée me déplaisoit fort, et je l'évitois avec soin. Le Prince même le remarquoit. Je m'en expliquai un jour avec lui, et je lui dis : Je ne puis croire que j'aie part à votre tristesse ; si cela étoit, vous seriez bien injuste. Vous ne paroissez pas être de moitié avec le Duc, me répondit-il : vous le fuyez, vous avez même plus d'attention pour moi, que vous n'en avez jamais eue ; cependant vous êtes coupable, et vous l'êtes sans le savoir : vous voulez réparer le tort que vous me faites, par des soins. Quel est donc mon crime ? lui dis-je. Vous aimez le Duc, me répondit-il ; vous l'aimez, mademoiselle, et c'est moi qui vous l'apprends. Je vais vous paroître bizarre, ridicule, et justifier tous vos torts : je vous donne des armes contre moi, et vous en userez : je vois et je sens tous

mes malheurs; mais j'y suis forcé. Son discours
fut suivi de beaucoup de larmes, et il me quitta
en me disant, qu'il vouloit me cacher son désordre et son désespoir.

Je restai plus troublée que je ne puis vous le
dire : je me fuyois moi-même; et je n'avois encore osé convenir quelle étoit la cause de mes
agitations et de mes divers mouvemens, lorsque,
m'étant jetée sur un lit de repos, Eléonor entra
dans ma chambre.

Je fus surprise et honteuse qu'elle fût témoin
de mon désordre. Remettez-vous, me dit-elle.
Vous voulez me cacher votre trouble et vos sentimens, vous avez tort. Ne me regardez point
comme une personne sévère, qui veuille condamner tous vos mouvemens, mais comme une amie
sur laquelle vous pouvez compter; capable de
vous consoler, et de vous conduire dans la situation la plus délicate de votre vie. Ne croyez
pas que je vous fasse un crime d'un sentiment :
un cœur peut être sensible et innocent; et pour
vous donner de la confiance par mon exemple,
je veux vous faire l'histoire du mien. Elle s'arrêta, et parut se repentir de sa confiance; mais
je la pressai avec tant de tendresse, qu'elle continua.

Je connois l'amour, me dit-elle, et je n'ai que

15 *

trop payé le tribut que nous devons à ce Dieu.
Vous savez les malheurs de ma maison, et comme
à-peu-près dans le même temps je perdis mon
mari et mon frère. L'un étoit le soutien de ma
famille, et l'autre en étoit l'espérance. Mon frère
fut pris les armes à la main contre son Roi, et
porta sa tête sur un échaffaud. Peu de temps après,
mon mari perdit la vie dans une bataille qu'il
gagna contre les ennemis de l'Etat. Ainsi, dans
un moment, je perdis tout, et les biens présens, et les espérances à venir : je fus réduite à
regretter un mari en place et très-estimable, et
à solliciter pour l'honneur et la vie de mon frère.
Il perdit l'un et l'autre, et ses biens furent con-
fisqués ; de sorte que je restai sans aucune fortune. Les idées de grandeur disparurent en un
moment: tous les agrémens, qui sont à la suite
des grands établissemens, s'évanouirent : je restai
seule, sans bien et sans appui ; et ma seule espérance, c'étoit qu'ayant été l'objet de la mauvaise
fortune, je serois au moins oubliée par l'amour :
mais tous deux se réunirent pour me persécuter.
Dispensez-moi, mademoiselle, continua-t-elle,
de vous en dire davantage.

Quoique ce qu'elle me dit me soit très-présent,
étant sensible à la marque de confiance qu'elle
me donna, (ce qu'elle fit en habile personne,

pour se rendre maîtresse de mon cœur et de mon secret,) comme elle vous est inconnue, mesdames, cela vous intéresseroit peu : ainsi je laisse là son histoire. Non, lui dîmes-nous, nous vous prions de nous instruire des aventures d'Eléonor, et alors elle poursuivit.

On aime à savoir les foiblesses des personnes estimables, nous espérons de leur ressembler par quelque endroit : si leurs qualités éminentes nous abaissent, leur foiblesse les rapproche de nous, cela nous console; et il m'étoit trop important de trouver une amie dans une personne qu'on m'avoit donnée pour veiller sur ma conduite. La confiance qu'elle alloit avoir en moi me répondoit d'elle ; et j'étois dans ces momens où le secret pèse tant à un cœur : je voulois lui parler de ce que je sentois ; et j'étois trop heureuse de trouver en elle, non-seulement des conseils, mais de ces foiblesses aimables qui nous rendent plus indulgens pour celles d'autrui. Je la pressai donc de m'en dire davantage.

Vous voulez, me dit-elle, jouir de mon secret dans toute son étendue : je crains bien qu'un pareil récit ne rouvre toutes mes plaies, et ne donne à ma passion un nouveau degré de vivacité: néanmoins j'y consens. Mes sentimens étant le seul plaisir qui me reste, laissons-les aller leur cours. Ils sont d'une nature toute nouvelle, ma chère amie. On donne dans le Tasse, pour modèle de délicatesse, les sentimens d'Olinde : il dit, qu'il desire beaucoup, qu'il espère peu, et qu'il ne demande rien. Pour moi, je n'espère, ne desire, ni ne demande ; ma passion n'est appuyée sur rien : elle subsiste, se nourrit, et s'accroît toute seule ; et il y a un temps infini que je suis occupée d'un sentiment unique en son espèce.

Je vis, il y a quelques années, chez une de mes amies, le Comte * * * ; dispensez-moi de vous dire son nom. Il me parut d'une figure aimable : mais avec beaucoup d'esprit, on a moins besoin de figure. Il me rendit d'abord plus attentive (c'est beaucoup faire que de me la rendre), et je continuai à le voir chez mon amie et chez moi.

J'avois dans ce temps-là un ami qui s'intéressoit à moi par le cœur : il avoit pensé m'épouser ; mais ma famille ayant disposé de ma liberté en faveur de mon mari, il eut une douleur au-dessus de toute expression. Il avoit pour moi un de ces goûts d'étoile ; il ne pouvoit se résoudre à m'abandonner, et il amusa sa douleur par l'idée de croire que mon cœur ne s'étoit pas donné avec

ma main. L'estime et le respect qu'il avoit pour
moi avoient arrêté et retenu ses sentimens; mais il
veilloit sur les miens, et me disoit tous les
jours, que si j'en disposois pour quelque autre,
il en mourroit de douleur.

Il remarqua bientôt, que l'attention que j'avois
pour le comte se tournoit en tendresse : mes
yeux me décélèrent, et révélèrent mon secret;
il m'en fit des reproches, dont je fus très-
blessée.

Tout cela échappoit à l'intéressé. Il me parut
cependant avoir de légers sentimens pour moi;
et je me préparois, s'il me les montroit, à les rejetter. Il a été bien vengé de mes vains projets.
S'il a eu des sentimens, ils se sont arrêtés; et les
miens ont eu leur progrès. Je fus très-long-tems
sans convenir avec moi-même de ce que je sentois.
Quel art le cœur n'a-t-il point dans ces commencemens, pour cacher son penchant, et ne pas
alarmer la raison et la pudeur ! C'est un simple
amusement : c'est l'esprit qui nous touche : enfin,
jusqu'à ce que l'amour se soit rendu le maître, il
est presque toujours ignoré. Il ne fut pas long-
tems sans se faire sentir à moi, avec tout son pouvoir; et le trouble où je me trouvois, quand le
comte venoit chez moi, ne m'annonça que
trop ma défaite.

Dans ce tems-là je fus accablée de tous mes malheurs, et je perdis, comme je vous l'ai dit, mon mari et mon frère. Ce fut la disgrace du monde la plus complette et la mieux sentie. Mon amie, qui venoit souvent pour me consoler, amenoit le comte avec elle, dans le tems que je ne voyois personne; et je m'apperçus, à la honte de ma douleur, que lui seul la suspendoit.

Je me trouvai dans la suite accablée d'affaires: ma maison perdue, mon frère qui périssoit avec les apparences du crime et de la révolte, qui n'avoit que moi pour le secourir, et pour sauver ce que je pouvois du débris de notre maison. J'espérois que tant de peines useroient au moins le sentiment que j'avois dans le cœur; mais il fut toujours respecté par mes malheurs.

Après bien des années de persécutions, le tems fit, sans le secours de ma raison, ce qu'elle n'avoit pu faire; car il faut convenir, à la honte de notre douleur, qu'elle n'est pas éternelle. Enfin, ayant tiré tout le parti que je pus de ma mauvaise fortune, je crus jouir de quelque calme; mais j'avois perdu le repos du cœur; et dès que je fus rendue à moi-même, je me trouvai livrée à l'amour. La vie dissipée avoit pris sur ses droits; mais il s'en est bien vengé : je ne pouvois plus ignorer mon état : il fallut en convenir, et compter avec moi-même.

La plupart des femmes, sans plan et sans dessein, se laissent entraîner au sentiment qui leur plaît. Pour moi, j'examinai ce qu'il y avoit à faire ; et après avoir réfléchi sur le caractère du comte et le mien, je trouvai que je n'avois qu'à le fuir. Et pour vous montrer que mon dessein étoit appuyé sur des connoissances, je vais vous faire son portrait. Mais non, je ne suis pas en état de vous le peindre ; l'amour conduiroit le pinceau, et je ne pourrois consentir qu'il manquât quelque mérite à ce que j'aime.

Je lui dis, comment est-il possible qu'avec une aussi grande passion dans le cœur, vous n'ayiez rien fait, ou pour lui en inspirer, ou pour lui en montrer ? Je vais vous répondre, me dit-elle.

Je suis née avec un cœur fort sensible ; mais en même tems avec beaucoup de gloire. L'un ne peut s'oublier qu'aux dépens de l'autre. Pour me rendre heureuse, il faudroit les accorder tous deux ; ce qui est difficile ; et je me trouve encore plus malheureuse quand ma gloire se plaint, que quand mon cœur souffre. J'ai donc pris le parti de la contenter. Si j'avois montré mes sentimens, et qu'ils eussent été négligés, je serois morte de

douleur : voilà pourquoi je le fuyois. J'étois sûre
de ma bouche, mais je craignois mes yeux, et en
évitant ses regards, je les cherchois toujours. Quel
trouble ne jettoient-ils point dans mon ame,
quand je le voyois ! Il y a toujours entre lui et
moi, ma tendresse et ma gloire. L'une me porte
vers lui, et l'autre me retient; et ces divers mouvemens me donnent un embarras et une timidité
que je crains qui ne m'accusent. Il n'y a cependant aucun instant dans ma vie, où mon cœur
ne me le demande, et où je ne le refuse à son
empressement. Mes sentimens sont aussi vifs que
s'ils étoient nouveaux, et un redoublement de
tendresse use quelquefois la provision de courage
que j'avois amassée à force de réflexion. Je pense
à lui sans interruption : il est toujours entre tous
les objets et moi : je ne forme aucun projet que
je ne l'aie en vue : je crois que son estime doit
être le prix de tout ce que je fais de bien; et je
fais encore plus grand cas d'elle que de tous les
sentimens les plus tendres que je pourrois lui
supposer. Je me suis imposé la conduite du monde
la plus sévère : je me suis défendu tous les plaisirs
de l'imagination : mais sur-tout je me suis promis de le fuir, et je me tiens parole.

Un seul cœur n'est point fait pour tant de violence; et un ami, que je voyois souvent, me

voyant triste et rêveuse, arracha mon secret. Cet
aveu coûta autant à ma pudeur, que si ç'avoit
été celui d'un crime. Il voulut rassurer ma timidité, et me dit : pensez-vous que l'on doive autant de fidélité à cet honneur imposé par l'usage,
qu'à l'honneur de la probité ? Croyez-moi, **le
monde est traitable** : vous ne lui devez que des
dehors de bienséance ; et il ne vous en demande
pas davantage. Je ne pense point comme vous,
lui dis-je : je n'ai point vu de femme avoir rejetté tout-à-fait le préjugé de l'honneur, et qui
valût quelque chose. Mais d'ailleurs, je me respecte plus que le monde : j'ai besoin de ma propre estime ; et le témoignage de ma conscience
m'est plus nécessaire que les suffrages du public.
Mais voulez-vous, me dit-il, être la victime d'un
sentiment ? il faut vous en rendre maîtresse, ou
y céder. Si mon cœur avoit sû m'obéir, il y a
long-tems que j'en serois quitte, repliquai-je :
mais je n'en puis rien obtenir : à peine puis-je
me pardonner de sentir ; et c'est vous qui m'avez
rappellé l'attention que je me dois.

Mais, après tout, les goûts ne dépendent pas
de nous, Mademoiselle : ils entrent dans notre
cœur sans nous en demander permission : les
passions nous prennent et nous gardent tant qu'il
leur plaît ; et nous ne sommes coupables que de

l'usage que nous en savons faire. Que n'ai-je
point fait pour me l'arracher du cœur ! je voulus
quitter mon pays, et passer dans une cour étrangère : je crus que le changement de lieux et
d'objets pourroit déranger mes idées ; mais
l'amour, plus diligent que moi, vola et me rat-
trapa sur la route. Voyant que mes soins étoient
inutiles, et mes affaires me rappelant dans ma
patrie, je revins. J'essayai de me donner du
goût pour quelques personnes qui s'étoient attachées à moi ; espérant d'affoiblir un sentiment
par un autre, afin d'échaper à tous les deux.
Mais hélas ! J'ai tout sacrifié à mon idée, et je
lui garde une fidélité à toute épreuve. Il est
étonnant ce que j'ai fait de cette idée : je l'ai
personnalisée de manière que je suis en société
avec elle : nous avons nos querelles et nos rac-
commodemens, d'autres fois je suis plus en
paix ; et ma mélancolie étant plus douce, je ne
la changerois pas pour les plus grands plaisirs.
Il n'appartient qu'à l'amour de nous donner des
tristesses dont on le remercie. J'ai les idées si
vives, qu'il y a des momens où je le crois auprès de moi ; et mon amour use l'espace qui
nous sépare.

Savez-vous ce qui m'a conduite à cet excès de
passion ? C'est l'extrême rigueur que j'ai eue pour

moi-même. Ce ne sont pas ceux qui cèdent qui aiment le plus, ce sont ceux qui résistent. Tout ce que vous refusez aux sens tourne au profit de la tendresse. J'étois livrée aux exagérations de mon esprit ; et comme il est rare que la possession fournisse tous les agrémens que lui prêtent nos desirs, j'ai aimé, non pas selon le mérite que j'avois trouvé, mais selon celui que j'ai imaginé.

J'appris dans ce tems-là qu'il avoit un engagement ; et ce fut un redoublement de douleur pour moi. Mes sentimens me donnoient des droits sur les siens, à ce qu'il me sembloit : quand on aime bien on veut être aimée, et l'on se croit toujours digne de l'être. Je fus aussi blessée de son engagement, que s'il m'avoit fait une infidélité ; et sa passion pour une autre mit une barrière entre lui et moi. D'un engagement il passa à un autre. Cela me fit croire qu'il étoit léger, que l'amour n'étoit pour lui ni sérieux ni respecté ; et je compris que j'étois destinée au pénible exercice d'effacer de mon cœur un sentiment qui y étoit profondément gravé. Je dis cent fois le jour que je veux l'oublier ; et je le dis pour y penser davantage. Que faire de tout l'amour que j'ai dans mon cœur ? Les amantes se guérissent souvent à force de réflexions : les miennes me rendent plus malade ; et ma raison ne m'aide point contre ma passion.

Mais c'est trop, Mademoiselle, vous entretenir de ce que je sens. Que penserez-vous de moi? Quelle impression vous font mes égaremens?

C'est une chose bien consolante, Madame, lui répondis-je, qu'une personne aussi estimable que vous tienne à nous par quelque foiblesse.

Après cela, permettez-moi, Mademoiselle, me dit-elle, de faire ma charge; car il faut bien quelquefois la faire; en vous priant de faire réflexion, que je ne suis point tombée dans les grands malheurs de l'amour, et que j'ai pourtant été infiniment malheureuse. Avec une conduite assez estimable, que me reste-t-il? Je n'ai eu que moi pour témoin de tant de peines et de combats: tout est perdu dans l'amour; outre que le cœur n'est jamais tranquille, dès qu'il s'est vu agité de cette passion. Que la vertu est aimable et désirable! quand ce ne seroit que par rapport à notre repos. Dans les passions les plus heureuses, supputez, s'il est possible, toutes les alarmes, les troubles, les craintes et les jalousies: mettez à part toutes ces choses, et laissez à l'amour ce qu'il y a de joies pures: qu'il lui en restera peu! Cependant pour l'ombre de quelques plaisirs, on se gâte le goût, et l'on perd celui des vrais biens pour toute sa vie. Pardonnez-moi, Mademoiselle, ce petit trait de morale. Si, après m'être montrée à vous comme j'ai fait, je me suis ôté le droit de donner des avis, j'espère regagner par la confiance d'autres droits sur votre cœur, et me faire croire comme une amie non suspecte.

J'allois en liberté lui parler de ma situation : mais on vint nous dire de la part de mon père, qu'il nous demandoit. Je fus le trouver. Il me dit d'un ton sec et fâché : qu'avez-vous donc fait au prince Camille ? Madame sa mère vient de me dire qu'il est dans un chagrin horrible ; et l'on s'en prend à vous. Il est bien triste, m'a-t-elle dit, de souffrir avec tant de peine la passion que mon fils a pour mademoiselle votre fille, et que cette passion ne serve qu'à le rendre malheureux. Je vous crois trop de mes amis, pour ne pas m'aider à rompre un engagement qui ne me convient pas ; et vous êtes trop honnête homme, pour ne pas penser plutôt à remplir les devoirs de la reconnoissance, qu'à travailler à l'aggrandissement de votre maison, aux dépens de l'amitié que vous me devez. Ainsi, puisque mademoiselle votre fille nous aide par ses mauvais traitemens pour mon fils, achevons de rompre des liaisons que nous n'oserions jamais attaquer sans son secours ; et pour cet effet, je vous prie de la mener, ou de la faire aller à la campagne. Je lui ai répondu, que je la priois d'être persuadée que mes plus chers intérêts étoient les siens; que je n'avois rien de plus pressé que de lui plaire; et que j'allois vous faire partir. Préparez-vous donc, mademoiselle, me dit-il, à vous en aller dans ma terre dans deux jours. La fidélité et la reconnoissance que je dois à la princesse m'empêchent de vous parler en père irrité; et j'aime mieux la servir que vous. Rien n'approche, dit-il, en se tournant vers Eleonor qui m'avoit suivie, de l'ingratitude de ma fille à l'égard d'un prince aimable, qui a pour elle une grande passion; qui sacrifie de grands établissemens à son amour, et qui soutient notre maison qui alloit périr. Quand la princesse sa mère, qui a de l'indulgence pour lui, et par bonté pour moi, alloit donner un consentement qui lui coûte tant, c'est elle qui met obstacle à une affaire qu'elle devroit acheter de la moitié de sa vie. Ah ! je sens que malgré moi ma colère reprend ses droits; qu'elle va éclater : ôtez vous, et ne vous montrez jamais devant moi. J'aurois voulu répondre; mais il étoit trop irrité; et je trouvai que le meilleur parti étoit de me retirer dans ma chambre. Eleonor resta quelque tems avec lui pour l'apaiser; mais sa colère éclata tellement contre moi, et elle étoit si forte, qu'elle auroit eu de la peine à lui dire quelque chose pour le calmer.

Dans ce moment le prince entra chez mon père, et le trouvant si agité, il lui en demanda la raison. Ma fille a le malheur de vous déplaire, lui dit mon père; je ne saurois trop la punir, et je viens de lui ordonner de se retirer à la campagne. Le Prince se jetta à ses pieds, pour lui demander en grâce que je ne partisse pas. Je l'ai trop promis à la princesse, disoit mon père, et je ne puis me dédire. Le prince l'assura que je n'étois point coupable. Est-ce aux pères et aux mères, lui dit-il, d'entrer dans la querelle des amans, qui n'est souvent fondée que sur leur délicatesse? C'est moi qui ai tort : l'amour n'est jamais content, et il est souvent injuste. Mais au moins permettez-moi de voir mademoiselle votre fille. Vous le pouvez, lui dit mon père. Je vais prier ma mère, continua le prince, de rompre ce cruel voyage. Quand elle me l'ordonneroit, répliqua mon père, cela seroit inutile. Madame votre mère croiroit que je suis d'intelligence avec vous, et je dois plus à ma probité qu'à toute autre considération.

Eléonor, ayant vu le prince entrer dans le cabinet de mon père, s'étoit retirée : elle entendit pourtant une partie de leur conversation, et elle vint ensuite dans ma chambre, où elle me trouva dans un accablement que je ne puis vous exprimer. Je suis au désespoir, lui dis-je, de la colère de mon père ; mais ce qui me fâche le plus, c'est qu'il a raison. Hélas ! il n'y a qu'un moment que vous me parliez des malheurs de l'amour; aurois-je cru être destinée à en servir d'exemple ! Elle me répéta ce que le prince avoit dit à mon père; mais sa générosité et ses vertus ne me rendoient que plus coupable et plus triste.

Le prince entra dans ce moment dans ma chambre, et me trouva toute en larmes. Quoique j'ignore la cause de vos pleurs, me dit-il, et que je n'ose me flater qu'ils me regardent, vous êtes affligée, et cela suffit, mademoiselle, pour l'être avec vous. Abandonnez, prince, lui dis-je, une infortunée qui met le trouble dans votre maison ; n'ajoutez point à mes malheurs votre constance : vous avez trop fait pour moi; et il est tems que vous songiez à vous, et à ce que vous devez à madame votre mère. Pourquoi, mademoiselle, me répondit-il, vous charger du soin de mes devoirs? Il ne vous sied plus d'être généreuse. Mais quel ton prenez-vous, lui dis-je, et de quoi peut-on m'accuser ? Je ne vous accuse de rien, reprit-il, et vous ne trouverez jamais en moi un persécuteur. Dans la querelle des amans, la délicatesse de celui qui manque nous venge toujours suffisamment : je n'en demande point d'autre ; mais au

moins aidez-moi, mademoiselle, à ne vous point
perdre. Je n'ai rien pu gagner sur monsieur votre
père : voilà la première fois de ma vie que je
l'ai vu irrité contre moi, et je mourrai de douleur
si sa colère dure davantage.

Dans ce moment on vint me dire qu'un Gentilhomme de la princesse Orimante me demandoit. Je le fis entrer. Il me dit, que la princesse
m'avoit mise d'une partie de chasse qu'elle faisoit le lendemain. Je priai Eléonor de savoir de
mon père ce qu'il souhaitoit que je fisse. Il répondit : elle doit obéir à la princesse ; puisqu'elle
lui a fait l'honneur de la mettre d'une partie,
elle doit y aller. Je remerciai donc la princesse,
et dis au Gentilhomme que je lui obéirois.

Il fallut ensuite se préparer, songer à mes habits ; et je n'étois pas en des dispositions propres
à la joie. Ce qu'il y a d'incommode à la cour,
c'est qu'il faut avoir les sentimens du maître, ou
faire tout comme si on les avoit ; et souvent sous
des apparences de joie, on a le cœur déchiré.

J'arrivai donc le lendemain très-abattue, et
cachai mon changement, en disant que j'avois
eu une migraine très-violente. C'étoit la chasse
du monde la plus galante, et elle devoit finir par
une fête à une maison de plaisance. Les dames
parurent très-bien à cheval. Mon père, qui n'a-

voit rien négligé de tout ce qui forme le corps pour les grâces, m'avoit fait apprendre à y monter : j'avois un habit bleu brodé d'or; je fus trouvée mieux qu'il ne convenoit, et la princesse, qui étoit très-obligeante, me dit là-dessus les choses du monde les plus gracieuses. Les premières personnes que j'apperçus, ce fut le prince et le duc, qui faisoient leur cour très-régulièrement à la princesse. Mon embarras fut extrême : je ne savois où placer mes yeux; le prince m'observoit, et cela redoubloit mon trouble.

La chasse enfin commença, et le duc fit si bien qu'il trouva le moyen de m'approcher. A son abord, je lui marquai une si grande peine de le voir, qu'il se retira très-respectueusement, en me disant : tenez-moi compte, mademoiselle, de tous les soins que je ne vous rends pas.

Après que la chasse fut finie, on se rendit à une maison de campagne qu'on trouva toute illuminée; et d'abord que l'on fut arrivé, les dames allèrent dans leurs appartemens se rafraîchir et changer d'habit. En prenant un mouchoir, je trouve dans ma poche une lettre, sans savoir qui l'y avoit mise; et justement pendant que je la lisois, le prince vint me voir dans ma chambre. Je la cachai brusquement; mais il s'apperçut de mon trouble, et me dit : je vois bien que je vous embarasse, mademoiselle, et je me retire. Le temps étoit venu, que ma mauvaise fortune alloit s'emparer de ma vie.

Quand j'eus changé d'habit, il fallut descendre chez la princesse. Quelle peine de prendre un air riant, quand on a le cœur navré! Dans la conversation, je lui dis que j'allois à la campagne. Elle me demanda, pourquoi ce voyage? Mon père, lui répondis-je, souhaite d'aller passer quelques semaines du printemps à sa maison; et je l'assurai, que j'emportois tous les sentimens de reconnoissance que je devois à sa bonté. Elle me demanda encore si la terre étoit éloignée. Je lui dis, qu'elle ne l'étoit que de deux ou trois lieues; et elle eut la complaisance de me promettre qu'elle m'y viendroit voir. Je reçus ces marques de distinction comme je devois. Le duc étoit présent quand je parlai de mon voyage, et il en parut triste: mais le prince ne se montra point de toute la soirée; ce qui augmenta mon chagrin. On joua: il y eut concert dans les appartemens; et j'y suivis la princesse, parce je trouvois plus mon compte avec la musique; je n'avois qu'à sentir et me taire. L'on servit le souper: tout y fut magnifique, et il y eut grand bal après.

Le duc parut à cette fête d'une manière fort

brillante, et le plus aimable du monde : aussi je vous avouerai, que je me trouvois avec des sentimens tout nouveaux ; que je m'apperçus bien que c'étoient ceux que le prince me demandoit depuis long-temps, et qui jusques-là m'avoient été inconnus. Quoique je fusse très-fâchée de ne le point voir, parce que cela me marquoit qu'il étoit mécontent, cependant je ne pus m'empêcher de me sentir pour un moment plus à mon aise : mes regards et mes sentimens se trouvoient plus en liberté ; et je vis avec douleur et avec joie dans les yeux du duc la plus grande passion du monde. Quand je dansois avec lui, on trouvoit qu'il dansoit mieux qu'à son ordinaire ; et la princesse nous fit recommencer quelques danses que nous exécutions mieux que les autres. Enfin, il cherchoit à plaire, et peut-être voyoit-il bien qu'il plaisoit.

Le bal fini, j'allai très-vîte dans mon appartement ; et Eléonor, qui avoit eu la bonté d'être toujours avec moi, vint m'y trouver. Je fis retirer mes femmes en la voyant. Vous payerez bien cher, me dit-elle, le moment de plaisir que vous venez d'avoir. Je lui rendis compte de tout ce qui s'étoit passé ; mais elle le savoit mieux que moi, m'ayant toujours observée. Je lui montrai la lettre que j'avois reçue ; je lui dis que

le prince m'avoit surprise en la lisant, et qu'il
se doutoit, selon toute apparence, qu'elle venoit du duc. Je vous plains, dit-elle : mais que
faire à présent? Après avoir passé une partie de
la nuit, agitée sur les différens partis que je
pouvois prendre, le jour parut sans nous être
déterminées à rien, et nous nous mîmes au
lit.

Le prince, dès le matin alla trouver Eléonor.
Il est indiscret, madame, lui dit-il, d'éveiller si
matin une personne qui s'est couchée au jour. Il
avoit passé la nuit sur une terrasse qui étoit vis-à-
vis de ma chambre, et avoit vu jusqu'à quelle heure
elle avoit été avec moi : il savoit outre cela tout
ce qui s'étoit passé au bal, et y avoit été déguisé.
Il montra à Eléonor une douleur vive et profonde, et lui dit, qu'il m'avoit surpris lisant une
lettre, que j'avois cachée avec un trouble qui
m'accusoit. Elle fit ce qu'elle put, pour le désabuser sur les idées qu'il avoit de cette lettre. Je
ne cherche point à l'accuser, répondit-il, et je
serois bien fâché d'avoir raison de le faire. Hélas !
elle auroit pu tout entreprendre, sur la confiance
que j'avois en elle. Eléonor lui demanda, mais de
quoi vous plaignez-vous? Qu'a-t-elle fait que les
bienséances ne lui permettent? Car pour la lettre,
elle lui fit croire qu'il s'étoit trompé : on est bien

crédule quand on aime. Je ne puis, lui dit-il, appuyer mes soupçons ni mes chagrins sur rien de certain ; mais un pressentiment secret me trouble ; je ne suis point rassuré par son amour ; et je crois voir dans ses yeux, quand elle est devant le duc, ce qu'elle ne m'a jamais montré. Elle fit tout ce qu'elle put pour le remettre. Il la pria d'obtenir de mon père, qu'il me pût voir à sa campagne ; et l'assura en la quittant, que ses chagrins ni ses soupçons n'iroient jamais jusqu'à lui ; qu'il ne vouloit rien devoir à l'autorité paternelle ; et qu'il ne voudroit pas de ma main, si le cœur ne la lui offroit pas.

Le prince ayant obtenu de mon père la liberté de me voir, je partis sans avoir osé prendre congé de lui, et dans sa disgrace.

Je fus soulagée de me trouver à la campagne. C'étoit un très-beau château, mais qui n'étoit point bâti à la moderne; un grand parc, de beaux bois et de belles eaux. La nature paroissoit partout à son aise, et l'art ne la gênoit pas. Je crus que le calme qui étoit répandu dans ces lieux pourroit passer dans mon ame ; mais hélas! les passions sont amies de la solitude ; elles s'augmentent, et se fortifient dans le silence. Je me trouvois dans des dispositions qui m'étoient inconnues; dans un trouble et une agitation, qui avoient pourtant un charme secret.

Eléonor venoit souvent me trouver pour m'arracher à mes rêveries, et me reprochoit avec amitié que je la fuyois. Je me fuis donc moi-même, lui disois-je; car vous êtes ma seule consolation: mais c'est que je n'ai pas assez de toutes mes heures, pour donner à ce que je sens depuis quelques jours. Vos réflexions, me disoit-elle, seroient mieux employées à penser aux malheurs que vous prépare l'amour. Je sais que mes avis seront inutiles contre les charmes d'une passion naissante; mais quoiqu'inutiles, je vous les dois: car pensez, mademoiselle, que vous manquez à tout ce qu'il y a de plus sacré, à vous-même, à monsieur votre père; mais, plus que tout cela, au plus aimable prince du monde, et à la passion la plus vraie et la mieux prouvée : pour qui? Pour ce que vous ne connoissez point, et qui fera sûrement le malheur de votre vie. Il ne faut pas croire, mademoiselle, que toutes les passions portent leurs excuses avec elles....... Nous fûmes interrompues dans ce moment, et nous nous séparâmes. Je voyois bien qu'elle avoit raison ; mais sa raison et la mienne étoient impuissantes : elle me présageoit des malheurs, et elle troubloit ma vie sans me préserver de rien.

Je ne sais pas par quel enchantement tout ce qui s'offroit à moi servoit le duc. J'ignore s'il avoit gagné quelqu'un de mes domestiques : mais tous les jours et dans tous les lieux, je trouvois des marques de sa passion. Tantôt je trouvois une lettre sur ma toilette ; tantôt c'étoient des vers qui s'offroient à moi dans les bois, et les endroits les plus reculés où j'aimois à me retirer. Voici la lettre dont je viens de parler. Je me fis d'abord quelque scrupule de l'ouvrir ; et si j'avois pu la lui renvoyer toute fermée, je l'aurois fait : mais on ne refuse guères un plaisir qui s'offre, et qui doit être ignoré. Je l'ouvris donc, et je trouvai ces mots :

Je tremble, mademoiselle, de paroître devant vous, et je crains de vous déplaire : cependant ce qui fait mon crime doit être mon excuse. Ce que je voudrois que vous sussiez, c'est que vous m'avez appris à aimer, sans savoir ce que vous m'avez appris. Oui, quand vous ne jugeriez de vous que par la passion que vous m'avez inspirée, il n'est pas possible que vous ne connoissiez, que vous êtes la plus adorable personne du monde. Mais à force de sentir ce que vous valez, mademoiselle, il me semble que je vous éloigne de moi : et que j'ai pour vous une sorte d'amour et de respect, qui ne peut être inspiré que par vous, et jamais senti que par moi.

Le lendemain, étant assise auprès d'une grande pièce d'eau, entourée de grands arbres très-épais, et sur un siége de gazon, où j'avois accoutumé de me mettre, je trouvai celle-ci.

N'ayez point peur de moi, mademoiselle : les sentimens que vous m'avez inspirés ont toute la vivacité de la passion, et toute l'innocence de la vertu : j'ose m'en parer, et je crois qu'ils font tout mon mérite. Que le désintéressement de ma tendresse me la fasse pardonner; puisque la plus grande marque d'amour que l'on puisse donner, c'est d'être plus pressé d'aimer que d'être aimé. Pour moi, ma passion me paie de la sentir : je respecte mes sentimens. Jugez donc, mademoiselle, si je puis manquer de vous respecter vous-même.

Un autre jour, dans un cabinet où j'étois accoutumée de me retirer, cette autre s'offrit à mes yeux.

Je passe les jours et les nuits, mademoiselle,

autour de vos murailles ; je ne puis quitter les lieux où vous êtes ; je ne sais par où vous aborder ; et toutes les routes pour aller à vous me paroissent difficiles. Tant mieux, mademoiselle, vous me saurez gré du chemin que je trouverai. Je ne puis retourner à la cour. Je n'ai pas la force de remplir aucun devoir ; et il me semble que dans les endroits où vous n'êtes plus, je ne dois rien qu'aux regrets de votre absence. J'y cherchois encore moins le plaisir : en est-il, mademoiselle, dans les lieux où vous n'êtes plus ? Je sens qu'il n'y en a pour moi d'autre au monde que vous : l'amour a réuni en vous tous mes devoirs, tous mes desseins et tous mes plaisirs. Ne soulagerez-vous point par pitié, mademoiselle, ce que je souffre par amour ?

Ainsi, tout me faisoit souvenir et me parloit de ce que je ne pouvois oublier. Je crus aisément des vérités si douces, et qui étoient d'accord avec mes désirs. Peu à peu il s'accoutuma à m'entretenir de son amour ; il apprivoisoit ma délicatesse et ma pudeur ; et moi je me permis et me pardonnai de l'aimer.

Quelques jours après que je fus arrivée à la campagne, la comtesse Emilie me vint voir : elle étoit amie de notre maison, et m'avoit toujours marqué beaucoup d'amitié. Elle avoit avec elle une fille très-aimable, et qui me dit fort naïvement, après que nous eûmes fait connoissance : Vous êtes seule ici, mademoiselle ; si vous voulez, je demeurerai quelques jours avec vous ; demandez-moi à ma mère, et je resterai. Dans un autre temps cela m'auroit fait grand plaisir ; mais j'étois si triste, et si occupée de mon amour, que quoique je voulusse quelquefois m'en distraire, j'y retombois toujours. D'autres fois, ma délicatesse me faisoit croire, que je me devois à mes sentimens, et que c'étoit leur faire une infidélité, que de m'en éloigner. Cependant je ne pus honnêtement lui refuser de la demander à madame sa mère : ainsi je le fis, et elle me l'accorda.

Je la divertis le mieux qu'il me fut possible : nous avions l'une pour l'autre assez de confiance ; et elle paroissoit rêveuse et occupée. Je ne voulus pas lui faire sentir que je m'en appercevois, de peur de lui faire de la peine ; ni la presser pour savoir ses dispositions, parce que j'étois bien aise que sa réserve pour moi me mît en droit d'en avoir pour elle. De plus, j'étois occupée, et j'avois de quoi penser : elle restoit assez souvent seule ; j'en étois bien aise, et cela me laissoit la liberté de l'être aussi.

Je fus très-surprise un jour, en entrant dans son appartement, d'y trouver le duc ; et je crois qu'ils s'apperçurent tous deux de mon embarras. Je fus tentée de faire une querelle à mon amie : mais je me retins , et je pensai que n'ayant pas mon secret, elle n'étoit point dans le tort. Je ne pouvois pas empêcher qu'elle ne vît ses amis chez moi; et le duc , qui n'étoit pas instruit de ce que je souffrois pour lui, ne croyoit point me compromettre , en venant voir son amie. Ces raisons me calmèrent : je fis une visite très-courte, et j'allai aussitôt trouver Eléonor. Je lui dis , que je venois de voir le duc dans l'appartement de mon amie , et la douleur que j'en avois; que mon père et le prince croiroient que j'étois de moitié, et que je la priois de me dire ce qu'il y avoit à faire. Elle me connoissoit trop pour me soupçonner : ma timidité lui répondoit de moi, et elle savoit que je pouvois sentir, mais rien de plus: ainsi elle me dit, qu'elle alloit trouver mon père; qu'elle lui rendroit compte de tout ; qu'elle feroit sur cela ce qu'il ordonneroit ; mais qu'elle avoit assez de confiance, pour croire qu'il ne soupçonneroit rien.

Cela arriva ainsi. Il fut persuadé que c'étoit un hasard, et que ne pouvant chasser mon amie, qui étoit une fille de grande qualité, on ne pou-

voit pas non plus empêcher qu'elle ne reçût des
visites dans son appartement; mais qu'il prioit
Eléonor de me suivre toujours. Mon père et elle
convinrent aussi, qu'il iroit à sa terre, afin de
dérober au monde la connoissance de ma disgrace auprès de lui, et me sauver la conséquence
qu'on auroit pu en tirer.

Le retour d'Eléonor me donna un peu de
calme pour ce qui regardoit mon père ; mais
j'étois assurée que cela ne me sauveroit rien auprès du prince, et qu'il n'entendroit pas raison
comme lui. En entrant dans ma chambre, je
trouvai sur un lit de repos une lettre. Il n'y avoit
guères de jours que je n'en reçusse. Je l'ouvris, je
trouvai ce qui suit.

Je ne me montre plus à la cour, mademoi-
selle, par discrétion pour mon amour : Je
crois que ma passion est écrite dans mes yeux,
et qu'en me voyant on peut deviner que c'est
vous que j'adore. Pourquoi faut-il me cacher
de vous aimer ? C'est le seul mérite dont je
voudrois me parer, que de savoir ce que vous
valez, et de vous respecter selon votre prix. Ce
que je sens, mademoiselle, n'est fait que pour
être senti : je n'ai point de paroles pour l'ex-
primer.

J'évitai depuis d'aller dans l'appartement de mon amie; mais elle me cherchoit avec plus d'empressement que jamais. Vous me fuyez, me dit-elle un jour: vous avez deviné les sentimens du duc pour vous, et vous me croyez d'intelligence avec lui sur votre compte; mais faites-moi la justice de croire, que quoique le duc soit infiniment de mes amis, je ne sais point faire de personnage qui ne soit digne de vous et de moi. Mais où l'avez-vous connu? Je ne l'ai jamais vu chez vous, lui dis-je. Il y a long-temps qu'il est de mes amis, répondit-elle, et vous ne l'avez point vu parce qu'il étoit à l'armée. Je l'ai connu chez madame la marquise de ***: je vous dirai un jour l'histoire de notre amitié; mais à présent vous me permettrez seulement de vous dire, qu'il sent la passion la plus vive pour vous. Quel rôle voulez-vous que je fasse en ceci? Cela vous feroit-il plaisir, que je reçoive ses sentimens, et que je vous les rende? Dites-moi ce qui vous convient. Si cela ne vous plaît pas, si son amour vous blesse, je ne le recevrai plus. Elle en savoit plus que moi; elle vouloit savoir les dispositions de mon ame, et l'on est fort porté à la confiance quand on aime: ce sont deux sentimens qui se suivent. D'ailleurs, elle me convenoit mieux pour confidente qu'Eléonor; elle étoit plus près de

moi, étant plus jeune ; ainsi je lui ouvris mon
ame, et lui dis mon secret, avec serment qu'elle
n'en diroit rien au duc. Elle me le promit, et je
veux croire qu'elle m'a tenu parole. Je lui contai
donc sans aucune réserve tout ce que je viens de
vous rapporter : elle en fut surprise et touchée,
et m'assura qu'elle ne feroit rien que ce que je
voudrois.

Le lendemain nous allâmes nous promener à
une maison à quelque distance de la terre où j'é-
tois. C'étoit un très-beau lieu. Pendant que nous
étions sorties, le prince me vint chercher ; mais
on lui dit que je n'y étois pas. Il croyoit apparemment qu'à la campagne on devoit toujours me
trouver, et ne pouvoit comprendre qu'ayant un
parc aussi grand et aussi beau, on allât chercher
de la promenade ailleurs. S'il avoit pourtant
voulu, il s'en seroit éclairci : il pouvoit demander
à mes gens, on lui auroit dit où j'étois ; mais sans
s'informer de rien, il s'en retourne brusquement ;
et le lendemain je reçus une lettre conçue en ces
termes.

L'amour me conduisit hier dans votre soli-
tude, mademoiselle ; mais vous avez trompé
l'amour. Je n'y ai trouvé qu'un ennui affreux,
et vous aviez emmené avec vous tout ce qui peut

y plaire. Ne craignez pas que mes plainte vien-
nent y troubler vos plaisirs : je les respecte.
Quoique je n'en puisse goûter où vous n'êtes
pas ; goûtez-en beaucoup où je ne suis point.

Les témoignages d'amour blessent, dès qu'on
n'est plus dans la disposition d'y répondre.

Le soir après souper nous allâmes nous promener seules. Mon amie me fit beaucoup de protestations d'amitié : elle me parla de tout ce que je
lui avois confié avec attendrissement : notre conversation fut longue et touchante ; mais enfin il se
fit tard, et il fallut nous retirer.

Comme nous prenions le chemin du château,
j'entendis du bruit, et je fus très-surprise de me
sentir arrêter par quelqu'un qui étoit à mes pieds.
Je fis d'abord un grand cri, et j'entendis ensuite
une voix que je connus bientôt pour être celle du
duc. N'ayez point de peur, me dit-il, Mademoiselle, je ne suis point votre ennemi. Et c'est l'être,
lui répondis-je, que de me commettre si cruelle-
ment. Non, Mademoiselle, vous ne serez point
commise, répliqua-t-il : personne ne peut savoir
que je suis ici, et vos bienséances me sont plus
chères que ma passion : mais que voulez-vous que
je fasse, Mademoiselle, de tout l'amour que vous
m'avez donné ? Je me tournai vers mon amie, et

je lui dis : seriez-vous de moitié de cette trahison ?
Non, Mademoiselle, continua-t-il, elle n'a nulle
part à ce que je fais, et j'ai pris cette hardiesse
dans l'innocence et dans la pureté de mes sentimens. Il se jetta ensuite de nouveau à mes pieds,
et me dit les choses du monde les plus passionnées.
Je voulus échaper et appeller mon amie ; mais
je ne fis rien de tout ce que je voulois faire : un
sentiment inconnu, et qui étoit plus fort que moi,
s'empara de mon ame, et mes jambes me refusè-
rent leur secours. Heureusement je ne pus lui
parler, et je ne lui répondis que du cœur ; mais
les yeux en auroient été interprêtes, s'il avoit pu
les voir. Enfin, il me persuada sa passion. Que
ne me dit-il point, et que ne me fit-il point sentir !
Mais mon amie me dit que le jour alloit paroître,
et qu'il falloit nous séparer. Il me demanda permission de revenir le lendemain : je n'eus pas la
force de la lui refuser, et je me retirai dans un
trouble et une agitation qui ne se peut comprendre.

Je passai la nuit très-éveillée, et je n'ai jamais
été occupée de sentimens si différens ; car la joie,
la douleur, le plaisir, la crainte et les remords
succédoient l'un à l'autre, et agitoient mon ame ;
de sorte que le jour parut sans que le sommeil
s'offrit à moi.

J'allai donc de bon matin chez mon amie, que je trouvai triste et rêveuse; et comme je lui en demandai le sujet : j'aurois bien de la peine à vous le dire, me répondit-elle; mais je ne puis trahir la confiance que vous avez en moi, et je croirois manquer à ce que je vous dois, si je ne vous instruisois pas des engagemens du duc. Quoi ! le duc aime ailleurs ? m'écriai-je. Peut-être n'aime-t-il plus, repliqua-t-elle : vous êtes capable d'effacer les plus grandes impressions : mais, écoutez-moi, si vous le pouvez; je vais vous dire mon secret et le sien. Seroit-ce de vous dont il est amoureux, lui dis-je ! Non, répondit-elle brusquement; calmez-vous, Mademoiselle, et écoutez-moi; car il faut que vous soyez instruite pour prendre le parti qui vous convient.

Il y a du tems que je connois le duc. Il me vint chercher avec empressement, et se fit présenter à moi par une de mes parentes. Je fus étonnée qu'un aussi jeune homme que lui, livré aux plaisirs vifs et bruyans, vînt chercher une personne assez retirée, et qui pense plus à mener une vie raisonnable que diversifiée par les agrémens et la joie. J'examinai donc quelles pouvoient être ses vues; et mon amour-propre me fit croire que, n'étant pas un mauvais parti du côté de la fortune, elles pouvoient me regarder. Mais je ne fus pas long-tems dans l'erreur. Vous savez que je suis liée d'amitié avec Madame de ***, qui est très-aimable : je me doutai que son assiduité chez moi pouvoit la regarder ; aussi en lui parlant souvent, et lui disant d'elle tout le bien que j'en pensois, je fus bientôt persuadée que son empressement regardoit mon amie. Cela me donna de la tristesse : j'évitai quelque tems d'en trouver la raison, et mon cœur voulut me dérober la vue de ma foiblesse ; mais comme je crains ses surprises, je ne pris pas le change, et crus qu'il falloit venir aux remèdes.

Je pris d'abord le parti de ne le voir jamais. Hélas ! il auroit été plus doux pour moi si je l'avois suivi, que ceux que je me suis imposés dans la suite.

M'imaginant donc que je pouvois encore mieux faire, je me hâtai de lui arracher son secret, et fis même les frais de la confiance, en lui contant le malheur que j'avois eu de perdre le Marquis de ***, avec qui ma famille avoit pris des engagemens : quelle douleur cette rupture avoit donnée à mon ame ; avec quel regret, ma famille et les bienséances me défendant de le voir, je lui fis défendre ma porte ; combien cette conduite augmenta ma passion, et comment j'éprouvai, que la sévérité sert l'amour et fortifie l'impression. Quand je lui fis une pareille confidence, ce fut dans le dessein de mettre une barrière éternelle entre lui et mes sentimens. Par-là, je donnois encore un prétexte et une excuse à ma douleur, et je mettois sur le compte d'un autre ma sensibilité pour lui.

Cette confiance lui déplut, soit que cela fût contraire à ses desseins, ou que sa vanité fût flattée de croire que mes sentimens le regardoient; mais je crus voir qu'il avoit des vues, et qu'il vouloit revenir à moi quand cela lui conviendroit.

C'est assez la manière des hommes, d'avoir quelque objet en réserve, de promener leurs imaginations, et d'user leurs goûts sur les objets présens qui leur plaisent.

Ma confiance eut un effet tout contraire à ce que j'avois imaginé; car il devint vif et empresé. Il ne pouvoit se consoler, à ce qu'il me disoit, des sentimens que j'avois pour un autre; et quand je lui disois, cela ne vous ôte rien, il me trouvoit peu délicate de ne pas comprendre qu'il y avoit des passions d'estime bien au-dessus de celles des sens. Je n'en voulois pas d'autre; mais la difficulté étoit de m'en convaincre. Quelque chose qu'il me pût dire, je ne l'en crus pas davantage ; et il y avoit des momens où je l'en estimois moins. Il fut toujours avec moi sur ce ton-là ; et si j'avois voulu aider un peu mon amour-propre, il n'auroit tenu qu'à moi de croire que je lui avois inspiré une grande passion : mais enfin je voulus finir, et fixer mon état par le sien.

Plusieurs routes s'offrirent à moi. J'avois son secret : il m'avoit confié son repos ; il me prioit de le conduire ; et je pouvois sans trahison, en faisant un personnage convenable, refuser de lui rendre service. Une autre se seroit vengée par là de la préférence, et rien ne m'étoit plus aisé ; car mon amie étoit timide, elle craignoit le monde et sa famille, elle le craignoit lui-même ; et je n'avois qu'à me prêter à ses dispositions.

Une conduite plus digne s'offrit en même-tems. J'écartai tous les petits dépits dont les femmes sont susceptibles : j'examinai son état et le mien, et je ne le trouvai pas capable de sentir pour une autre ce que j'aurois souhaité qu'il eût senti pour moi. Je crus que c'étoit à moi à me punir d'une sensibilité déplacée, la tournant à son profit, et que mes sentimens devoient être assez purs et assez forts, pour le rendre heureux par une autre. Toute ma tendresse, je la mis à part, et je m'oubliai moi-même, pour m'imposer la conduite du monde la plus pénible, et à laquelle j'ai su obéir. Je pensai que s'il étoit sensible à une conduite estimable, j'en ferois un digne ami, et que si cela étoit perdu pour lui, il ne le seroit pas pour moi. Enfin, mon imagination séduite l'a si bien servi, qu'elle a su me persuader, que rien ne seroit plus digne de moi que de me vaincre.

Je songeai donc à avancer son intelligence avec mon amie, comme si de leur bonheur eût dépendu le mien. Je parlai à madame L*** de la grandeur de la passion qu'on avoit pour elle ; je la lui peignis avec les traits les plus forts, et je lui fis un portrait pris dans la vérité, mais orné par l'amour. Je trouvai en mon amie de la prévention contre lui ; mais je sus la combattre. Je calmai ses craintes : je répondis pour lui ; je pris tout sur moi : je touchai son cœur ; j'aidai son penchant à la tendresse : je soulageai sa pudeur : enfin, quand il la vit, il n'eut qu'à achever ce que j'avois si bien commencé ; et l'impression étoit presque faite.

Il y avoit des momens où le personnage que je faisois me paroissoit déplacé. Je manque à tout, disois-je ; j'agis contre mes principes : je ne sais plus me respecter, et je ne connois de devoir que celui qui peut lui marquer mon attachement. Quel spectacle seroit-ce pour les indifférens !

Cependant, dès que je consultois mon cœur et ma sensibilité, je croyois ne pouvoir rien faire de plus parfait que de le donner à un autre ; je jugeois du mérite de ma conduite par ce qu'elle me coûtoit : enfin, sans retour vers moi, sans attendrissement sur mon état, je n'ai songé uniquement qu'à le rendre heureux.

Il y eut un tems où je crus que j'allois jouir de la triste douceur de ne le plus voir : il me parut mécontent ; et je lui conseillai de ne plus voir mon amie ni moi : cela me paroissoit moins cruel que le pénible emploi dont je m'étois chargée. Je le soupçonnois d'être amoureux de Madame C *** ; mais il n'en convenoit pas.

Cependant j'étois attentive à tout ce qui se passoit : j'examinois ses démarches et tous ses mouvemens ; chaque faute qu'il faisoit, je la grossissois par le besoin que j'avois de le trouver coupable : je n'étois pas payée pour lui prêter des excuses.

Enfin, après une explication, il se raccommoda, et fut plus vif pour elle que jamais. Je sentis que c'étoit quelque chose de bien douloureux, que de savoir ce que l'on aime attaché à quelque chose de parfait : mais loin que mon intérêt ait pris sur la justice que je devois à mon amie, ma délicatesse et la crainte de lui manquer

ont augmenté son mérite à mes yeux. Je n'ai pas
à me reprocher, depuis qu'ils m'eurent donné
leur confiance, d'avoir pensé un moment à ce
qui me convenoit : tous mes avis ont été sincères,
et ont servi leurs intérêts contre mon cœur : de
sorte que la plus grande passion du monde a toujours été au service de l'amitié. Je n'ai pensé qu'à
me vaincre et à me punir d'une sensibilité dont
je n'étois pas la maîtresse, puisque le cœur ne
demande congé à personne pour sentir.

Dans certaine occasion, le duc voulut me persuader qu'il étoit guéri de sa passion, et ne cessoit
point de me dire beaucoup de mal de mon amie.
Cela gâta l'estime que j'avois pour lui. Il redoubla
de soins pour moi, il me paroissoit être plus vif,
que pour elle en sa présence : il me faisoit jouir
d'un triomphe qui auroit pû flatter ma vanité, il
me suivoit par-tout ; il devint jaloux de tout ce
qui m'approchoit, et sa jalousie étoit sincère :
car il ne vouloit point me perdre, et il conduisoit
un dessein comme une passion. Une personne
moins attentive auroit pû s'y méprendre ; mais
mon esprit voyoit tous ses défauts, quoique mon
cœur ne les sentît pas encore.

Si je n'avois pas parlé pendant un si long récit,
c'étoit par impuissance ; et mon amie, occupée
de ce qu'elle me disoit, n'avoit pas pris garde à

mon état. Je fis un cri, n'en pouvant plus, et je lui dis : en voilà assez, ne m'en dites pas davantage. La violence que je m'étois faite avoit épuisé mes forces, de manière que je tombai évanouie, et je fus long-tems entre les bras de mes femmes sans pouvoir revenir. Enfin, pour mon malheur, elles me rendirent à la vie.

A peine commençois-je à ouvrir les yeux et à me soutenir, qu'un grand bruit se répandit dans la maison. Quelques-unes de mes femmes me quittèrent; mais comme elles ne revenoient point, et que les cris redoubloient, je m'appuyai sur le bras d'une d'elles, et je marchai en tremblant vers le lieu d'où venoit le bruit. En entrant dans un vestibule, je vis quatre hommes qui en portoient un autre baigné dans son sang. Il tourna la tête, et je connus que c'étoit le prince. Je pensai m'arrêter; mais faisant un effort, je suivis un si triste spectacle. On mit le prince sur un lit de repos qui étoit dans une salle, et je fis signe aux domestiques qu'on allât chercher du secours; car à peine pouvois-je parler. Le prince, en me voyant, tourna ses yeux mourans sur moi, et me dit : Je n'ai pû toucher votre cœur, ni vous prouver mon amour; je meurs content, si en expirant je puis vous persuader, que vous n'avez jamais été aimée et adorée comme de moi, quoiqu'un plus heureux me mette dans l'état où je suis. Dans le moment, tout ce qu'il y avoit de spectateurs, qui étoient en grand nombre, tournerent avec indignation leurs regards sur moi : mais je me faisois plus d'horreur qu'à eux : et Eléonor, qui étoit accourue au bruit, voyant ma situation, m'arracha de la présence d'un si cher et si cruel objet.

On me mena dans ma chambre : je la priai d'aller le secourir, et d'envoyer en diligence quérir ce qu'il y avoit de meilleurs chirurgiens. On l'avoit déjà fait, et comme nous n'étions pas loin de la ville, ils ne furent pas long-tems à venir. On visita les blessures qui se trouvèrent mortelles. J'envoyois de moment en moment savoir l'état où il étoit ; mais je vis bien à l'air de mes femmes, qui ne me répondoient pas, qu'il n'y avoit plus rien à espérer.

Enfin, mon amie entra, et à la douleur qu'elle montroit, je jugeai de l'état du prince. C'est le duc, me dit-elle, qui s'est battu contre lui. Pouvez-vous, lui dis-je, m'annoncer une chose si cruelle ? il faut bien, répondit-elle, que vous soyez instruite de ce qui se dit publiquement, afin de voir quel parti il y a à prendre. Quoiqu'elle eût raison, je trouvai de la dureté à parler ainsi ;

la douleur est souvent injuste. Je la priai de retourner au secours du prince, et de ne le point quitter.

J'entrai ensuite dans mon cabinet avec une de mes femmes en qui j'avois la dernière confiance, je me jettai sur un lit de repos, et lui dis : je n'ai plus rien à faire sur la terre : il ne nous est pas permis de nous donner la mort : quelle cruauté d'avoir à soutenir la vie dans la situation où je suis ! J'ai toujours compté sur votre attachement, suivez-moi ; je ne puis plus supporter la vue des humains. Et où aller, me dit-elle, Mademoiselle ? N'importe, lui répondis-je, pourvu que j'évite les yeux de tout ce qui me connoît. Elle voulut combattre mon dessein ; mais cela fut inutile, et j'ouvris une porte qui donnoit sur un degré qui descendoit dans le jardin. Elle m'arrêta pourtant, en me disant : où voulez vous aller avec l'habit que vous avez, et avec de pierreries ? Attendez au moins que je vous mette un de mes habits les plus simples. Je la crus, et je lui dis de se hâter, ne pouvant plus rester dans cette fatale maison. Mais ne voulez-vous pas savoir ce que devient le prince, me dit-elle, et cela ne doit-il pas régler votre destinée ? Eh ! n'entendez-vous pas, lui dis-je, tous les domestiques qui font des cris effroyables, et qui disent qu'il n'a pas un moment à vivre !

Je descendis brusquement : nous passâmes le
jardin sans trouver personne , et sortîmes par une
porte de derrière qui donnoit dans un grand bois.
Le jour commençoit à tomber. Je marchai quelque
tems sans parler : la honte et la crainte m'ôtoient
tout courage : n'en pouvant plus enfin , je tombai
par terre , et j'appuyai ma tête sur les genoux de
la fille qui me suivoit. Elle se désespéroit de mon
état : elle me parloit ; mais je ne l'écoutois , ni
ne lui répondois. La nuit étoit obscure. Accablée
de douleur et de foiblesse , je m'assoupis ; car la
nature pense à elle , et ne perd rien de ses droits.

A la pointe du jour, j'ouvris mes yeux, et je
fus effrayée quand je vis distinctement tous mes
malheurs. Je les passai tous en revue. Je perds un
prince accompli, disois-je : je ne l'ai point aimé,
quand sa passion et la mienne auroient pu faire
notre bonheur, et je l'adore quand je le perds.
L'amour impitoyable veut le venger, et me rendre le sujet de sa plus cruelle persécution. Et de
quelle main le perds-je ? De la main d'un perfide,
qui ne m'a peut-être jamais aimée : j'ai été la
victime de sa vanité : ma vie, ma réputation ,
tout va être envelopé dans l'horreur du crime :
me voilà confondue parmi toutes celles de mon
sexe qui ont abandonné et la gloire et l'honneur.
Quelle douleur pour un père dont j'étois les plus

chères délices! Dans quel état va être la mère
du prince, qui ne vivoit que pour lui ! Faut-il
enveloper tant de monde dans mon malheur !
Pourquoi est-ce que je fuis ? Ne serois-je pas trop
heureuse s'ils m'immoloient à leur juste ressentiment? Il y avoit des momens où je voulois retourner, pour me présenter à leur fureur ; et puis
la honte prenant le dessus, je ne songeois qu'à
me dérober à leur yeux, et à chercher un antre
pour y passer le reste de ma vie. Mais après tout,
disois-je ensuite, quels sont mes crimes, grands
dieux ? Le fond des cœurs vous est connu : un
sentiment involontaire est entré dans mon ame ;
je l'ai rejetté et combattu : je n'ai jamais blessé
mes devoirs, ni la pudeur ; de quoi me punissez-
vous ?

La fille qui étoit auprès de moi fondoit en
larmes, et me disoit : quelle est votre résolution?
Belle et jeune comme vous êtes, à quoi vous ex-
posez-vous ? peut-être, lui dis-je, je trouverai
quelqu'un qui m'ôtera une vie que les dieux ne
m'ordonnent de conserver que pour me punir.
Vous ne trouverez point d'ennemi parmi les hommes, repliqua-t-elle : cependant j'ai une sœur qui
est établie dans une petite ville ; je voudrois vous
y conduire : vous y seriez inconnue, et moins
tristement que d'être errante.

Je la crus : nous nous mîmes en route, et au bout de quelque tems nous arrivâmes au lieu où elle vouloit me conduire. Nous fûmes reçues de sa sœur avec amitié : je passai pour son amie, comme nous en étions convenues ; et nous les trouvâmes occupés à l'établissement d'un de leurs enfans.

Le jour destiné pour la cérémonie des nôces étant venu, et voulant éviter de paroître dans une assemblée, je sortis dès le matin avec mon amie, sous prétexte d'aller me promener. En marchant le long d'une colline, j'apperçus un bois : j'y allai, et voyant une petite maison, que mon amie me dit être un hermitage, je m'avançai et la trouvai ouverte. Un berger qui paissoit son troupeau aux environs, m'apprit qu'on croyoit l'hermite mort depuis quelque tems en faisant sa quête. J'entrai donc, et m'écriai aussi-tôt : voilà une habitation que les destinées m'offrent ; j'y veux passer le reste de mes tristes jours : et jus-qu'à ce moment personne que vous, Mesdames, n'avoit interrompu ma solitude, ni ma douleur.

RÉFLEXIONS

SUR

LES RICHESSES.

REFLEXIONS

SUR LES RICHESSES.

Les richesses, dans les mains du sage, font son bonheur et celui des autres, et le couronnent de gloire.

Les richesses, dans les mains de l'insensé, font sa honte et sa perte, par le mauvais usage qu'il en sait faire. (1)

D EPUIS que l'homme est tombé de cet état de grandeur et de bonheur, où l'avoit élevé le premier être, il a perdu par sa chûte toute l'autorité qu'il avoit sur lui-même, et sur-tout ce qui l'environne. Déchu de tous ses avantages, toutes les créatures l'éblouissent, le tentent et le séduisent; plus dangereuses par leur séduction, que par le

---

(1) Ceci est une paraphrase des paroles de Salomon dans ses proverbes, chap. XIV, v. 24; et chap. XVII, v. 16.

mal qu'elles peuvent lui faire. Quand il possédoit l'empire de lui-même, et qu'il savoit régler ses passions et ses sentimens, il jouissoit d'un calme sans interruption : ses sens soumis à sa raison le servoient en esclaves : ses passions présentoient des plaisirs sans le forcer : toutes les créatures s'offroient à lui, et ne pensoient qu'à lui plaire. A présent l'homme dégradé de tous ces avantages, il ne lui est resté que le désir d'être heureux ; mais il ne sait où placer son bonheur : il cherche, il s'agite, et se méprend sans cesse. Il croit trouver dans les honneurs, dans les plaisirs et dans les richesses, des appuis et des repos qui lui échapent. Par-tout il trouve des plaisirs insuffisans, des vuides renaissans qui ne peuvent se remplir, et un bonheur fugitif qui lui est montré et apperçu, où il n'arrive jamais.

Dans l'ordre des biens qui font le désir des hommes, les richesses tiennent un grand rang. Elles ont osé croire qu'elles rétabliroient l'homme dans sa première dignité ; qu'elles seroient un équivalent à tout ce qu'il a perdu ; qu'elles remplaceroient par leur faste la véritable grandeur dont il est déchu ; qu'elles substitueroient au bien réel de l'ame les biens extérieurs ; qu'elles remplaceroient par les dehors tous les avantages du dedans, dont il s'est privé par son infidélité.

Il est vrai que les richesses ont usurpé une certaine supériorité qui n'étoit due qu'aux grandes qualités. Elles inspirent à la plupart des hommes une certaine hauteur ; mais ce n'est pas une hauteur de dignité, ce n'est qu'une hauteur d'illusion. Elles occupent une place dans notre esprit et dans notre cœur qui ne leur est pas due. Elles dégradent l'homme et l'anéantissent. Le chrétien qui se livre à l'amour des richesses doit renoncer à la gloire. On a vu d'illustres scélérats, mais l'on n'a jamais vu d'illustres avares. Le désintéressement nous ouvre la porte à toutes les vertus : l'amour du bien prépare l'ame à bien des vices : il occupe dans notre cœur la place du souverain être ; il nous fait oublier nos premiers devoirs, et échapper aux lois de notre dépendance. Nous croyons tout trouver dans les richesses : elles favorissent nos desseins ; elles satisfont à tous nos besoins ; elles calment nos craintes : les vices sont en sûreté et à leur aise avec elles. La licence et l'impunité étant un des grands priviléges de la richesse, l'homme puissant s'est fait une citadelle dans son cœur, qui le met en sûreté contre les approches de la vérité, et contre les reproches de sa raison et de sa conscience. Les grandes fortunes ne sont pas seulement l'aliment à notre amour-propre ; elles sont aussi l'appui à

notre foiblesse, et les lits où notre ame se repose ;
elle est foible et languissante sans elles. Mais souvent ses appuis sont trop forts, puisqu'ils nous
font oublier notre soumission et notre dépendance.

Les richesses sont vaines dans leur usage, insatiables dans leur possession. Vaines, par la
fausse idée qu'elles nous donnent de nous-mêmes :
idée qui n'est pas fondée sur notre être réel, mais
sur notre être imaginaire. Tout ce qui entoure ces
favoris de la fortune sert leurs illusions. Ces vils
adulateurs qui les approchent et qui déshonorent la
louange par l'emploi qu'ils en font ; ces poètes illustres, ces orateurs, ministres de la renommée, s'abaissent quelquefois jusqu'à servir leur amour-propre.
La renommée même les favorise : elle ne se charge
que des actions d'éclat, et presque jamais des actions vertueuses. Tout contribue à soutenir cette
fausse idée qu'ils ont d'eux-mêmes. Ils sentent que
toute la nature ne travaille que pour eux : l'on ouvre les entrailles de la terre pour en tirer l'or et les
pierreries ; les pierreries qui renferment toute la
majesté de la nature, ne sont qu'à leur usage. En-
trez chez eux, tout est en proportion avec cette
idée de grandeur : maison superbe, table délicate, équipage magnifique. Tout ce qui les approche ne sauroit être trop haut, trop élevé. Mais

les règles de la proportion cessent, dès qu'ils se tournent vers les autres : ils ne mettent leur gloire, ni leur bonheur à faire celui des autres. Fausse idée de grandeur! elle n'est pas dans le faste; elle n'est pas aussi dans notre imagination : ce n'est pas elle qui vous fait grands, mais bien ce que vous êtes dans l'idée des autres; et pour y être bien placés, il faut leur faire voir des qualités réelles et qui nous soient propres, et savoir leur être utiles : rien n'est si grand, et ne nous donne une place si illustre dans l'imagination des hommes; que de contribuer par son bien au bonheur public; que de faire passer ses richesses sur tant de malheureux : c'est leur donner un nouvel être que de les tirer de leur état. L'homme riche ne tourne ses regards vers les autres, que pour comparer, que pour jouir de leur abaissement, et presque jamais pour les secourir : son cœur ne sent pas le besoin de faire des heureux.

L'amour des richesses vient de la pauvreté de l'ame : si elle avoit les biens réels que donne la vertu, elle ne courroit pas après elles. Mais empêcheront-ils que la vérité ne vienne quelquefois tirer le rideau, ne leur montre la fausseté de leur opinion, et ne leur dise : « Vous vous méprenez; » le bonheur n'est pas où vous le placez ; appre- » nez que ces richesses, en satisfaisant à tous vos

» désirs, les multiplient et augmentent vos be-
» soins : vous étendez les passions par leur
» usage. »

Les deux passions qui gouvernent les hommes,
les deux sentimens de l'ame, l'amour et l'ambition, que les richesses favorisent et en même
temps dégradent ; quel parti en tirons-nous ? Et
savons-nous les employer ? Elles nous ont été
données, l'une pour notre bonheur, et l'autre
pour notre élévation. Les sentimens du cœur
font la félicité de l'homme ; l'amour de la gloire
en fait la dignité. Mais la vanité, la gloire des petites ames, est devenue le ressort des esprits médiocres ; et la vraie grandeur est ignorée. Les
hommes qui mettent tant de délicatesse dans l'a-
mour, en mettent peu dans l'ambition ; et ils
sont aussi flatés d'une place achetée, que d'une
place méritée. Les hommes ne veulent être qu'é-
levés ; ils ne se soucient pas d'être grands ; ce
n'est pas la vraie gloire que l'on cherche, mais les
distinctions établies parmi les hommes. Les
grandes places sont autant de retranchemens où
les passions se fortifient ; et nous vivons dans
cette erreur de vanité, que l'amour-propre incor-
pore dans notre ame.

Nous ne voulons que l'appareil de la gloire, et
le bruit pour nous dérober à nous-mêmes : car

tous ces favoris de la fortune ne sont que des fugitifs et des déserteurs d'eux-mêmes. L'homme se cache sous le personnage, et se perd de vue. Une vie de spectacle est vuide de bien réel; mais la vie privée devient l'écueil de ces réputations brillantes et dérobées : elle les démasque, et fait voir qu'elles ne sont fondées que sur la vanité. Rien de plus aisé, que d'imposer avec des richesses : elles parent, elles ornent tout. Que de félicité elles nous offrent au-dehors, que d'ennemis au-dedans, si la sagesse ne vient à notre secours pour en régler l'usage !

Toutes les passions sont insatiables : la plus difficile à contenter, c'est l'amour du bien, toujours inquiète et agitée, et toute dans l'avenir. Il faut s'arrêter, et séjourner sur les goûts et sur les plaisirs pour en jouir : il faut des repos pour le bonheur. Il n'y a point de présent pour une ame agitée : la soif des richesses ne laisse jamais assez de calme pour sentir ce que l'on possède. Le bonheur des gens agités n'est qu'un bonheur de passage, et tout au-dehors ; mais souvent, en donnant trop de valeur à ces plaisirs passagers, on les achète communément tous trop cher, et plus qu'ils ne valent. Ils passent leur vie en désirs et en espérances : ainsi ils ne vivent pas, mais ils espèrent de vivre. La connoissance de la fausseté des biens présens, le désir et l'espérance de la réalité des biens absens, fait la légéreté et l'inconstance, qui lui tiennent lieu de bonheur, par l'agitation qu'elles donnent : voilà pourquoi l'on a un si grand goût pour la nouveauté. La nouveauté plaît parce qu'elle le promet, et qu'elle donne une grande étendue à nos espérances.

Les hommes ne font pas un meilleur usage de l'amour, qui leur a été donné pour leur propre bonheur. Ce sexe aimable, qui leur est destiné pour adoucir les amertumes de la vie, pour épurer leur joie et leur plaisir, n'est plus le prix du cœur : il n'est que le prix de l'argent. Nous le dégradons nous-mêmes contre notre propre intérêt : nous plaçons mal notre estime et nos sentimens; nous ne les donnons qu'aux grâces. Si nous les accordons au mérite et aux vertus ; comme elles veulent avoir notre considération, elles travailleront à les acquérir par des qualités estimables. Nous avons tort de nous plaindre d'elles; c'est nous qui les formons. De plus, nous ne pouvons nous en passer : nous tenons à elles par des liens inconnus et nécessaires. Mais nous ne tirons parti ni des mouvemens de l'ame, ni des sentimens du cœur.

Toutes les créatures nous appellent et nous trompent, en nous disant : Je suis votre félicité.

Dans l'écriture, l'homme abusé par l'objet qui l'a séduit, parle ainsi : (1) *J'ai dit au rire et à la joie, pourquoi m'avez-vous abusé?* A qui ces reproches ne s'adressent-ils pas? Forcés d'en dire autant, honneurs, dignités et richesses, vous n'êtes que des spectacles vuides de réalité. Que de mécompte dans vos promesses! illusion de mon imagination, plaisir séducteur, charmes du cœur, qui m'assuriez tant de félicités, qu'êtes-vous devenus? Encore, si vous me rendiez à moi-même tel que j'étois quand vous m'avez pris. Mais quel désordre dans l'esprit, quel vuide dans le cœur ne me laissez-vous pas! vous m'avez donc trompé!

Voilà l'état d'un homme que les richesses et les plaisirs ont séduit. Qu'a-t-il trouvé? Un fantôme de vanité qui n'a pu le remplir, et des plaisirs insuffisans pour son bonheur.

---

(1) Ecclésiaste II. 2.

PSYCHÉ EN GREC.

AME.

L<small>A</small> fable de Psyché représente l'ame humaine :
elle est dans le corps, comme Psyché dans le palais de l'Amour : elle y est servie par un être
qu'elle ne connoît pas, qui exécute ses ordres
avec une fidélité et une promptitude admirable.

L'ame est mise dans le corps pour jouir, et
non pas pour connoître. Ses sens, ce sont les
portes et les canaux par lesquels elle se répand,
se communique et se mêle avec tous les objets
sensibles ; ce sont les ministres de ses plaisirs.
Tout ce qui l'environne ressemble aux nymphes
destinées à servir l'épouse de l'amour, et qui lui
préparent des amusemens. La volupté la sert :
les spectacles, la symphonie, les saisons même
ont l'intendance de ses plaisirs ; et toute la nature
en a soin. Tout est pour elle, dès qu'elle ne voudra que jouir ; tout se refuse à elle, dès qu'elle

voudra connoître. L'être des êtres, qui a pris pour attribut l'inconnu, veut être ignoré; il ne veut pas qu'on lui dérobe son secret. Les plaisirs, l'amour même ne veulent pas être examinés; et l'on est forcé à leur passer bien des choses.

Mais l'ame s'ennuie de son propre bonheur; et comme Psyché, elle veut avoir des spectateurs. Elle appelle ses deux sœurs qui la précipitent dans le malheur; et nous, nous appelons les deux ennemis de notre repos, la curiosité et la vanité. La curiosité nous inquiète, nous agite, et nous fait acheter bien cher le peu de connoissance qu'elle nous donne. Pour la vanité, le bonheur n'habite point avec elle : un galant homme a dit, *qu'elle nous fait faire bien plus de choses contre notre goût, que la raison.* Ainsi *nous sommes vains,* comme dit Montaigne, *aux dépens de notre aise.*

PORTRAITS

DE

DIVERSES PERSONNES.

PORTRAIT

DE M. DE LAMOTTE,

PAR

MADAME LA MARQUISE DE LAMBERT.

MONSIEUR DE LA MOTTE me demande son portrait : il me paroît très-difficile à faire ; ce n'est pas par la stérilité de la matière, c'est par son abondance. Je ne sais par où commencer, ni sur quel talent m'arrêter davantage. M. de la Motte est poète, philosophe, orateur. Dans sa poésie, il y a du génie, de l'invention, de l'ordre, de la netteté, de l'unité, de la force, et quoi qu'en aient dit quelques critiques, de l'harmonie et des images : toutes les qualités nécessaires y entrent ; mais son imagination est réglée : si elle pare tout ce qu'il fait, c'est avec sagesse : si elle répand des fleurs, c'est avec une main ménagère, quoiqu'elle en pût être aussi prodigue que toute autre. Tout ce qu'elle produit, passe par l'examen de la raison.

M. de la Motte est philosophe profond. Philosopher, c'est rendre à la raison toute sa dignité, et la faire rentrer dans ses droits; c'est rapporter chaque chose à ses principes propres, et secouer le joug de l'opinion et de l'autorité. Enfin, la droite raison bien consultée, et la nature bien vue, bien entendue, sont les maîtres de M. de la Motte. Quelle mesure d'esprit ne met-il pas dans tout ce qu'il fait? Avec quelles grâces ne nous présente-t-il pas le vrai et le nouveau? N'augmente-t-il pas le droit qu'ils ont de nous plaire? Jamais les termes n'ont dégradé ses idées; les termes propres sont toujours prêts et à ses ordres.

Son éloquence est douce, pleine et toute de choses. Il règne dans tout ce qu'il écrit une bienséance, un accord, une harmonie admirables. Je ne lis jamais ses ouvrages, que je ne pense qu'Apollon et Minerve les ont dictés de concert. Un philosophe a dit que quand Dieu forma les ames, il jetta de l'or dans la fonte des unes, et du fer dans celle des autres. Dans la formation de certaines ames privilégiées, telle que celle de M. de la Motte, il a fait entrer les métaux les plus précieux; il y a renfermé toute la magnificence de la nature. Ces ames à génie, si l'on peut parler ainsi, n'ont besoin d'aucun secours étranger ; elles tirent tout d'elles-mêmes. Le génie est une lumière et un feu de l'esprit, qui conduit à la perfection par des moyens faciles. L'ame de M. de la Motte est née toute instruite, toute savante : ce n'est pas un savoir acquis, c'est un savoir inspiré. On sent dans tous ses ouvrages cette heureuse facilité qui vient de son abondance ; il commande à toutes les facultés de son ame, il est toujours le maître, aussi bien que de son sujet. Nous n'avons pas vu en lui de commencement ; son esprit n'a point eu d'enfance ; il s'est montré à nous tout fait et tout formé.

Ses malheurs lui ont tourné à profit. Quand ce monde matériel a disparu à ses yeux par la perte de la vue, un monde intellectuel s'est offert à son ame ; son intelligence lui a tracé une route de lumière, toute nouvelle dans le chemin de l'esprit. La vue, plus que tous les autres sens, unit l'ame avec les objets sensibles. Quand tout commerce a été interrompu avec eux, l'ame de M. de la Motte, destituée de ces appuis extérieurs, s'est recueillie, et repliée sur elle-même : alors elle a acquis une nouvelle force, et est entrée en jouissance de ses propres biens.

Laissons l'homme à talens, et envisageons le

grand homme. Souvent les talens supérieurs se tournent en malheur et en petitesse ; ils nous exposent à la vanité, qui est l'ennemie du vrai bonheur et de la vraie grandeur. Ce sont les grands sentimens qui font les grands hommes. Nulle élévation sans grandeur d'ame , et sans probité. M. de la Motte nous a fait sentir des mœurs, et toutes les vertus du cœur dans ce qu'il a écrit; ses qualités les plus estimables n'ont rien pris sur sa modestie. Cet orgueil lyrique qu'on lui a reproché , n'est que l'effet de sa simplicité, un pur langage imité des poètes ses prédécesseurs, et non un sentiment. M. de Fénélon, cet homme si respectable, dit de M. de la Motte, que son rang est réglé parmi les premiers des modernes; qu'il faut pourtant l'instruire de sa supériorité et de sa propre excellence.

C'est un spectacle bien digne d'attention, disoient les stoïciens , qu'un homme seul aux mains avec les privations et la douleur. Quelle privation que la perte de la vue , pour un homme de lettres ! Ce sont les yeux qui sont les organes de sa jouissance; c'est par les yeux qu'il est en société avec les Muses : elles unissent deux plaisirs qui ne se trouvent que chez elles, le désir et la jouissance. Vous n'essuyez avec elles ni chagrin , ni infidélité : elles sont toujours prêtes à servir tous vos goûts, et nous offrent toujours des grâces nouvelles : mais nous ne jouisssons de la douceur de leur commerce, que quand l'esprit est tranquille, et que le cœur et les mœurs sont purs. Non-seulement M. de la Motte soutient de si grandes privations, mais s'il est livré à la plus vive douleur, il la souffre avec patience, il est doux avec elle ; il fait sentir qu'il n'a point usé dans les plaisirs ce fond de gaîté que la nature lui a donné, puisqu'il sait la retrouver dans ses peines. Dans la douleur, il faut que l'ame soit toujours sous les armes, qu'à tout moment elle rappelle son courage, et qu'elle soit ferme contre elle-même.

Il a passé par l'épreuve de l'envie. Quand l'ame ne sait pas s'élever par une noble émulation, elle tombe aisément dans la bassesse de l'envie. Quelle injustice n'a-t-il pas souffert quand ses fables parurent ? Je crois que ceux qui les ont improuvées n'avoient pas en eux de quoi en connoître toutes les beautés : ils ont cru qu'il n'y avoit pour la fable que le simple et le naïf de M. de La Fontaine : le fin, le délicat, le pensé de M. de la Motte leur ont échappé, ou ils n'ont pas su le goûter. A ses tragédies, on a vu les mêmes personnes pleurer et critiquer : leur sentiment, plus sincère, déposoit contre leur injustice : ils se refusoient à ses douces émotions, et mettoient l'improbation à la place du plaisir.

Avec quelle dignité et quelle bienséance n'a t-il pas répondu à la critique amère de Mme. Dacier? Enfin, nous jouissons de son mérite et de ses talens; et la malignité du siècle l'empêche de jouir de sa gloire et de son immortalité. Pour moi, je le vois avec les mêmes yeux que la postérité le verra.

La constante amitié de M. de Fontenelle pour M. de la Motte, fait l'éloge de tous les deux : le premier m'a dit que le plus beau trait de sa vie étoit de n'avoir pas été jaloux de M. de la Motte. Jugez du mérite d'un auteur, qu'un aussi grand homme que M. de Fontenelle a trouvé digne de sa jalousie.

PORTRAIT

DE MONSIEUR DE......

QUOIQUE je n'aime pas à peindre pour les yeux, mais seulement pour l'esprit, il faut vous dire un mot de sa figure. Il est bien fait : il a la taille fine et aisée, le visage agréable ; de la délicatesse, de la bienséance dans l'esprit, du goût et du sentiment. Il y a une galanterie répandue dans ses manières et dans ce qu'il écrit, qui fait sentir que les grâces et les amours ont pris soin du commencement de sa vie : ce fut sous de tels maîtres qu'il apprit à sentir, à toucher et à plaire.

L'usage qu'il fait de son cœur n'a servi qu'à le perfectionner ; et l'amour, qui gâte assez souvent les hommes, a respecté ses mœurs, et lui a appris à séparer les plaisirs des vices. Sa galanterie a augmenté sa douceur et sa délicatesse naturelle.

Il n'a pas seulement la politesse des manières, il a aussi celle de l'esprit. Avec quelle finesse n'examine-t-il pas les choses les plus délicates ?

Que d'agrémens ne répand-il pas sur les plus stériles ? Il s'amuse quelquefois à faire de jolis vers. Quoique sa poésie soit douce et galante, elle est sage ; il est le maître de son imagination : il met un accord et une liaison entre les termes et les idées, et son cœur répand sur tout ce qu'il fait les grâces du sentiment.

Il ne s'est pas contenté d'assurer dans ses premières années sa réputation sur la valeur, il en a souvent donné des marques aux dépens de sa soumission à nos loix : c'est la seule infidélité qu'il leur ait jamais faite.

La paix étant faite, sa famille voulut l'établir. Rendu à la vie privée, il pratiqua toutes les vertus paisibles, et devint ce que les autres veulent paroître ; chose plus difficile que de s'élever par les vertus d'éclat, où la gloire soutient. Il faut être bien grand pour avoir la force de ne l'être qu'à ses propres yeux.

Dans cette vie retirée, il contracta des habitudes de modestie, qui achevèrent de former son caractère ; et son humeur n'y perdit aucun de ses agrémens. Il l'a aimable et liante ; il sait que le meilleur usage qu'on puisse faire de l'esprit est de se faire aimer. Il ne laisse point appercevoir d'amour-propre : il semble qu'il s'oublie lui-même, et qu'il ne vit que pour les autres. Très-délicat sans être difficile, il sait mettre dans le commerce toutes les vertus de la société : libéral par goût, rangé par gloire et par justice. Il a un excellent savoir-vivre : il n'a pas seulement le savoir-vivre des manières, il a aussi celui du procédé ; il sait jouir et se passer des choses.

Il est dans l'âge où les sentimens deviennent plus délicats, parce qu'on échappe à l'empire des sens ; dans cet âge où l'on vit encore pour ce qui plaît, et où l'on se retire pour ce qui incommode, il jouit des plaisirs purs.

Enfin on ne l'estime jamais tant que lorsqu'on le connoît davantage. Il doit souhaiter ce que les autres ont à craindre, qui est l'attention et la délicatesse des bons juges ; et il n'a rien à redouter, que la malice du silence.

PORTRAIT

DE Mademoiselle DE......

A LA mort de Lucrèce (1), tout l'Olympe se réjouit; les Dieux s'assemblèrent pour punir cet illustre impie dont les grâces avoient séduit les mortels : tous de concert le condamnèrent aux plus cruels supplices que l'on souffre dans le Tartare. La seule Vénus gardoit le silence : elle avoit été sensible à la prière qu'il lui avoit faite, et aux grâces avec lesquelles il lui rappelloit les sentimens et les plaisirs de son amant. Elle leur dit : « Vous vous méprenez dans vos sentimens : « il faut choisir une sorte de vengeance, qui, en « le punissant, nous justifie, et le force à se dé-

_____

(1) Lucrèce, en latin *Titus Lucretius Carus*, poète latin, du temps de Cicéron, de la secte d'Epicure, dont il a chanté la doctrine dans ses six livres *de rerum naturâ*. Jamais homme ne nia plus hardiment que ce poète, la Providence divine.

« dire. Mon avis est de le renvoyer sur la terre
« pour réparer notre gloire. Il faut lui former un
« corps qui lui donne d'autres sentimens. Vous
« savez que par les lois de l'union que vous avez
« établies, l'ame est dépendante des organes :
« renvoyez celle-ci dans ces corps foibles, livrés
« à l'erreur et aux fausses opinions, qui croient
« en nous sans savoir pourquoi ; et puisque
« Lucrèce nous a donné pour origine l'ignorance
« et la crainte, que cette même passion serve à le
« punir et à nous venger. Il faut mettre son ame
« dans le corps d'une femme ; alors vous n'aurez
« plus à redouter la force de son génie : ne
« craignez plus ses saillies hardies ; ce ne sera plus
« de ces ames faites pour les systêmes. » Tous les
dieux applaudirent au dessein de Vénus, et lui
laissèrent le soin de leur vengeance, et celui de
former la prison du coupable.

Vénus et l'Amour, depuis long-temps, avoient
parmi les mortels une race chérie, qu'ils avoient
prise sous leur protection : c'étoit un sang privi-
légié, et qui étoit tributaire à l'Amour et à sa
Mère : la beauté et les grâces présidoient toujours
à leur naissance : les amours et les jeux les accom-
pagnoient dans la suite de leur vie. Ce fut de ce
sang chéri des Dieux dont elle forma le corps où
elle enferma l'ame de Lucrèce : sa prison fut ai-

mable. Elle lui donna de ces grâces fines qui ne sont que pour les délicats, une physionomie spirituelle.

Mais elle a bien négligé les présens de Vénus; et loin d'être enchaînée par ses organes, elle a rompu tous ses liens : nul préjugé ne l'assujétit; nulle autorité ne la gêne. Elle fait sentir qu'elle est de ces ames originales, faites pour donner la loi, et non pour la recevoir : elle n'a conservé de son sexe que les agrémens, et en a éloigné toutes les foiblesses. Vénus a pourtant conservé un droit sur son cœur; elle l'a sensible et tendre pour ses amis : tout est sentiment en elle, ou senti, ou inspiré. Elle a du goût pour la délicate volupté, qui est si éloignée de la débauche. Enfin Vénus en a fait une personne à part, et seule semblable à elle-même : elle la fit naître dans l'opulence et dans la mollesse. Elevée dans les bras d'une mère qui l'aimoit trop pour ne la pas gâter, tous les défauts qui sont à la suite d'une grande naissance l'attendoient, pour l'accompagner dans le cours de sa vie.

Mais elle sentit bientôt que rien n'est plus mal assorti qu'un grand nom et un petit mérite : elle en a écarté tous les défauts, et n'en a conservé que les sentimens et la gloire; mais une gloire qui n'incommode point les autres, et qui n'est que pour elle : ne se souvenant jamais de ce qu'elle est, que quand les autres l'oublient ; n'étendant point ses droits, la modestie les contient et les arrête.

Sa situation ayant changé, elle s'est trouvée aux prises avec sa mauvaise fortune : elle a oublié que sa naissance la devoit mettre à couvert de pareils malheurs : son indépendance lui a fait oublier tous les besoins de son état : elle ne s'est plus souvenue que de la part que lui donne l'humanité aux malheurs communs de tous les hommes ; elle n'en a point murmuré : jamais vous n'entendez ces plaintes d'amour-propre si ordinaires. Elle a accepté la portion des malheurs qui lui est destinée ; et la force de son ame lui a donné la patience et la paix, que les autres n'acquièrent que par une longue habitude. Le passage d'un état heureux à un malheureux, qui se fait sentir, a été adouci par son courage. Sa philosophie l'a fait passer de l'opulence à la frugalité sans peine.

Comme Pétrone, son loisir est voluptueux. Elle se dérobe à ses affaires et à ses amusemens, pour être en bonne fortune avec les Muses. Elle lit tout et veut avoir les choses dans leur source ; car sa raison ne peut être abusée. Elle aime la dispute : elle n'a jamais tant d'esprit que quand elle a tort ; elle la soutient souvent avec raison, et toujours avec véhémence, assez pour réduire les petites poitrines au silence. On pourroit souhaiter que ses expressions respectassent assez ses pensées pour être dignes d'elle ; mais elle veut toujours jouir du plaisir de la négligence.

Enfin, l'on trouve dans Mademoiselle de....... la liberté et les agrémens de Lucrèce, la philosophie et la frugalité d'Epicure, les grâces dont Vénus sait combler les personnes qu'elle favorise ; et je dirai d'elle ce qu'un amant espagnol disoit de sa maîtresse : *Elle plaît par-tout, parce que ses traits, son esprit et son cœur ont chacun leur Vénus.*

PORTRAIT

DE Monsieur DE S.

Si la pureté des mœurs est la première et la plus sûre disposition à l'éloquence, M. de S. a une grande avance pour parvenir à la perfection de cet art, qui demande trois choses ; de prouver, de toucher, et de plaire. Qui sait mieux persuader que celui qui se fait estimer ? La confiance ne va-t-elle pas au-devant de l'estime, pour introduire la vérité ?

A cette estime que M. de S. s'est acquise, il sait joindre l'art de s'emparer de notre intelligence ; il se saisit aussi de nos sentimens ; il sait que l'homme est plus sensible que raisonnable ; qu'avec de la sensibilité on réveille des idées dans l'esprit, et qu'on excite des mouvemens dans le cœur.

Mais pour persuader, et pour toucher, il faut plaire ; et l'on ne plaît que par les grâces Son esprit a été formé par elles : il l'a fin et délicat :

ses idées sont claires, vives et nettes. Il met dans
ce qu'il fait de la variété, et de la nouveauté
dans les tours et dans les peintures, des termes
propres attachés à chaque idée : point de paroles qui ne parent ses pensées, et qui n'inspirent
des sentimens.

Dans ce qu'il compose, les ornemens sont placés et ménagés : il sème des fleurs sur sa route
avec une main sage et ménagère : enfin il répand sur tout ce qu'il fait un agrément qui lui
est propre ; et l'on peut dire de lui ce qu'on a
dit d'un grand poëte, que *si les Grâces avoient
voulu parler aux hommes, elles auroient em-
prunté son langage.* On a comparé l'éloquence
à la valeur ; mais il est bien plus flateur d'asssu-
jétir les hommes par la persuasion, que de les
vaincre par la force.

Les Grecs appeloient les orateurs *les conduc-
teurs des peuples ;* et les Romains ont dit que
*toutes les fois que les grands hommes ont monté
à la tribune, ils ont regné.* Des talens aussi fla-
teurs ne coûtent rien à la modestie de M. de S.
De bonne heure il a su acquérir cette fleur de réputation, qui répand une bonne odeur sur le
reste de la vie : il a fait taire l'envie, et l'a fait
consentir, pour la première fois, que le mérite ait cours.

Il rend un bon compte au public de son loisir.
Il a traduit Pline, qui est un auteur aussi aimable
que lui. Il a fait les Traités de l'amitié et de la
gloire : par l'un et par l'autre, il inspire et fortifie deux sentimens si nécessaires à la société ;
l'honneur et la vraie gloire sont le soutien de tous
les devoirs, et l'amitié met dans la vie tout le charme et toute la douceur qui nous sont nécessaires
pour supporter nos malheurs.

M. de S. peint son cœur et ses mœurs dans
tout ce qu'il fait. Il aime la vertu ; il la médite
et en nourrit son ame. Il est difficile que la vertu
remplisse nos connoissances, sans se saisir de
nos sentimens : après avoir occupé l'esprit, elle
descend au cœur.

M. de S. écrit parfaitement bien. Il ne touche
à rien qu'il ne l'orne : les grâces vives et légères
sont suspendues par tout, même dans les matières les plus sèches, et le procès, qui par ses
mains change de forme. Personne n'a plus que
lui le talent de la parole : son éloquence est vive
et forte : ses lèvres sont au service de la vérité.
Mais il fait plus sentir que penser. Enfin il plaît,
il soutient, il console : par lui, la vérité se déve-
loppe, et la bonne cause est protégée. Jamais il
n'a prêté ses talens à l'injustice ; sa probité est un
heureux présage pour la cause qu'il soutient.

Il est fidèle à sa raison : si quelques passions ont pu l'amuser, aucune ne l'a assujéti. Cette heureuse obéissance, jointe à l'innocence de ses mœurs, lui donne la paix de l'ame, la joie et la santé de l'esprit, et une égalité qui a pour fondement le calme de son ame. Il a toutes les vertus du cœur, probité, fidélité à ses amis : la douceur et la modestie forment son caractère.

Enfin, je crois que l'on peut dire de lui ce que l'on a dit d'un poète infiniment aimable : *que les Grâces ayant été long-tems errantes cherchèrent un temple pour se placer, et qu'ayant trouvé le cœur d'Aristophane, elles s'y reposèrent, y firent leur habitation, et le comblèrent de toutes leurs faveurs.*

Il est bien flateur pour mon amour-propre, de trouver toutes les vertus et tous les agrémens dans les personnes que j'aime.

PORTRAIT

DE Monsieur DE F....

Je n'entreprendrai pas de peindre M. de F. Je connois ma portée, et l'étendue de mes lumières. Je vous dirai seulement comme il s'est montré à moi.

Vous connoissez sa figure ; il l'a aimable. Personne n'a donné une si haute idée de son caractère : esprit profond et lumineux, qui voit où les autres s'arrêtent : esprit original, qui s'est fait une route toute nouvelle, ayant secoué le joug de l'autorité : enfin, de ces hommes destinés à donner le ton à leur siècle.

A tant de qualités solides, il joint les agréables : esprit maniéré, si j'ose hasarder ce terme, qui pense finement, qui sent avec délicatesse ; qui a un goût juste et sûr : une imagination remplie d'idées riantes ; elle pare son esprit et lui donne du tour : il en a l'agrément sans en avoir l'illusion ; il l'a sage et châtié : il met les choses à leur juste valeur. L'opinion ni l'erreur ne prennent point sur lui. C'est un esprit sain, dépouillé d'ambition, plein de modération ; un favori de la raison, un Philosophe des mains de la nature ; car il est né ce que les autres deviennent.

Je lui crois le cœur aussi sain que l'esprit ; jamais il n'est agité de sentimens violens, de fièvres ardentes : ses mœurs sont pures ; ses jours sont égaux, et coulent dans l'innocence. Il est plein de probité et de droiture ; il est sûr et secret : on jouit avec lui du plaisir de la confiance ; et la confiance est la fille de l'estime. Il a les agrémens du cœur, sans en avoir les besoins : nul sentiment ne lui est nécessaire. Les ames tendres et sensibles sentent les besoins du cœur, plus qu'on ne sent les autres nécessités de la vie. Pour lui, il est libre et dégagé : aussi ne s'unit-on qu'à son esprit, et on échappe à son cœur.

Il peut avoir pour les femmes un sentiment machinal, la beauté faisant sur lui une assez grande impression ; mais il est incapable de sentimens vifs et profonds. Il a un comique dans l'esprit qui passe jusqu'à son cœur, qui fait sentir que l'amour n'est par lui ni sérieux, ni respecté. Il ne demande aux femmes que le mérite de la figure : dès que vous plaisez à ses yeux, il ne vous demande plus rien ; et tout autre mérite est perdu.

Il sait faire un bon usage de son loisir et de ses talens. Comme il a de tous les esprits, il écrit sur tous les sujets ; mais la plupart de ce qu'il fait doit être l'objet de nos respects, et non pas de nos connoissances. Il fait des vers en homme d'esprit, et non pas en poëte : il y a des morceaux de lui au-dessus de ceux des plus grands maîtres. Des grands sujets il passe aux bagatelles avec un badinage noble et léger. Il semble que les grâces vives et riantes l'atendent à la porte de son cabinet, pour le conduire dans le monde, et le montrer sous une autre forme.

Sa conversation est amusante et aimable. Il a une manière de s'énoncer simple et noble, des termes propres sans être recherchés. Il montre aussi de la sagesse et de la retenue : de sa retenué on en fait aisément du dédain. Il donne l'impression d'un caractère dégoûté par délicattesse. Peu blessé des injustices qu'on peut lui faire, la connoissance de lui-même le rassure, et sa propre estime lui suffit.

Je suis de ses amies depuis long-temps : je n'ai jamais connu personne d'un commerce si aisé. Comme l'imagination ne le gouverne point, il n'a pas la chaleur des amitiés naissantes ; aussi n'en a-t-il pas le danger. Il connoît parfaitement les caractères : il vous donne le degré d'estime que vous méritez : il ne vous élève pas plus qu'il ne faut, il vous met à votre place ; mais aussi il ne vous en fait pas descendre.

Vous voyez bien, madame, qu'un pareil caractère n'est fait que pour être estimé. Vous pouvez donc badiner et vous amuser ; mais ne lui en donnez, et ne lui en demandez pas davantage.

DIALOGUE

ENTRE

ALEXANDRE ET DIOGÈNE.

DIALOGUE

ENTRE

ALEXANDRE ET DIOGÈNE.

Sur l'Egalité des Biens.

ALEX. A QUELLE vie vous êtes-vous condamné, Diogène? Ne valoit-il pas mieux vous mettre à la suite de quelque prince, pour vous sauver de l'indigence, que de mener une vie misérable, sans maison, sans habits, et souvent sans pain.

DIOG. Croyez-vous qu'on puisse être pauvre avec la science et la vertu? Vous voyez les maux de mon état, Alexandre, et vous n'en connoissez pas les biens. Ma pauvreté me met à couvert de l'envie : elle ne m'expose qu'aux insultes des hommes, que je méprise, et dont vous recherchez les applaudissemens, aux dépens de votre sang, de votre repos, et de la vie des fous qui vous suivent. Par elle, je jouis de ma liberté et de mon indépendance. La différence qu'il y a de vous à moi, c'est que tous vos biens sont sous les yeux, et sont l'objet des désirs des hommes ; mais vos maux sont cachés, et les miens sont apparens. Vous excitez des passions, qui révoltent et qui blessent l'amour-propre des hommes : votre grandeur les abaisse et mesure leur petitesse. Pour moi, je ne leur inspire que de la pitié, et la pitié leur fait sentir leur supériorité, et les conduit à la tendresse. On croit que tout est presque égal dans le monde ; qu'aux fous l'illusion, que la raison aux sages, fait l'équilibre de leurs biens et de leurs maux. Cependant l'illusion aux fous aggrandit leurs maux, et anéantit souvent leurs biens ; leur orgueil les double quelquefois, leur délicatesse prend sur leur sentiment, et le diminue ; car il ne faut rien pour gâter un plaisir, et le bonheur est dans le sentiment, et non pas dans les choses. La raison aux sages affoiblit leurs maux et double leurs biens, ou les réduit les uns et les autres à leur juste valeur. Quand vous voudrez, nous comparerons vos biens et vos maux avec les miens ; et vous verrez que tout est égal, ou que l'avantage est de mon côté.

ALEX. Vous comptez donc pour rien les premières places, la gloire des conquérans, et la fortune qu'ils mènent à leur suite ? N'est-ce pas un bien réel, et l'objet de tous les desirs des hommes ?

Diog. Des biens réels ! Je n'en conviens pas. Il est vrai qu'ils sont l'objet des desirs de presque tous les hommes ; mais examinons vos biens. Il y a de princes de naissance ; il y a des princes de fortune : il n'y a guères de princes de mérite, c'est-à-dire, à qui le mérite donne la première place. Heureusement pour notre amour-propre, nous aurions trop à souffrir, s'il falloit convenir que c'est le mérite qui vous a mis au-dessus de nous : nous nous consolons, quand nous pensons que vous ne devez qu'au hasard, ou au caprice de l'aveugle fortune, cette extrême différence qu'il y a de vous à nous.

Alex. Si on ne doit pas me savoir gré de ma naissance, au moins doit-on compter pour quelque chose mes conquêtes, et la gloire que je me suis acquise.

Diog. Encore moins. Je vous pardonnerois d'être né prince, si vous ne pensiez qu'à faire le bonheur des hommes ; mais je ne puis vous savoir gré de faire la désolation universelle. Vous avez uni toute votre raison à votre épée, qui est toute votre loi. Vous appellez l'ambition, grandeur ; car il ne vous coûte rien de donner de beaux noms à vos égaremens. Je ne m'en étonne pas , les hommes s'accordent à ennoblir les foiblesses qui leur sont communes : mais je vous dis, moi, que ce que vous appelez *grandeur*, n'est qu'une violente fermentation de votre sang, qui vous allume l'imagination. Quoi ! parce que votre sang a acquis un certain degré de chaleur et de vîtesse, il faut que toute l'*Asie* périsse? Hé, quelle part avez-vous à ces grandes conquêtes, dont vous vous glorifiez tant? Si vous rendiez à vos soldats et à vos généraux la part qu'ils y ont, qu'il vous en resteroit peu ! Vous n'êtes qu'un héros de fortune, vous n'êtes pas un héros de mérite; et vous avez été si peu sage, que quand la fortune a tout fait pour vous, vous n'avez pas eu la prudence de vous borner; toujours, en extravagant, présumant tout de vous-même. Il ne suffit pas d'avoir de grandes qualités pour être un grand homme; il en faut avoir l'économie. Mais qu'avez-vous gagné à franchir toutes les bornes du vraisemblable? Qu'à vous faire rayer de l'histoire, et vous faire renvoyer aux romans. Il falloit mesurer vos actions, et les mettre au niveau et à la portée de la créance des hommes.

ALEX. Quoi ! la gloire, et la gloire supérieure, n'est donc pas un bien ?

DIOG. Ce qui s'appelle *gloire* est très-arbitraire.

Il faut convenir de ce qui a droit de porter ce nom-là.

ALEX. J'appelle *gloire*, ce qui est reçu pour tel parmi les hommes.

DIOG. L'erreur pour être universelle, n'en est pas moins erreur. Rien de plus contagieux qu'une imagination comme la vôtre : elle a tellement ébranlé celle des hommes, que son action agit encore sur la nôtre; et nous vous devons la folie de tous les héros.

ALEX. Cela marque la grandeur de ma gloire, et les dispostions qu'ont les hommes à en recevoir l'impression et les désirs.

DIOG. Non, ce n'est point l'ouvrage de la nature, c'est le vôtre. Vous avez tellement ébranlé les esprits, qu'ils se sont faits des routes nouvelles dans le cerveau; et l'habitude de penser comme vous les a tenues toujours ouvertes.

ALEX. Dites-moi donc ce qui mérite, selon vous, le nom de bien, puisque la royauté, qui nous est donnée par la naissance, la gloire acquise, et la fortune n'en sont pas ?

DIOG. Je ne vous dis point que ce ne soient pas des biens, mais je vous dis que ce ne sont pas les premiers biens; qu'ils ne sont pas si grands qu'on les croit, et qu'ils ont souvent de grands maux à leur suite. La fortune ne traite même avec ses amis qu'à des conditions dures ; elle leur fait acheter bien cher ses présens. La pauvreté aussi n'est pas un si grand mal que vous pensez. Les privations ne sont pas sensibles, quand les désirs sont éteints ; et je jouis de beaucoup de biens qui vous sont inconnus. Les premiers biens, selon moi, sont les vertus; et toutes les distinctions établies parmi les hommes n'en ont été, ou n'en doivent être que la recompense. Je mets après elles l'indépendance, la tranquillité, la joie de l'esprit, et le repos de la bonne conscience : biens dont on jouit ordinairement, quand on possède les premiers. Vous même avez si bien senti que toute la grandeur de l'homme est au-dedans, que vous disiez de Parménion : « Il est simple et négligé « au-dehors; mais il est tout pourpre au dedans, « par les vertus de son ame. » Ce qui devroit faire votre félicité, c'est de rendre les hommes heureux, plutôt que de les assujétir et de les rendre misérables. Tous ceux qui ont occupé les premières places ont avoué, dans des momens de sincérité, que la première étoit la pire de toutes. Il n'y a point de félicité humaine qui puisse soutenir l'homme, sans le secours de la philosophie; et vous-même, pressé du poids de votre orgueil, ne vous écriâtes-vous pas : *O Athéniens ! qu'il m'en coûte pour être loué de vous !* Mais vous n'avez voulu être qu'un héros, et non pas un grand homme. Le héros n'a que la bravoure d'un pirate, qui par la circonstance se rend un conquérant; et cette vertu, en soi si noble, cesse d'être vertu, par l'usage que vous en faites. Le grand homme réunit toutes les vertus, et les apure. Jamais vous n'avez pensé que la première et la plus noble conquête était celle des cœurs : toujours hors de vous-même, rassasié de gloire et de fortune, ennuyé de votre propre félicité; cette gloire qui vous paroît charmante quand vous courez après, ne vous paroît plus rien quand vous l'avez acquise. Si les hommes n'avoient été dans l'erreur, si l'opinion ne vous avoit servi, on vous auroit regardé comme un furieux. Vous ne vous êtes soutenu que d'illusion, que vous vous êtes faite à vous-même, ou que vous avez trouvée dans les autres; et la prévention a fermé toutes les avenues à la vérité. Vous avez étendu l'idée que vous aviez de vous-même, et vous avez tout sacrifié à cette idole.

ALEX. Il faut prendre des juges entre nous, pour savoir qui est le fou de nous deux. Pour moi, je pense comme tous les hommes; je ne sais qu'étendre l'erreur commune, si c'en est une que de s'illustrer par de grandes conquêtes.

DIOG. Je sais bien que vous aurez pour vous la

multitude. Le nombre des sages est très-petit ; et
tout prince que vous êtes , vous êtes un homme
du peuple par votre manière de penser. Toujours
dans la dépendance de l'opinion des hommes ,
vous mettez votre bonheur dans les jugemens
d'autrui. Vous n'êtes heureux qu'autant qu'il leur
plaît. Vous n'avez jamais su vous respecter , ni
vous suffire. Vous ne vous croyez pas digne de
votre propre estime ; mais les suffrages publics ,
quoique illusoires , vous dédommagent. Cette
grande renommée est un soutien à votre foiblesse. Votre amour-propre , et les respects des
hommes , vous tiennent des voiles devant les yeux.
Mais il y a des momens où la vérité les tire , et vous
montre à découvert. Vous ne pouvez alors soutenir
cette vue de vous-même ; et c'est pour vous fuir
que vous vous êtes embarqué dans vos conquêtes.
L'inconstance, par l'agitation qu'elle donne, est le
supplément du bonheur. Ce n'est pas des choses
dont vous jouissez, c'est de leur recherche. La
modération et le repos ont quelque chose de grand
qui marque l'indépendance. Pour moi , j'ai eu
assez de fonds et de fermeté pour me passer
de tout l'attirail de la gloire ; j'ai su consentir
à demeurer inconnu. Vous n'avez pas eu assez
de mérite pour jouer ce rôle, ni assez de fonds
d'esprit pour remplir les vuides du tems.

ALEX. Votre orgueil me révolte. Avez-vous oublié que toutes mes grandes actions ont été louées par les orateurs, célébrées par les poëtes, publiées dans les histoires, et admirées de tous les hommes?

DIOG. Ce n'est point orgueil, c'est connoissance. On a loué en vous, non ce qu'on y voyoit, mais ce qu'on y souhaitoit. Jamais vous n'avez tiré votre considération de vos vertus, ni de vos mœurs, mais de votre dignité; permettez-moi de vous faire une question. Croyez-vous que ce soit votre mérite qui vous attache les hommes? Ce sont leurs besoins. S'ils étoient sans passions, les Cours seroient désertes. Qu'est-ce que des courtisans? Des glorieux qui font des bassesses, ou des mercénaires qui se font payer. Voilà vos spectateurs; et spectateurs si nécessaires, que, si vous étiez sans témoins, vous seriez sans bonheur. Vos grandeurs ne plaisent pas comme telles, mais comme utiles pour nous. Si quelqu'un s'attache à moi, c'est par sentiment, ou pour mon mérite. Ces liens-là ne sont pas faits pour vous. Qui goûte mieux que nous la pureté de l'amitié? Pour qui ces marques sont-elles moins équivoques? Les gens heureux ne savent point s'ils sont aimés : ainsi, ces premiers biens, qui sont ceux des sentimens, vous sont interdits. La plus douce des erreurs, l'illusion la plus flateuse, ce plaisir qui a sa source dans le cœur, qui flate si agréablement notre amour-propre, vous ne le pouvez goûter : votre ame n'est jamais préparée par l'attente ; on ne vous fait point passer par l'espérance : vos desirs ne sont point irrités par les difficultés ; ainsi vous faites l'amour sans en jouir.

ALEX. Qui a fait un meilleur usage de ses sentimens que moi, quand je respectai la femme de Darius, et que je sacrifiai mes mouvemens à la modération et à la justice ?

DIOG. C'est un acte de vertu ; mais cela ne prouve pas que les sentimens aient un prix égal pour vous et pour nous. C'est pourtant le sentiment qui est l'arbitre des biens et des maux. Les biens les plus réels ne sont biens que par l'impression qu'ils font sur notre ame. Un seul mouvement du cœur, une seule réflexion de l'esprit, a plus de crédit sur la mienne pour me rendre heureux, que toute votre fortune n'en a sur la vôtre.

ALEX. A force de raisonner, vous anéantissez tout. Vertus, grandes qualités, tout disparoît devant vous ; et vous changez la nature des choses.

DIOG. Cela est vrai : ma philosophie a changé pour moi tous les objets. Ce que vous appellez *renommée*, et à quoi vous sacrifiez tout, je l'appelle un son vain, tributaire du caprice de la fortune ; et je ne puis comprendre qu'on fasse tant de cas de l'opinion générale de ceux qu'on méprise particuliérement. Apprenez que le chemin de l'immortalité est celui de la vertu. Qu'est-ce que votre puissance ? la liberté de faire des choses qu'il est bon souvent de ne pouvoir faire : vos richesses ne sont que des besoins multipliés et renaissans : vos desirs, un avilissement de la grandeur et de la dignité de l'homme. Mais le plus grand de vos plaisirs est de jouir de ceux dont les autres ne jouissent pas. C'est un plaisir de malignité qui a sa source dans l'orgueil. Quand je sais diminuer tous les avantages que la plûpart des hommes croient que vous avez au-dessus de nous, que j'ai le secret d'agrandir mes biens et de diminuer mes maux, tout devient égal entre nous. Peut-être vous le suis-je aussi en mérite ; et vous l'avez si bien senti, que vous dites un jour : *si je n'étois pas* Alexandre, *je voudrois être* Diogène. Quand votre amour-propre consent à me donner la seconde place, je pourrois bien mériter la première.

DISCOURS

LE SENTIMENT D'UNE DAME,

Qui croyoit que l'amour convenoit aux Femmes, lors même qu'elles n'étoient plus jeunes.

JE n'attaquerai point les opinions d'Ismène ; elle les a très-délicatement et trop solidement établies pour les combattre : j'aime à penser comme elle, et j'étois presque vaincue avant qu'elle eût parlé. Je soutiendrois donc très-mal ma cause, que j'ai quelque intérêt à perdre : son éloquence ne porteroit point sur moi, qui suis à demi rendue : ainsi je veux lui donner un ennemi plus digne d'elle : je vais la mettre aux mains avec le public, lui donner à combattre un préjugé, une opinion reçue dans tous les tems : c'est encore une victoire digne d'elle que de la détruire. Je prends le monde comme il est, et non point comme il devroit être : qu'elle le fasse penser plus sainement, c'est son affaire ; car je crois que mon amie a, aussi bien que la maîtresse d'Anacréon, les lèvres de la persuasion.

Ismène a parfaitement bien établi ma proposition : elle ne l'a point affoiblie ; mais elle veut bien que je la rende, et qu'elle passe par moi. *L'usage a établi que l'amour, qui est défendu aux femmes dans tous les tems, l'est infiniment davantage dans un âge un peu avancé.* L'usage est plus fort que moi ; je n'entreprends point de le combattre, et nous avons contre nous le consentement de tous les siècles.

Sous quelle forme les poëtes peignent-ils l'amour des femmes qui ont passé les premières années ? Il ne faut point se flater ; la jeunesse est le tems des amours. Dès que vous voulez passer ce tems prescrit, les peines doublent, et les plaisirs diminuent. La règle est qu'il faut cesser d'aimer dès qu'on cesse de plaire. Vous me demandez quel terme, quel âge a-t-on marqué ? c'est aux hommes à en décider : ils sont bons juges de ce qui plaît ; il faut les en croire : ils sentent l'effet que nous faisons sur eux ; mais ils nous ont imposé la loi d'être belles, et ne nous ont donné que cela à faire. Ils nous ont des-

tinées à être un spectacle agréable à leurs yeux ;
et dès que nous ne montrons rien qui plaît, nous
n'avons ni leurs regards ni leurs attentions.

La jeunesse a de grands avantages ; le public
lui pardonne tout, il lui prête des excuses : et
ces mêmes excuses que lui fournit le public,
elle se les donne à elle-même, et en est moins
coupable à ses yeux. Quand vous avez passé la
première jeunesse, comment se permettre des
foiblesses dans un tems consacré à la raison, et
où elle doit reprendre tous ses droits ? Si vous
vous dérobez à vos devoirs, vous n'échapperez
pas aux remords. Nous avons des juges indispen-
sables devant lesquels il faut passer, la conscience et le monde. La conscience, en avançant
devient plus instruite et plus sévère : elle augmente en connoissance et en délicatesse. (J'entends par le terme de conscience, ce *sentiment*
intérieur d'un honneur délicat, qui ne se par-
donne rien pour le monde.) Or, quand une
femme a perdu sa beauté, elle n'a plus de quoi
corrompre ses Juges ; ils reprennent leur sévérité
naturelle : le monde ne vous pardonne plus rien :
on a perdu pour vous ces dispositions favo-
rables qu'on a pour les jeunes personnes : il n'est
plus permis d'avoir tort ; et nous avons perdu le
droit de faillir.

Ismène me dira, pourquoi appeller le monde dans un mystère où il ne doit point entrer ? Dérobez-vous à lui. Et elle conviendra que toute la galanterie extérieure doit être interdite dans ce tems-là. St.-Evremont est de son avis. Il dit, que les avantages de l'esprit se soutiennent mal dans la foule, contre les grâces du corps ; qu'il faut s'en tirer, et qu'il ne faut pas mettre les amours en vue. Mais le peut-on ? N'est-on pas toujours deviné ou soupçonné ? J'ai donc besoin du public, puisqu'il est mon juge, et que je passe en spectacle devant lui. Ismène fera plaisir à bien du monde, de composer avec ce public et de le rendre plus traitable.

J'ai avancé que dans le tems où il est moins permis d'aimer, les peines doublent et les plaisirs diminuent. Le plaisir de l'amour est soutenu de deux sentimens, de ceux de la personne aimée, et des nôtres. Je crois que les femmes aiment aussi fortement, dans le tems où il leur est le plus défendu ; mais elles courent risque d'aimer seules, qui est un état triste : elles ne peuvent jouir de la confiance d'être aimées, et c'est pourtant de cette sûreté, dont se tire le grand charme de l'amour. Les infidélités, les sacrifices dont vous devenez le sujet, enfin tous les maux de l'amour vous attendent, dès que vous ne savez pas vous arrêter, et que vous voulez jouir de ce sentiment-là, dans un tems où il ne vous est plus permis. Le cœur, la gloire, tout pâtit. La gloire, qui n'étoit point faite pour être associée à l'amour, en fait le plus grand charme, quand elle est contente, et la plus grande douleur, quand elle se plaint.

Ismène a fort bien établi les avantages qu'il y a d'aimer, dans un âge où l'on échappe à la jeunesse. Il est sûr que l'esprit est plus formé, et plus orné, pour ceux à qui l'esprit fait impression. Pour le mérite des sentimens, il ne se trouve guères chez les jeunes personnes ; et ils sont bien plus délicats et plus touchans, dans l'âge dont nous parlons. Si vous avez exercé vos sentimens, le cœur en est plus instruit : si vous les avez retenus, ils en sont plus forts et plus vifs. Ovide, qui est une autorité en amour, dit que nous cessons d'aimer, dans le tems que nous l'avons appris ; et St.-Evremont ne le défend en aucun tems. « Dans « la jeunesse, dit-il, nous vivons pour aimer ; « dans un âge plus avancé, nous aimons pour « vivre. » Mais les hommes, qui ont toujours fait leur partage entre nous avec inégalité et injustice, ont étendu leurs droits et resserré les nôtres, puisque dans tous les tems ils se permettent les sentimens, et nous les défendent.

Il est donc certain que, pour toutes ces délicatesses, qui font le charme de l'amour, il ne faut pas le chercher avec les jeunes personnes. Elles sont remplies d'elles-mêmes, occupées de leur beauté et de leur parure, et livrées à la bagatelle. Le mérite de l'esprit ne s'augmente, et ne se perfectionne que par la réflexion; et les jeunes personnes en sont incapables. Comme elles ignorent tout, et que tous les objets ont pour elles le charme de la nouveauté, elles courent à tout : c'est autant de pris sur le goût principal; car un sentiment ne sauroit être vif et fort, qu'il ne soit unique; dès qu'il se partage, il s'affoiblit.

Quand une femme a passé la première jeunesse, qu'elle a parcouru les objets, qu'elle a usé ce goût pour des choses frivoles, et que par solidité de son caractère, elle est renvoyée à elle-même; si elle permet à son cœur un sentiment, elle en sera bien plus occupée, et elle vivra pour un seul objet. De telles personnes, l'amour les perfectionne : l'envie de plaire et d'être estimées de ce qu'elles aiment, fait qu'elles se respectent; car l'amour est un censeur sévère et délicat qui ne pardonne rien.

Toutes ces délicatesses échappent à une jeune personne. Sûre de plaire par ses charmes, pleine de confiance en sa beauté, elle n'emprunte rien sur le mérite du cœur, ni de l'esprit; et souvent le mot de vertu lui est inconnu. Dans l'âge où l'on sent qn'on perd du côté des agrémens, comme on veut plaire, on songe à remplacer par les qualités solides ce qui échappe de grâces : ce qu'on perd du côté de la sensibilité de ce qu'on aime, on veut le regagner sur l'estime, en acquérant des qualités qui en soient l'objet, mais qui ne sauroient être la source des illusions de l'amour.

Il y a très-peu d'hommes capables d'être touchés du vrai mérite des femmes : on ne leur en demande pas même; on les tient quittes pour les agrémens : les sentimens sont un tribut qu'on paye à la beauté, et l'estime à la vertu. J'entends par le mot de *beauté*, tout *ce qui plaît aux sens.* Les qualités de l'ame n'échauffent guères l'imagination, et elles ne sont point l'objet de l'enivrement des passions. Ainsi, ce que vous pouvez faire de mieux quand vous avez passé la première jeunesse, c'est, si la figure se soutient encore, et qu'elle puisse faire quelque impression, de profiter de ces mouvemens pour porter tout à l'estime; de ramener tout à elle, afin que, si l'on s'est attaché à vous par les agrémens, vous fassiez que l'on y reste par le mérite de l'esprit et du cœur : mais ne vous fiez guères à ces légères impressions des sens ; ou ne vous en servez que pour introduire des sentimens plus solides et plus durables. L'amour ne se doit pas traiter dans un certain âge, comme dans la jeunesse : il doit se montrer sous une autre forme à ce qu'il aime. Mais ce n'est pas des préceptes pour l'amour que je veux donner, c'est des peintures de ses malheurs pour les fuir.

Ismène a rapporté, pour appuyer son sentiment, l'exemple d'une personne qui a conservé tous ses agrémens, quoiqu'elle ait passé la première jeunesse : elle me servira aussi de preuve, pour faire voir combien une femme est aimable par les qualités solides, quand elle a su les cultiver.

Ismène n'a prétendu parler que du mérite de la beauté : pour moi qui la vois de plus près, je suis bien plus touchée de ses autres qualités. Elle a une figure unique : c'est un assemblage de tous les agrémens ; un mérite assorti : son corps étoit fait pour loger le plus aimable esprit du monde, et son esprit étoit destiné pour animer la figure la plus parfaite : cela fait la plus jolie alliance du monde. Mais elle ne s'en est pas tenue au léger mérite des agrémens ; elle a su en acquérir un plus durable. St.-Evremont dit : « Qu'il y a des

» femmes qui ont fait infidélité à leur sexe, en
» prenant le mérite des hommes : » Elle est de
ce nombre. Elle est née une des plus belles femmes
de la cour, du consentement du public : toujours
sûre de plaire, il ne lui en coûte que de se montrer ; née pour le monde délicat, et sûre d'un
tribut de sentimens et de louanges, dès qu'elle se
fait voir. J'entends de ces louanges naturelles qui
se marquent par la surprise, que ses agrémens
enlèvent sans peine ; se faisant toujours désirer
quand on ne la voit point ; laissant des regrets
quand on la perd.

Je n'ai jamais connu une personne plus généralement approuvée : je crois qu'on lui auroit volontiers fait un procès, pour la forcer à se montrer, comme la ville de Toulouse en fit un à la
belle Paulo. Comme toutes les fois qu'on la
voyoit en public, on se pressoit pour la voir, et
qu'il en arrivoit des accidens, il fut ordonné par
arrêt du parlement, qu'elle se montreroit deux
fois la semaine ; et elle satisfit à cette obligation.

Le public croit avoir droit de jouir comme
spectateur des beaux objets ; et il auroit volontiers demandé la même chose à mon amie ; mais
c'est une dette qu'elle auroit fort mal payée. Personne n'étoit plus propre qu'elle à parer la cour ;

elle y étoit née, elle y tenoit un haut rang; sa famille y occupoit les premières places; le roi étoit plus jeune; la cour étoit galante : que d'appas pour une jeune personne ! mais quoique faite pour la société, pouvant plus y mettre et plus en retirer qu'une autre, elle s'est dérobée au monde. La solidité de son caractère lui a fait sentir le vuide de ses vains applaudissemens : elle s'est appliquée à cultiver quelque chose de mieux : elle a beaucoup lu, et su en profiter. Sa mémoire s'est meublée de choses précieuses; son esprit est devenu plus fort et plus étendu; ses sentimens ont augmenté en délicatesse : elle s'est donné un caractère de dignité qui la fait respecter : elle s'est fait un style et une manière de parler qui n'est que pour elle : il est simple, noble et léger : elle a des termes convenables et choisis, sans être recherchés : elle ne parle de rien, qu'elle ne l'orne; et l'art ne s'y fait point sentir : elle a une facilité d'expression, mais qui vient de la clarté et de la netteté de ses idées. Si, sûre de ne rien produire qui ne plaise, elle ne fait point sentir de confiance en elle; elle montre de la timidité : il semble qu'elle ignore son prix, et qu'elle ait besoin d'être rassurée. Elle voit peu de monde : elle est uniquement appliquée à ses devoirs, et très-unie avec madame sa sœur, qui est à-peu-près du même carac-

tère : je n'ai que cela à dire pour la faire connoître,
et pour la louer. Elle n'est point répandue : jamais
on ne la voit ni aux spectacles, ni aux promenades publiques ; elle ne se permet pas la dissipation des femmes de ce pays-ci, qui ne sauroit
s'accorder avec l'exacte pudeur. Je ne sais pas si
la rareté en augmente le prix ; mais je n'ai jamais
connu un si aimable caractère.

Ce seul exemple suffiroit, pour appuyer l'opinion d'Ismène, et à faire connoître que les femmes
sont plus aimables à l'âge qu'elle soutient : mais
aussi il faut convenir que cet exemple est unique,
et ne fait rien pour nous. Où sont les femmes qui
aient su mettre à profit leurs années ? Qui, en
perdant du côté des agrémens, aient su se dédommager par le mérite de l'esprit ? Nous ne
fournissons point de ces supplémens-là. Si cela
étoit, peut-être qu'on nous pardonneroit de n'être
plus jeune : mais la plupart des femmes perdent
tout en perdant leur beauté. Cependant rien n'est
plus triste, que la suite de la vie des femmes qui
n'ont su qu'être belles : elles tombent dans un
vuide à faire pitié, quand la beauté leur échappe.
Comme c'est le propre de l'illusion de nous abuser, et qu'elle se met toujours entre nous et la
vérité, pour nous la dérober, dès que l'enivrement des hommes a cessé, on voit les choses à

découvert, et l'on ne se trouve plus rien. L'objet de la passion des hommes, c'est la beauté : quand on la perd, tout échappe. Mais quand les femmes seroient capables de se donner un mérite solide, il est à craindre que peu d'hommes seroient capables d'en être touchés.

Ismène a donné une infinité d'exemples, qu'elle a pris dans l'antiquité, pour prouver qu'il y a des engagemens heureux et durables dans l'âge qu'elle soutient. Pour moi, je n'emprunte rien du passé, je m'en tiens au présent ; et je renvoie à toutes les femmes sensibles, et qui ont poussé ce goût-là plus loin qu'elles ne devoient : il n'y en a pas une qui n'ait la sincérité de vous dire, que c'est le plus grand malheur du monde. Il ne seroit pas nécessaire d'être menacées par les lois de l'usage, pour nous retenir dans notre devoir : le seul avilissement où tombent celles qui se sont oubliées, suffiroit pour arrêter le penchant du monde le plus rapide. Nous ne pouvons faire pour le bonheur aucun usage des liaisons avec les hommes : l'usage les a si bien servis, que tout est pour eux, et contre nous. Quelque indignité qu'ils mettent dans leur conduite, nous ne pouvons nous en plaindre : notre témoignage ne porte point contre eux ; et c'est par une suite de l'injustice de leurs lois, que nous ne pouvons

faire avec eux aucun traité où l'égalité soit observée. Ils ont étouffé notre droit sous la force. Je
m'en tiens donc à dire : que les femmes doivent
s'interdire l'amour dans tous les temps ; mais infiniment davantage, quand elles ont passé la première jeunesse.

DISCOURS

SUR

LA DELICATESSE D'ESPRIT

ET DE SENTIMENT.

IL est de l'ordre de la nature, et peut-être de la justice de son économie, qu'elle charge ses bienfaits de conditions proportionnées à leur valeur. Honneurs, richesses, sentimens, repos même, tout est à prix; et nous reconnoissons toujours, qu'elle nous a vendu bien cher ce que nous avions cru obtenir de sa pure libéralité.

Celle de ses faveurs qui paroît la plus douce, c'est la délicatesse. Elle découvre mille beautés, et rend sensible à mille douceurs qui échappent au vulgaire : c'est un microscope, qui grossit pour cetain temps ce qui est imperceptible aux autres : elle fait l'assaisonnement de tous les plaisirs. Se pourroit-il que, nous procurant tant d'avantages, elle ne fût pas souhaitable ?

Il est pourtant aisé de remarquer, combien la délicatesse d'esprit cause de dégoûts. Rarement content des autres, jamais content de soi-même, avec ce faux trésor on passe sa vie dans une idée de perfection qu'on ne trouve pas chez autrui, et qu'on ne peut attraper soi-même, outre que qui n'est pas content des autres ne les rend guères contens de soi. Quelle source de brouillerie avec l'amour-propre! que de sécheresse dans la société, qui demande toujours des applaudissemens! qu'il en coûte à la sincérité pour se rendre supportable! et que la politesse en souffre!

Mais ces malheurs ne sont rien, si on les compare avec ceux que cause la délicatesse des sentimens. Quelle source de querelles entre deux cœurs qui n'en sont pas également touchés! quel crime ne fait-elle pas d'un manque d'attention, ou de sincérité! quelle peine d'accuser la personne qu'on aime, et dont on voudroit payer l'innocence de sa propre vie! On ne veut pas se fier à elle-même du soin de sa justification; on cherche en secret à l'excuser: quelle douleur quand on n'y peut pas réussir! quelle contrainte! quelle violence, pour lui cacher tous ces mouvemens!

Est-on forcé de découvrir un mal si pressant? Qu'il paroît dans un point de vue différent! c'est foiblesse, c'est bizarrerie : les torts se multiplient d'une part, et les malheurs de l'autre. On a beau en appeler au tribunal de l'amour : la seule justice qu'on y trouve, c'est celle qui établit de plus rudes peines pour qui a goûté de plus doux plaisirs.

D I S C O U R S

SUR LA DIFFERENCE

QU'IL Y A

DE LA REPUTATION A LA CONSIDÉRATION.

La considération vient de l'effet que nos qualités personnelles font sur les autres. Si ce sont des qualités grandes et élevées, elles excitent l'admiration : si ce sont des qualités aimables et liantes, elles font naître le sentiment de l'amitié. L'on jouit mieux de la considération que de la réputation : l'une est plus près de nous, et l'autre s'en éloigne ; quoique plus grande, celle-ci se fait moins sentir, et se convertit rarement dans une possession réelle. Nous obtenons la considération de ceux qui nous approchent, et la réputation de ceux qui ne nous connoissent pas. Le mérite nous assure l'estime des honnêtes gens, et notre étoile celle du public. La considération est le revenu du mérite de toute une vie, et la réputation

est souvent donnée à une action faite au hazard :
elle est plus dépendante de la fortune. Savoir profiter de l'occasion qu'elle nous présente, une action brillante, une victoire, tout cela est à la
merci de la renommée : elle se charge des actions
éclatantes ; mais, en les étendant et les célébrant,
elle les éloigne de nous. La considération qui
tient aux qualités personnelles est moins étendue ;
mais, comme elle porte sur ce qui nous entoure,
la jouissance en est plus sentie et plus répétée :
elle tient plus aux mœurs que la réputation, qui
souvent n'est due qu'à des vices d'usage, bien placés et bien préparés, ou quelquefois à des crimes
heureux et illustres. La considération rend moins,
parce qu'elle tient à des qualités moins brillantes ;
mais aussi la réputation s'use, et a besoin d'être
renouvellée. Les actions d'éclat inspirent plus
d'envie que d'admiration : les hommes se révoltent contre ce qui les abaisse : aussi l'admiration
est un état violent pour la plupart des hommes,
et elle ne demande qu'à finir. Ce qui donne le
plus de considération, c'est l'amour de nos ci-
toyens ; mais elle ne s'acquiert ainsi que par les
qualités du cœur. Parce qu'elle tourne alors au
profit des hommes, ils nous accordent du mérite ;
non pas comme mérite, mais comme une chose
qui leur est utile : sans ce biais, il en faudroit

beaucoup, pour se faire pardonner sa supériorité.

La politesse est une qualité aimable, qui contribue le plus à nous donner de la considération :
c'est un ménagement de l'amour-propre des autres, qui contribue le plus à établir la paix entre
les hommes. Elle bannit de la société ce moi si
blessant pour les autres : une personne polie ne
trouve jamais le temps de parler d'elle ; elle s'oublie, et ne pense qu'à faire valoir le prochain.

La modestie met le mérite et la considération
que le monde nous donne, en sûreté : elle fait
taire l'envie ; et l'on ne se répent point des suffrages
que l'on a donnés, quand on voit qu'ils ne tourne-
ront point contre nous. Ce qui nuit le plus à la
considération, c'est de vouloir l'avoir trop en dé-
tail ; parce qu'à tout moment vous la faites sentir
à ce qui vous entoure.

Il y a de plus une conduite à garder pour conserver la considération. Gratien dit : Faites-vous
connoître, et non comprendre : ne conduisez
pas l'intelligence des hommes jusqu'à l'extrémité
de votre mérite ; car tout ce qui leur est connu leur
impose moins. Le même auteur dit : si votre mérite est au-dessus de votre réputation, montrez-
vous, et qu'on connoisse votre prix : si votre réputation est au-dessus de ce que vous valez, cachez-

vous et jouissez de l'erreur des hommes : placez-vous bien dans leur imagination. M. le cardinal de Retz dit : « Que dans certaine occasion il sentit, « qu'il occuperoit encore long-tems une grande « place dans l'imagination du peuple ; et qu'il « pourroit tout entreprendre sur la foi de leurs « illusions. »

Le ridicule s'attache à la considération, parce qu'il en veut aux qualités personnelles. Il pardonne aux vices, parce qu'ils sont en commun ; les hommes s'accordent à les laisser passer : ils ont besoin de leur faire grace. Dans chaque siècle il y a un vice dominant, et il y a toujours quelque homme, qu'on appelle galant homme, qui donne le ton à son siècle ; qui fixe le ridicule et qui met en crédit les vices de la société. On fait grace à l'amour, à l'ambition ; mais la malignité s'attache aux qualités personnelles.

La considération personnelle nous fournit plus d'agrémens que la naissance, que les richesses, que les places même sans mérite. Rien de si triste au fond qu'un grand seigneur sans vertus, accablé d'honneurs et de respects, et à qui l'on fait sentir à tout moment qu'on ne les doit qu'à sa dignité, et rien à sa personne. Heureusement l'amour-propre, qui est le plus grand des flatteurs, sait ordinairement lui cacher son insuffisance.

Il y a des mérites qui portent à l'émulation, et qui ne sont pas au-dessus de l'exemple; mais l'envie aussi sait bien élever des hommes médiocres, pour affaiblir le mérite d'un grand homme. Le prince Eugène a fait de grands généraux en Europe. L'envie vous sert quelquefois, et vous illustre au-dessus de vos qualités propres. Il y a aussi des mérites supérieurs, que la malignité laisse passer sans rien dire : tel étoit celui de Monsieur de Turenne. Le mérite qui nous approche ordinairement nous incommode; mais la réputation se forme loin de nous. Il est difficile d'acquérir de grandes richesses sans qu'il en coûte à la réputation, à moins qu'on n'ait fait auparavant provision de beaucoup de mérite, d'honneurs et de dignités; et que les richesses viennent d'elles-mêmes, comme inséparables des grandes places : on n'envie alors les richesses des grands hommes pas plus que l'or que l'on voit dans les temples des dieux.

Rien de si heureux qu'un homme qui jouit d'une considération méritée, attachée à sa personne, et non à la place qu'il occupe. C'est un plaisir qui se fait sentir à tout moment, et par tous ceux qui nous approchent. Tous ces complimens vides de réalités, et où la vérité n'a point de part, sont pour lui des marques de l'estime publique. Tous ces égards, tous ces riens sont relevés par là : son bonheur double par le contentement intérieur, et les autres plaisirs même en sont plus rians.

La faveur assure ou détruit la réputation : elle nous expose à un grand jour ; et il faut avoir un grand fond de mérite, pour se soutenir dans une place où tant de gens aspirent, et d'où ils ont intérêt de vous faire descendre, où enfin l'on ne ne vous fait grace sur rien.

Ceux qui n'apportent à leurs emplois d'autres mérites, ni d'autres dispositions que de les désirer, ne s'y soutiennent pas long-tems.

Dans la disgrace, l'homme se manifeste, et montre ce qu'il est ; le rideau est tiré : le petit mérite étoit soutenu par la faveur qui le couvroit ; dès qu'elle tombe, il est à découvert, et il n'a plus d'appui.

Les disgraces parent les grands hommes. Florus dit : que Marius devint plus grand par ses malheurs ; que son exil et sa prison avoient jeté sur sa personne une espèce d'horreur sacrée, qui le rendoit respectable.

Il n'y a point de vertu que le peuple n'accorde à ceux qu'il plaint ou qu'il regrette. Le grand homme est haut et élevé dans la prospérité, et il est grand dans l'adversité. Mais comme la plupart des hommes ne sont pas assez élevés pour être outragés de la fortune, une sage retraite fait en leur faveur le même effet que la disgrace. On demande, quand doit-elle se faire? Car il n'y a point d'action dans la vie, où il n'y ait un à-propos. Est-ce après quelque action brillante, pour mettre notre gloire en sûreté, et conserver la place qu'elle nous a donnée dans l'idée des hommes? Mais pourquoi donner à la retraite le temps destiné à jouir? Celui de la vieillesse lui est propre ; tous les goûts sont usés : il n'y a plus qu'à perdre à se montrer, et à faire voir sa décadence. On ne se transportera point à ce que vous avez été, c'est un travail : les hommes ne vous l'accorderont point, et l'on s'arrêtera au moment présent. Mais est-il sage de tant consulter les hommes? Faut-il être toujours dans leur dépendance? N'aurons-nous jamais le courage de nous rendre heureux selon nos goûts, s'ils sont innocens? Faut-il toujours vivre d'opinion, et doit-elle nous servir de règle pour la conduite de notre vie? Enfin, rien de si difficile que de bien entrer dans le monde, et d'en bien sortir.

LETTRES

DE MADAME LA MARQUISE

DE LAMBERT.

LETTRES

DE MADAME LA MARQUISE DE LAMBERT.

LETTRE PREMIERE.

Madame la marquise de Lambert à M. l'abbé de Choisy (1), *en lui envoyant les réflexions sur les femmes.*

VOILA, mon cher abbé, le petit ouvrage que vous m'avez fait faire. Je n'ai pas eu le temps de le perfectionner : des sentimens plus sérieux occupent mon ame, et des affaires plus importantes mon loisir. De plus, j'ai eu peine à rappeler des idées agréables depuis long-temps oubliées. Pour vous, qui les avez toujours présentes, et qui n'a-

------

(1) François Timoléon de Choisy, né en 1644, fut reçu de l'Académie en 1687, à la place du duc de Saint-Aignan, mort en 1724. Il est auteur de plusieurs histoires et de mémoires sur la cour.

vez jamais pu épuiser ce fonds de joie qui est en vous, quelque dépense que vous ayez su faire; vous à qui la vieillesse sied bien, puisqu'elle n'en écarte ni les jeux, ni les amours; vous qui avez su rétablir l'intelligence entre les passions et la raison de peur d'en être inquiété; vous qui par une sage économie, avez toujours des plaisirs de réserve, et qui les faites succéder les uns aux autres; vous qui avez su ménager la nature dans les plaisirs, afin que les plaisirs soutinssent la nature; vous enfin qui, comme St. Evremont, dans vos belles années viviez pour aimer, et qui présentement aimez pour vivre, vous avez raison, mon cher abbé; dérobons ces derniers momens à la fatalité qui nous poursuit. Je demande à votre amitié et à votre fidélité, que ce petit écrit ne sorte jamais de vos mains: vous seul êtes le confident de mes débauches d'esprit.

LETTRE II.

Madame la marquise de Lambert à madame de Saint-Hyacinthe, en lui envoyant un écrit à madame la supérieure de la Madeleine de Tresnel, sur l'éducation d'une jeune demoiselle.

Vous n'êtes pas faite, madame, pour demander une chose deux fois. C'est assez de savoir que vous la souhaitez : on est payé d'avance, et avec usure, par le plaisir de vous la donner. Je n'en connoîtrois point de plus grand, si ce n'est celui de vous prévenir; mais ce que vous voulez de moi est si peu de chose, que je croyois que la lecture, que vous avez souffert qu'on vous en fît, devoit vous suffire. Je vous envoie donc, madame, ce petit écrit que je fis pour madame de Beuvron, lorsqu'elle étoit encore enfant dans la Madeleine de Tresnel. Vous y verrez une grand'mère qui use de ses droits. J'espère qu'en exerçant les vôtres

sur mademoiselle votre fille, elle y répondra si
bien, qu'elle se rendra digne de vous. Je ne puis
faire un meilleur souhait pour elle, ni qui marque
mieux ce que pense de vous, et ce que pense pour
vous,

Madame.

Votre très-humble et très-
obéissante servante,

La marquise DE LAMBERT.

LETTRE III.

Madame la marquise de Lambert à madame la supérieure de la Madeleine de Tresnel, sur l'éducation d'une jeune demoiselle.

NOTRE amie, madame, me prie de donner des conseils pour l'éducation de notre petite fille ; mais ce seroit de vous que je voudrois les recevoir. Personne n'a de lumières plus étendues, une raison plus sûre, et une piété plus solide que vous, madame. Mais on croit qu'une grand'mère a droit de donner des avis. Il faut donc jouir des priviléges de son âge : nos années nous en ôtent assez.

Je crois qu'on ne sauroit de trop bonne heure songer à l'éducation de la petite personne : chaque âge demande une attention particulière. C'est dans ces premières années que se forment dans le cerveau des traces qui ne s'effacent jamais, et que les idées des biens et des maux prennent leur rang

dans l'imagination. Il importe donc infiniment
de ne pas déranger leur ordre naturel, et de
donner aux premiers biens la place qu'ils doivent
avoir. Il faut de bonne heure lui donner une
grande idée de Dieu et de la religion, lui en parler d'une manière touchante. Vous ne vous ren-
dez maîtresse de l'esprit qu'en intéressant le cœur:
trop heureuse si, dans la suite de sa vie, ses sentimens n'ont que Dieu pour objet.

Pour rendre une éducation utile, il faut que la
personne qui en est chargée se fasse respecter,
qu'elle donne une grande idée d'elle. Il ne faut
pas trop badiner avec les enfans : il est bon de
vivre sérieusement, et un peu sévèrement avec
eux. Il faut aussi être en garde contre les grâces
de l'enfance, dont ils savent se servir très-avan-
tageusement pour arracher ce qu'ils veulent de
nous. Ces premières grâces cachent bien des défauts; il ne faut pas s'en laisser séduire.

Le grand ennemi que nous avons à combattre,
c'est l'amour-propre: nous ne saurions de trop
bonne heure travailler à l'affoiblir; il faut bien se
garder de l'augmenter par la louange. La louange
est un des grands dangers de l'éducation : par elle,
vous étendez l'idée qu'elles ont d'elles-mêmes;
vous armez leur orgueil; vous leur donnez une
préférence sur leurs compagnes : elles deviennent

vaines, difficiles à vivre, aisées à blesser: cela forme un caractère peu aimable. Il faut bien se garder de leur faire sentir combien elles sont chères, et l'intérêt qu'on prend à elles. Elles s'accoutument à croire qu'on doit toujours être occupé d'elles : par là vous fortifiez leur amour-propre. Laissez-les faire; quelqu'appliquée que vous soyez à le détruire, il soutiendra ses droits contre vous. Les enfans timides peuvent être encouragés par la louange; mais la petite personne est vive et confiante : elle a besoin d'être contenue et réprimée. Ce n'est pas que je veuille bannir la louange : c'est un aide à l'éducation et à la vertu; mais il faut savoir la placer, ne la donner pas par sentimens, ni séduite par leurs agrémens, mais par réflexion. Il ne faut jamais les louer sur les grâces extérieures: elles s'accoutument à croire que cela tient lieu de tout; mais sur leurs bonnes actions.

Il faut leur donner un grand amour pour la vérité, et leur apprendre à la pratiquer à leurs dépens; leur inspirer qu'il n'y a rien de si grand que de dire franchement *j'ai tort*, et se bien garder de les punir des fautes avouées.

Il faut donner aux enfans une grande idée de l'honneur, et leur peindre le déshonneur comme ce qu'il y a de plus à appréhender. On les amuse de contes frivoles qui réveillent toutes les passions timides. Il faudroit conserver leur crainte pour le déshonneur. Qu'ils regardent l'estime comme le premier des biens, et le mépris comme le plus grand des maux. Si vous pouvez les rendre sensibles à l'estime et à la honte de leurs fautes, c'est une grande avance pour leur éducation : la honte leur servira de punition, et l'estime leur tiendra lieu de récompense.

Il importe infiniment de les bien persuader que le bonheur n'est attaché qu'aux actions louables. On peut leur donner ce qu'ils souhaitent, non comme récompense, mais comme une suite nécessaire des bonnes actions qu'ils ont faites. Par-là ils s'accoutument à croire que ce qu'ils désirent n'est donné et n'appartient qu'aux actions estimables. Si les petits présens que vous leur faites sont pour manger, vous augmentez en eux leur goût du plaisir, qu'il faut seulement souffrir : si c'est pour leur parure, vous relevez l'idée qu'elles ont de ces choses, qu'il faut leur apprendre à mépriser.

Les enfans aiment à être traités en personnes raisonnables. Il faut entretenir en eux cette espèce de fierté, et s'en servir comme d'un moyen pour les conduire où l'on veut. Il faut les ménager et leur faire croire qu'ils ont plutôt oublié que manqué.

Il est nécessaire de rompre la volonté des enfans, les rendre souples, et les faire plier sous
l'autorité de la raison, leur apprendre à ne pas
céder à leurs désirs. Ils ont quelquefois des larmes
d'opiniâtreté ; et, n'ayant pas le pouvoir de faire
ce qu'ils désirent, ils veulent, par leurs larmes,
maintenir le droit, qu'ils s'imaginent avoir, de
faire ce qu'ils souhaitent. Il faut bien se garder de
céder aux accès d'opiniâtreté. Il faut distinguer
en eux les besoins naturels de ceux de la fantaisie,
et ne leur permettre de demander que leurs vrais
besoins. Ce qui donne de la force à nos désirs,
c'est la liberté qu'on prend de les montrer ; et
quiconque se permet de convertir ses souhaits en
demandes, n'est pas fort éloigné de croire qu'on
est obligé de lui accorder ce qu'il désire : on peut
plus aisément souffrir ses propres refus que ceux
des autres. La personne qui est auprès d'elle est
pleine de mérite, et doit lui tenir lieu de raison.
Quand on n'est pas accoutumé à soumettre sa volonté à la raison des autres dans la jeunesse, on
aura beaucoup de peine à écouter les conseils
de la sienne, et à la suivre dans un âge plus
avancé.

Il faut leur donner du courage dans l'esprit. La
fermeté et l'insensibilité de l'ame est le meilleur
bouclier qu'on puisse opposer aux maux : c'est le

soutien des vertus et le rempart contre les vices. C'est la sensibilité de l'ame qui allonge les malheurs et les éternise. On ne peut sans courage demeurer ferme dans son devoir.

Il est nécessaire de les rendre sensibles à l'amitié et à la reconnoissance. C'est sur leur cœur qu'il faut travailler : nous n'avons de vertus sûres et durables que par lui. Il est bon de les accoutumer à avoir l'esprit juste et le cœur droit. Inspirez-leur aussi la libéralité, et à partager ce qu'elles ont avec leurs compagnes. Il faut leur persuader que celle qui donne est la mieux partagée, puisqu'elle a pour elle la gloire, l'amitié, et le plaisir d'en faire.

Les enfans s'amusent souvent à contrefaire : quand ils le font avec grâce, on s'en réjouit. C'est un talent dangereux. On ne cherche point à imiter ce qui est bon, cela ne feroit pas rire : c'est le ridicule qu'on veut trouver. Ne leur faites pas croire que l'agrément soit dans la moquerie. Rien de si aisé que de plaire aux dépens d'autrui; vous êtes aidé et soutenu par la malignité de ceux qui vous écoutent. Il faut bien plus d'esprit pour plaire avec de la bonté qu'avec de la malice.

Outre les règles générales pour tous les enfans, il y en a de particulières à chaque caractère. Pour peu d'application qu'on y donne, il est aisé de les découvrir. La petite personne, par exemple, est souple et flatteuse : c'est un caractère utile à ceux qui l'ont, mais dangereux pour les autres. Cela séduit les personnes superficielles, et qui est-ce qui ne l'est pas? Se donne-t-on la peine d'approfondir les caractères? On se rend aux manières extérieures, qui couvrent bien des défauts. Les personnes qui sentent que cela leur réussit, ne mettent plus dans la société que du jargon, et se dispensent des vertus de la société et des sentimens. Ceux qui ne commercent pas de manières, payent de réalité, et sont dans la nécessité d'être vrais et solides, dont les autres se dispensent.

Je crains que la petite personne n'ait de la disposition à l'évaporation et à l'étourderie : c'est l'ennemie de la modestie. Et que faire d'une femme sans modestie? La timidité doit être le caractère des femmes; elle assure leurs vertus. La timidité et la modestie sont sœurs : elles se ressemblent, et souvent on les prend l'une pour l'autre. Je crois qu'il est temps de songer sérieusement à sa correction : elle est avancée; ces petites imperfections, qui ne paroissent rien à ceux qui l'aiment, sont pourtant les semences des défauts. Vous savez bien mieux que moi, madame, qu'un philosophe trouvant un enfant, le reprit de quelques défauts : l'enfant lui dit : *Vous me reprenez de peu de chose. — Nul défaut habituel ne peut-étre petit*, répliqua-t-il.

Ceci, madame, est très-imparfait ; mais j'ai voulu vous laisser le plaisir de penser et de l'étendre, et le droit de me reprendre.

LETTRE IV.

Madame la marquise de Lambert au R. P.
B***, jésuite, sur Homère.

Vous me faites trop d'honneur, mon R. P., de me juger digne de décider sur des matières si graves. Je sais demeurer à ma place. Je dois vous écouter et me taire.

J'ai fait voir à nos amis votre dissertation : ils l'ont trouvée parfaitement bien. M. de la Motte prétend qu'il rend justice à Homère; mais il ne le croit pas toujours divin. Il se révolte contre le culte que lui rend madame Dacier ; et, en convenant de la beauté de ses narrations, de ses peintures, il demande si les défauts qu'on lui reproche ne sont pas des défauts, si les dieux d'Homère n'avilissent pas l'idée qu'on doit avoir de la divinité , si ses héros doivent servir de modèle : il me semble que

les héros d'à - présent gâtent un peu ceux
d'Homère.

M. de la Motte convient que si Homère étoit
venu dans des temps plus avancés et aussi polis
que les nôtres, il auroit été un poëte admirable ;
car il rend justice à son génie. Il me semble que
M. de Cambray a très-bien décidé sur Homère,
quand il dit qu'il porte le sceau de l'humanité,
qui est de n'être pas sans imperfection. Madame Dacier ne se contenteroit pas de le croire,
avec Saint Augustin, *agréablement frivole*,
elle qui lui donne les qualités les plus respectables.

Vous me pardonnerez ces hardiesses, mon R.
P., puisque je ne suis que l'écho de ce que j'entends. Mais je vous parlerai de mon chef quand
je vous dirai qu'on ne peut écrire avec plus de
netteté et d'agrément. Il règne, dans tout ce
que vous faites une logique qui porte la clarté
et l'évidence. Vous joignez deux qualités que
M. Pascal a cru ne pouvoir s'unir, qui sont
l'esprit géométrique et l'esprit fin : vous avez
l'un et l'autre. Vous me faites penser haute-
ment et vous élevez mon ame aux plus grands
desseins. Je n'entreprendrai pas d'éclairer l'esprit : c'est votre affaire ; mais je voudrois bien
réunir les cœurs. Je suis conciliante : aidez-

moi ; unissons-nous pour un si grand dessein.

Les querelles d'érudition vont toujours plus loin qu'il ne faut : l'esprit seul devroit être de la partie, sans intéresser l'ame, et y mêler de la passion. Il y a assez long-temps que les intéressés sont sur la scène : il y a toujours à perdre dans des querelles aussi poussées. J'aime M. de la Motte, et j'estime infiniment madame Dacier. Notre sexe lui doit beaucoup : elle a protesté contre l'erreur commune, qui nous condamne à l'ignorance. Les hommes, autant par dédain que par supériorité, nous ont interdit tout savoir : madame Dacier est une autorité qui prouve que les femmes en sont capables. Elle a associé l'érudition et les bienséances ; car, à présent, on a déplacé la pudeur : la honte n'est plus pour les vices, et les femmes ne rougissent plus que de leur savoir. Enfin, elle a mis en liberté l'esprit, qu'on tenoit captif sous ce préjugé ; et elle seule nous maintient dans nos droits. Par reconnoissance pour l'une, par amitié pour l'autre, voyons si nous ne pourrons pas les rapprocher. Le temps, ce me semble, y est propre. Madame Dacier s'est soulagé le cœur par le grand nombre d'injures qu'elle a dites. Le public rit, et applaudit à M. de la Motte ; car il faut convenir qu'il a l'esprit aimable et léger : son dernier ouvrage a plu infiniment : on le lit, on le cite. Il se fait donc entr'eux une espèce de compensation; mais il faut être bien juste pour attraper le point de l'équilibre, et profiter de leur disposition : cela vous est réservé, mon R. P.

Je suis avec toute l'estime que vous méritez, etc.

LETTRE V.

Madame la marquise de Lambert au même,
sur le même sujet.

Sans ma mauvaise santé, mon R. P., je n'aurois pas été si long-temps à répondre à la lettre que vous m'avez fait l'honneur de m'écrire. Je vous dois des reproches d'avoir montré la mienne à M. l'abbé d'Auvergne et à M. de Caderousse : c'est me citer au tribunal de la délicatesse et du bon goût.

Quand je vous ai dit ce que je pensois sur votre manière d'écrire, ce n'est point louange, c'est un sentiment, c'est connoissance de ce que vous valez. Vous êtes agaçant, mon R. P. Si je n'ai point répondu aux justes questions que vous m'avez faites, c'est que je n'ai jamais pensé à combattre contre vous : nos armes ne seroient pas égales. Songez-vous de plus que je ne suis qu'une femme dont l'esprit, si j'en avois, seroit toujours gêné par les usages, et qu'il doit se cacher sous le voile des bienséances.

Mais, après avoir payé le tribut que mon sexe doit à la modestie, je vous dirai que vous avez raison, et que nous ne devons qu'au christianisme la vraie idée que nous avons de la divinité : c'est la chaîne d'Homère qui nous attire, et qui nous élève jusqu'à elle. Mais il me semble qu'il y avoit de grands hommes dans l'antiquité qui avoient une plus grande idée de la divinité qu'Homère. *Il falloit,* dites-vous, *qu'il suivît la mythologie établie; il ne pouvoit pas la rejeter.* Pourquoi donc Platon disoit-il *qu'Homère étoit tourmenté dans le Tartare pour avoir mal parlé des dieux,* s'il n'en avoit écrit que conformément aux idées reçues? Mais je m'apperçois que je cite ; je vous en demande pardon : je m'enhardis avec vous, et je vous fais part de mes débauches littéraires.

Vous dites aussi avec M. de la Motte, *que le dessein de la poésie est de plaire, et que pour plaire il falloit suivre la mythologie reçue, et ne pas faire un poème sur un plan philosophique inconnu.* Je suis persuadée que, pour la poésie, on ne peut se passer des idées de l'antiquité, des Muses, d'Apollon, de Vénus, et de toute sa famille. Si les dieux du paganisme ne sont faits que pour réjouir notre imagination et pour embellir la poésie, ils ne doivent pas être l'objet d'un culte sérieux. Par exemple, en parlant de la colère de Jupiter contre la laideur de Vulcain, vous nous dites fort plaisamment, *que, pour l'en punir, il donne à ce pauvre diable de dieu un coup de pied qui le rend boiteux pour le reste de ses jours éternels.* Cela est assez plaisant; mais cela n'est pas divin.

Vous dites, mon R. P., *que les plus hautes extravagances dans un systéme reçu tiennent lieu de principes qui ne se révoquent point en doute, et qui ne se mettent point en question.* Je glisse sur les conséquences qu'on peut tirer d'un pareil principe : elles seroient bien sérieuses.

Pour les héros, *Homère les a peints,* dites-vous, *comme ils étoient, et non point comme ils devoient être.* Il n'est donc que peintre, et il est demeuré seulement dans l'imitation. Quoi! son esprit n'a pu s'élever à quelque chose de plus parfait que ce qu'il voyoit? Mais si ses idées l'ont mal servi, son cœur ne pouvoit-il l'instruire? Il ne faut point de modèle pour les vertus du cœur. Quoi! le pardon des ennemis, ou plutôt se venger par des bienfaits, l'humanité, la générosité, vertus qui ont été connues dans les temps les plus reculés, et qui appartiennent aux ames élevées, si Homère les avoit senties; il les auroit prêtées à ses héros. Rien de si brutal que leur colère, et que les injures harmonieuses que leur reproche M. de la Motte. Madame Dacier même, par les épithètes qu'elle donne à ces héros, les dégrade. Elle dit *qu'Agamemnon est armé et revêtu d'impudence, et que, dans un combat, leur courage leur tomba à tous sous les pieds :* voilà des héros bien loués. On enlève Briséis à Achille : peut-on lui pardonner de se retirer dans sa tente, et de bouder comme un petit garçon ? Sarrazin dit fort bien :

> Achille, beau comme le jour,
> Et vaillant comme son épée,
> Pleura neuf ans pour son amour,
> Comme un enfant pour sa poupée.

Voilà ses armes. Sa colère est la plus déraisonnable, la plus impuissante ; une colère oisive, qui n'entreprend rien : enfin tout y révolte nos sentimens, nos usages et nos mœurs. Je sais qu'il faut nous mettre au point de vue, au point du goût de ces temps-là, et que nous ne pouvons bien juger, faute de nous monter juste au point de leurs idées, comme vous le dites fort bien. Il étoit donc difficile à M. de la Motte de donner un caractère aux héros d'Homère : car s'il les habilloit à notre façon, ils ne conviendroient plus aux temps où ils étoient; et ceux de ces temps-là ne plaisent guère aux nôtres.

Vous réduisez toutes ces questions, mon R. P., dans un pyrrhonisme bien fondé, et tout devient arbitraire. La plupart de ces disputes tombent sur des choses sur lesquelles nous ne sommes point à portée de juger. Les deux partis soutiennent qu'il y a des beautés et des défauts dans Homère; mais il faudroit savoir le nombre et le poids de ces défauts. Il y a des beautés : il faudroit donc supputer le nombre des beautés pour savoir qui des deux l'emporte, et l'on tomberoit dans un calcul fort incertain. Mais où prendre des juges du beau et du parfait? Le beau est réel, il n'est pas imaginaire. Si vous attachez l'idée du beau à la grandeur, à la nouveauté et à la diversité, Homère peut être beau. Mais si vous voulez que le parfait réveille en nous des sentimens agréables, qui intéressent le cœur, Homère n'est pas beau pour moi, car il m'ennuie.

L'auteur de la nature a attaché à chaque idée un sentiment qui la doit accompagner : c'est un établissement qu'il a fait en créant l'homme. Il y a cependant des auteurs qui ne réveillent en nous aucun sentiment agréable, et à qui pourtant on ne peut refuser son estime : ils plaisent à l'esprit, sans que le sentiment soit de la partie. Homère peut être dans ce rang; je me prends à lui-seul de l'ennui qu'il me cause. Quoique madame Dacier sacrifie ses propres intérêts à la passion qu'elle a pour lui, je n'en croirai pas son amour, et je suis persuadée que sa traduction est très-fidèle. D'ailleurs, j'ai trouvé dans madame Dacier beaucoup d'esprit, une raison ferme et solide : ainsi il faut toujours la séparer d'Homère, comme M. de la Motte a toujours séparé Homère de son poème. Il convient que, dans le temps que l'art n'étoit pas né, Homère n'avoit pas d'exemple pour se guider, qu'il tire tout de lui et qu'il marche seul, sans rival et sans modèle; mais il ne trouve pas son poème parfait, et la mesure du beau ne le dédommage pas des défauts qu'il y trouve. Je ne rapporte que ses jugemens; car je ne me mêle pas de décider. J'ordonne à ma petite raison de se taire; mais mon sentiment est mutin et indépendant. Je ne vous dirai donc pas ce que je pense : imaginez-vous que je ne pense rien; mais je sens, et je ne sens rien d'agréable quand je lis Homère.

On attaque vivement M. de la Motte sur son poème. J'en viens de lire les vers que je vous envoie, avec lesquels je le justifie.

Vénus lui donne alors sa divine ceinture,
Ce chef-d'œuvre sorti des mains de la nature,

Ce tissu , le symbole et la cause à-la-fois
Du pouvoir de l'amour, du charme de ses lois.
Elle enflamme les yeux de cette ardeur qui touche ;
D'un souris enchanteur elle anime la bouche,
Passionne la voix, en adoucit les sons ;
Prête des tons heureux , plus forts que les raisons ;
Inspire, pour toucher, ces tendres stratagêmes ,
Ces refus attirans , l'écueil des sages mêmes ;
Et la nature enfin y voulut renfermer
Tout ce qui persuade et ce qui fait aimer.

Avec de pareils vers on ne peut avoir tort.

Mais ne songez-vous donc point, mon R. P.,
au raccommodement que nous avions espéré ?

Je suis avec tout le respect que vous méritez, etc.

P. S. Je vous prie de ne pas montrer ma lettre
à madame Dacier , et de n'en donner copie à personne. Je me fie encore à vous : vous ne m'avez
manqué qu'une fois.

LETTRE VI.

La même au même.

En disant la vérité, mon R. P., vous m'avez rendu justice, et je vous en fais de très-sincères remercîmens. Rien n'est plus vrai que, depuis dix ans, j'ai fait l'impossible pour empêcher l'impression d'un manuscrit que j'avois prêté à un ami, et que l'on a trouvé à sa mort. M. Ganeau, libraire, vous dira que j'ai voulu acheter l'édition : il a eu la bonne foi de ne vouloir pas recevoir mon argent, parce qu'il en avoit beaucoup débité. J'ai résisté à tous mes amis, qui vouloient le faire imprimer, et sur-tout à M. de la Rivière, à qui l'on doit beaucoup de déférence pour son mérite et ses vertus. Tout le monde sait que j'ai acheté toute l'édition d'un autre manuscrit.

Il y a très-long-temps que j'avois écrit ces *avis*, et je l'avois fait pour ma propre instruction, croyant que je devois commencer par moi, avant que de les faire passer à mes enfans. J'ai de trop bonne heure senti le besoin que les femmes avoient d'être raisonnables. De plus, un auteur de votre connoissance m'a appris que la félicité n'étoit donnée aux hommes que par l'entremise de la vertu ; et je n'ai trouvé de bonheur véritable que dans ma propre réformation.

Voilà, mon R. P., ma confession de foi. Vous voulez bien que j'y joigne les assurances de ma très-sincère reconnoissance, et du respect avec lequel je suis, etc.

LETTRE VII.

Madame la marquise de Lambert à M. de Sacy (1), *sur la mort de monseigneur le duc de Bourgogne.*

QUEL événement, monsieur! comment ceux qui l'ont vu ont-ils pu le soutenir? Moi, qui ne fais que d'en entendre le récit, j'en suis accablée de douleur. Je pleure le malheur public, et le mien particulier; et je regrette la portion de bonheur qui m'échappe. Je viens d'écrire à M. de Cambray. Quelle perte pour lui et pour ses amis! que de gloire leur est moissonnée! que n'attendoit-on pas d'un prince élevé dans des maximes si pures, si bien instruit des justes bornes qu'on doit mettre à l'autorité, qui ne se permettoit rien, parce que tout lui étoit permis, qui n'auroit usé de la puis-

---

(1) Louis de Sacy, célèbre avocat au parlement de Paris, membre de l'Académie française, de la société intime de madame de Lambert, auteur d'une bonne traduction de Pline, mort en 1727.

sance que pour faire du bien ! tout ce qui étoit
injuste lui paroissoit impossible. Il n'auroit pas
pris la royauté pour lui, mais pour les autres,
persuadé qu'il se devoit à l'état, et que la royauté
ne lui étoit que prêtée : digne enfin de commander aux hommes, parce qu'il savoit obéir à Dieu.

Je m'occupe de ses vertus et de nos malheurs ;
je ne sais si c'est pour me consoler, ou pour m'affliger : la douleur trouve quelquefois de la douceur dans son excès. Il venoit dans un temps où
la soumission à la religion semble être devenue
la honte de l'esprit et de la raison ; où l'on est
confondu avec le peuple dès que l'on croit en
Dieu ; où l'honnêteté des anciens temps est devenue le ridicule du nôtre. Pour lui, il croyoit que
la religion étoit le premier honneur du monde.
Il mettoit la délicatesse et la bienséance dans les
bonnes mœurs. Qui se connoissoit mieux que lui
en vraie gloire ? Il la faisoit consister à rendre les
hommes heureux. Sa première passion étoit l'a-
mour des peuples et de l'état, comme celle d'A-
lexandre et de César étoit pour la gloire et la domination. Il avoit déplacé la gloire du monde :
il ne la mettoit pas à répandre des fleuves de sang,
à faire taire les lois et à faire gémir le peuple. Il
croyoit qu'il valoit mieux rendre les hommes heureux, que de les assujétir pour les rendre misé-

rables. Sa raison, éclairée à la lumière de la vérité, avoit éclipsé tous ces faux préjugés. C'est pourtant cette gloire, qui fait la désolation publique, que la renommée porte et célèbre, que les poètes chantent, et que l'histoire consacre.

Mais, que ne perdez-vous pas en particulier, cher Sacy! je vais vous apprendre un fait qui vous regarde, et que peut-être ne savez-vous pas. J'avois un ami auprès du prince qui, pénétré de ses vertus, m'en parloit souvent. Il m'a dit qu'un jour, en sortant de son cabinet, où il avoit lu votre *Traité de l'Amitié*, il lui dit : « Je viens de lire un livre qui m'a fait sentir le malheur de notre état : nous ne pouvons espérer d'avoir d'amis : il faut renoncer au plus doux sentiment de la vie ». Il sentoit, cher Sacy, le besoin de l'amitié. Les sentimens naturels avoient de grands droits sur son cœur : la majesté royale disparoissoit devant eux. Il auroit eu des amis, et il ne les auroit pas pris parmi ses flatteurs. C'est l'amitié qui, auprès des princes, est le guide de la vérité. *Achète la vérité*, dit la sagesse, *mais ne paye pas le mensonge*. Un ancien disoit *que les amis étoient les vrais sceptres des rois*. Il me semble qu'avec vous, cher Sacy, en me mêlant de citer, je franchis les bornes de la pudeur, et que je vous fais part de mes débauches secrètes.

Enfin, le prince seul n'auroit pas monté sur le trône, mais l'homme chrétien. Les vertus y alloient régner avec lui ; mais elles et les gens de bien ont perdu leur place. Quel règne ne nous promettoit-il pas ! des espérances si flatteuses ont disparu ; nos amours sont courtes et malheureuses : le ciel n'a fait que nous le prêter et le retirer ; nous n'en étions pas dignes.

On dit qu'on doit estimer misérables ceux qui n'ont que le nombre d'années pour preuve d'avoir vécu : pour lui, il n'auroit amassé que des vertus, et la mort le crut vieux, quand elle compta le nombre de ses bonnes actions. Nous ne lui devions que les souhaits qu'Ovide faisoit à Germanicus : *Nous n'avons*, disoit-il, *à vous souhaiter que des années : vous tirerez de votre propre fonds tout le reste, pourvu qu'une plus longue vie ne manque pas à tant de vertus.*

Son esprit faisoit tous les jours de nouveaux progrès par l'amour des lettres. Mais ce qui le perfectionnoit étoit le calme de son cœur : jamais agité ni troublé par les passions humaines, il ne savoit pas courir après ses désirs : il les tournoit tous vers la sagesse, qui, non seulement se laisse trouver à ceux qui l'aiment, mais qui prévient ceux qui la cherchent.

Il nous a prouvé que ce sont les vertus et l'amour du peuple qui savent donner une grande renommée ; et quand on sait se placer dans le cœur des hommes, on sait s'assurer une place dans la postérité la plus reculée. Quel plus digne éloge, que des regrets sincères ! et quelle pompe funèbre plus magnifique, que les larmes et la douleur universelles !

Enfin, ces momens sont arrivés, momens qui égalent tout, qui abaissent la superbe des grands, et qui consolent la bassesse des petits : ces hommes, qui ne se sont pas crus hommes, payent enfin le tribut de l'humanité, et leur orgueil s'ensévelit sous leur cendre. L'amour-propre trouve ce foible dédommagement dans les autres princes : leur grandeur s'appésantissoit sur nous : on est vengé de la différence qu'il y avoit pendant leur vie, par l'égalité qui se trouve à la mort. Mais dans celle du prince que nous regrettons, nulle ressource ; nous perdons un maître dont le joug étoit léger ; il savoit qu'il étoit homme, et qu'il commandoit à des hommes, ainsi sa mort est en pure perte pour nous.

Mais tirons, cher Sacy, quelque utilité d'un si grand et si triste spectacle : apprenons à ne pas faire tant de cas de ce qui ne fait que se montrer et disparoître. *Mon Dieu*, disoit David, *vous avez fait nos jours mesurables, et toutes les substances ne sont rien devant vous.* A ces coups subits et imprévus, opposons la vigilance, ayons toujours une ame préparée : la seule précaution contre les menaces de la mort, c'est l'innocence de la vie.

Que cette lettre, je vous prie, ne soit que pour vous : vous savez avec quelle franchise je vous écris, et avec quel attachement je suis à vous.

LETTRE VIII.

M. de la Motte Fénélon à M. de Sacy, au sujet de madame la marquise de Lambert.

MADAME la comtesse d'Oisy vous expliquera mieux que moi, monsieur, ce qui m'a empêché jusqu'ici de lire le manuscrit (1) de madame la marquise de Lambert, que vous m'avez confié. Je viens de faire aujourd'hui cette lecture avec un grand plaisir. Tout m'y paroît exprimé noblement, et avec beaucoup de délicatesse. Ce qu'on nomme esprit y brille par-tout; mais ce n'est pas ce qui me touche le plus. On y trouve du sentiment avec des principes. J'y vois un cœur de mère sans foiblesse. L'honneur, la probité la plus pure, la connoissance du cœur des hommes, règnent dans ce discours. Je savois déjà, par les anciens officiers, l'histoire de la querelle des deux maré-

---

(1) Avis d'une mère à son fils.

chaux, arrêtée avec tant de force. En lisant cette
instruction, je me suis souvenu du panégyrique
de Trajan, que vous m'avez fait relire avec tant
de plaisir en français. Les louanges que Pline
donne à cet Empereur ne permettent pas de douter que Trajan ne fût beaucoup meilleur que ceux
qui l'avoient précédé : de même, les paroles de la
mère nous persuadent que le fils à qui elle parle
de la sorte doit avoir un fonds d'esprit et de mérite. Je ne serois peut-être pas tout-à-fait d'accord avec elle sur toute l'ambition qu'elle demande de lui ; mais nous nous raccomoderions
bientôt sur toutes les vertus par lesquelles elle
veut que cette ambition soit soutenue et modérée.
Le fils doit sans doute beaucoup aux exemples de
valeur, de probité, de fidélité, de capacité militaire,
qu'il trouve sans sortir de chez lui ; mais il ne doit
pas moins à la tendresse et au génie d'une mère
qui met si bien dans leur jour ces exemples, et
qui a pris tant de soins pour poser les fondemens
du mérite et de la fortune de son fils. Jugez,
monsieur, par l'impression que cet ouvrage fait
sur moi, ce que je pense de cette digne mère. Je
vous serai très-obligé si vous voulez lui dire combien je suis reconnoissant de la bonté qu'elle a eue
d'agréer que vous me confiassiez cet écrit. Peut-on
vous demander ce que vous faites maintenant

aux heures que vous dérobez à vos occupations publiques ?

Quid nunc te dicam facere in regione Pedana ?
Scribere quod Cassi Parmensis opuscula vincat ?

Personne ne peut être avec plus d'estime et de vivacité que moi, tout à vous, monsieur, pour toute la vie.

FRANÇOIS,
Archevêque-duc de Cambray.

LETTRE IX.

*Madame la marquise de Lambert à M. l'arche-
véque de Cambray, en réponse à celle que ce
prélat avoit écrit à M. de Sacy.*

Je n'aurois jamais consenti, monseigneur, que
M. de Sacy vous eût montré les occupations de
mon loisir, si ce n'étoit vous mettre sous les yeux
vos principes, et les sentimens que j'ai pris dans
vos ouvrages : personne ne s'en est plus occupé,
et n'a pris plus de soin de se les rendre propres.
Pardonnez-moi ce larcin, monseigneur, voilà l'u-
sage que j'en ai su faire. Vous m'avez appris que
mes premiers devoirs étoient de travailler à former l'esprit et le cœur de mes enfans. J'ai trouvé
dans *Télémaque* les préceptes que j'ai donnés à
mon fils ; et dans l'éducation des filles, les conseils que j'ai donnés à la mienne. Je n'ai de mérite
que d'avoir su choisir mon maître, mes modèles.
J'ai la hardiesse de croire que je penserois comme
vous sur l'ambition ; mais les mœurs des jeunes-

gens d'à-présent nous mettent dans la nécessité de leur conseiller, non pas ce qui est le meilleur, mais ce qui a le moins d'inconvéniens ; et ils nous forcent à croire qu'il vaut mieux occuper leur cœur et leur courage d'ambition et d'honneurs, que de hasarder que la débauche s'en empare. Quel danger, monseigneur, pour l'amour-propre, que des louanges qui viennent de vous ! je les tournerai en préceptes ; elles m'apprennent ce que je dois être pour mériter une estime qui feroit la récompense des plus grandes vertus. Nous sommes ici dans une société très-unie sur la sorte d'admiration que nous avons pour vous. Combien de fois, dans nos projets de plaisirs, nous sommes-nous promis de vous aller porter nos respects ! pour moi, je n'aurois pas de plus grande joie, que de pouvoir vous assurer moi-même combien je vous honore, et à quel point je suis,

Monseigneur,

> Votre très-humble et très-
> obéissante servante,
>
> La marquise DE LAMBERT.

LETTRE X.

M. l'archevéque de Cambray à madame la marquise de Lambert.

JE devois déjà beaucoup, madame, à M. de Sacy, puisqu'il m'avoit procuré la lecture d'un excellent écrit; mais la dette est bien augmentée, depuis qu'il m'a attiré la très-obligeante lettre que vous m'avez fait l'honneur de m'écrire. Ne pourrois-je point enfin, madame, vous devoir à vous-même la lecture du second ouvrage (1)? Outre que le premier le fait désirer fortement, je serois ravi de recevoir cette marque des bontés que vous voulez bien me promettre. Je n'oserois me flatter d'aucune espérance d'avoir l'honneur de vous voir en ce pays, dans un malheureux temps, où il est le théâtre de toutes les horreurs de la guerre; mais dans un temps plus heureux, une belle saison

---

(1) Avis d'une mère à sa fille.

pourroit vous tenter de curiosité pour cette fron-
tière. Vous trouveriez ici l'homme le plus touché
de cette occasion, et le plus empressé à en profiter. C'est avec le respect le plus sincère que je suis
parfaitement et pour toujours,

Madame,

Votre très-humble et très-
obéissant serviteur,

FRANÇOIS,
Archevêque-duc de Cambray.

LETTRE XI.

Madame la marquise de Lambert à M. l'archevéque de Cambray.

———

Monsieur de Sacy, monseigneur, m'a traitée en personne foible; il a cru que pour me soutenir j'avois besoin de louanges, et qu'en me montrant celles que vous me prodiguez, c'étoit un engagement à me les faire mériter. Le reproche que Pline faisoit à son siècle, et qu'on pourroit avec assez de justice faire au nôtre, ne tombera point sur moi. Il dit que *depuis qu'on méprise la vertu, on néglige la louange*. Je suis très-sensible, monseigneur, à celle qui vient de vous. En est-il de plus délicate et de plus flatteuse, et même de plus dangereuse? Mais comme ce qui part de vous ne peut-être un piége, loin de me gâter, elle m'a fait un effet tout contraire; elle m'a très-sincèrement humiliée; et je sais que vous louez en moi, non ce qui y est, mais ce qui devroit y être. Rien de si aisé que de donner des préceptes; mais s'ils ne

25 *

sont soutenus de l'exemple, ils tournent contre la personne qui les donne. Si j'avois quelque chose de bon, quelque tour dans l'esprit, quelque sentiment dans le cœur, c'est à vous, monseigneur, que je le devrois ; c'est vous qui m'avez montré la vertu aimable, et qui m'avez appris à l'aimer, pénétrée de vos bontés et d'admiration pour vos vertus. Combien de fois, dans la calamité publique, dans de si grands malheurs, si bien sentis, et d'autres si justement appréhendés, avons-nous dit avec de vos amis : nous avons un sage dont les conseils pourroient nous aider. Pourquoi faut-il que tant de mérite et de talent soit inutile à la patrie ? Ce ne sont point des louanges, monseigneur, c'est un sentiment ; ce sont les expressions d'un cœur qui vous est respectueusement dévoué ; c'est ainsi que je suis,

Monseigneur,

Votre très-humble et très-obéissante servante,

La marquise DE LAMBERT.

LETTRE XII.

*M. l'archevêque de Cambray à madame la
marquise de Lambert.*

Cambray, le 17 janvier 1712.

JE suis vivement touché, madame, de l'honneur
que vous me faites, en me prévenant si obligeam-
ment. Pour moi, je n'ai aucun mérite à être occupé de ce qui vous regarde ; car une dame de
votre voisinage m'a fait depuis peu une grande
impression dans le cœur, en me mandant avec
quelle générosité vous l'avez soulagée dans ses
embarras. Je vois bien que les vertus les plus no-
bles et les plus estimables dans la société, ne sont
point pour vous de belles idées, et que vous les
mettez fort sérieusement en pratique dans les occasions. Puisque vous aimez à faire du bien, et
que vous savez le faire si à propos, je souhaite de
tout mon cœur, madame, que vous ayez le plaisir
et le mérite d'en faire long-temps. On ne peut
vous désirer plus de prospérité et de bénédictions
que je vous en désire; et le souhait que je fais

pour moi dans cette nouvelle année, c'est que vous m'y honoriez de la continuation de vos bontés, et que vous ne doutiez point du respect avec lequel je suis très-fortement et pour toute ma vie,

Madame,

Votre très-humble et très-obéissant serviteur,

FRANÇOIS,
Archevêque-duc de Cambray.

LETTRE XIII.

M. l'archevéque de Cambray à madame la marquise de Lambert, sur la mort de monseigneur le duc de Bourgogne.

Cambray, 3 mars 1712.

Dieu pense, madame, tout autrement que les hommes. Il détruit ce qu'il sembloit avoir formé tout exprès pour sa gloire. Il nous punit : nous le méritons. Je serai le reste de ma vie, avec le zèle et le respect le plus sincère,

Madame,

Votre très-humble et très-obéissant serviteur,

FRANÇOIS,
Archevêque-duc de Cambray.

LETTRE XIV.

*Madame de Lambert à M. ***.*

J'avois prié M. l'abbé Alary, monsieur, de vous faire de ma part de très-sincères remercîmens; mais cela ne suffit pas à ma reconnoissance : vous voulez bien qu'elle passe directement de vous à moi.

Vous m'avez fait grace en faveur de mon sexe : j'ai surpris votre approbation. On n'attend rien de nous, et l'on ne nous demande que des agrémens ; on nous quitte du reste. Mais vous ignorez que depuis long-temps j'ai fait l'impossible pour n'être pas imprimée. Je respecte et redoute le public ; je n'ai jamais voulu d'autres spectateurs qu'un très-petit nombre d'amis estimables : voilà mon théâtre : nous autres femmes, nous ne sommes faites que pour être ignorées. Mais vous seriez, monsieur, très-capable de rassurer ma ti-

midité par votre approbation. Je suis payée au-
delà de mes espérances, dès que vous voulez bien
me donner une place aussi honorable dans votre
estime. J'en fais tout le cas qu'elle mérite, et
suis, monsieur, avec une très-sincère reconnoissance, etc.

LETTRE XV.

*Madame la marquise de Lambert à madame
de ***.*

Vous écrivez, madame, le langage des dieux,
et je vous répondrai le langage des hommes.
Quand je suis chagrine, je me jette dans la morale :
je vais vous rendre quelques-unes de mes réflexions
de ce matin.

Pour tirer parti d'une retraite forcée , j'ai voulu
me consoler en pensant aux avantages de la solitude. Vous me mandez que vous rentrez dans la
vôtre : le monde n'a-t-il pas affoibli le goût que
vous aviez pour elle ? N'avez-vous point trouvé
votre manière de penser et vos sentimens un peu
dérangés ? Quelque préparé qu'on soit quand on
se présente aux objets , ils font malgré nous leur
impression. M'est-il permis de citer ? Un philosophe assuroit : « Qu'il ne rentroit jamais chez lui
tel qu'il en étoit sorti ; qu'il y avoit toujours quel-

ques sentimens, qu'il avoit affoiblis, qui se réveil-
loient; que plus il avoit vu de monde, plus les
passions acquéroient d'autorité; qu'il est difficile
de résister à leurs efforts quand elles viennent si
bien accompagnées; enfin, qu'il revenoit toujours
plus imparfait, pour avoir été parmi les hommes. » Ces dangers ne sont pas pour vous, madame.

Comme j'ai vu que le temps n'étoit pas d'accord avec mes désirs, j'ai essayé d'accommoder
mes désirs au temps, et, pour me venger de sa
malice, j'ai résolu non-seulement de supporter
ma situation présente, mais même d'en jouir:
cela est téméraire. Pour m'aider, j'ai lu une lettre
de Pline étant à sa maison de campagne, dont il
fait une très-aimable description : ensuite il fait
passer en revue toutes les occupations de la ville,
qui, lorsqu'il y est, lui paroissent si importantes
(ces grands riens, qui tiennent une si grande place
dans notre imagination, perdent bien de leur prix
quand on les voit de loin). Après avoir rendu
compte à son ami de l'emploi de son temps, il
s'écrie : « O innocente vie ! que cette oisiveté est
aimable ! qu'elle est honnête et préférable aux plus
illustres emplois ! mer, rivages, dont je fais mon
vrai cabinet, que ne m'inspirez-vous pas ! et ne
vaut-il pas mieux passer ici sa vie à ne rien faire,

que de songer sérieusement dans la ville à faire des riens ! » Je voudrois bien pouvoir illustrer mon loisir comme Pline; mais il ne m'en restera que l'ennui et l'inutilité.

Avec vous, madame, je prends de la hardiesse, et je vais vous citer une autorité respectable pour vous; c'est la sagesse, qui dit : *Je la mènerai dans la solitude, et là je parlerai à son cœur.* C'est-là où la vérité donne ses leçons, où les préjugés s'évanouissent, où la prévention s'affoiblit, où l'opinion, qui gouverne tout, commence à perdre ses droits, où nous apprenons à rabattre du prix des choses que notre imagination sait nous surfaire : enfin, il me semble que dans la solitude nous n'avons que les besoins de la nature, qui, après tout, sont très-bornés; et que dans la ville nous avons ceux de l'opinion, qui sont immenses. Je voudrois bien déranger des idées qui occupent une si grande place dans mon esprit, et rendre, s'il est possible, mon bonheur indépendant : il ne devroit presque dépendre que de nous ; et c'est par une espèce d'usurpation que les objets extérieurs se sont mis en possession d'en disposer : je voudrois bien me ressaisir d'un droit si important. Eh ! qu'il est dangereux de se confier à ce qui est hors de nous ! tout, en éloignement, me paroît diminuer de prix et de valeur, hors vous, madame, qui êtes toujours pour moi dans le même point de vue.

Voilà ce que mon esprit a pensé, mais ce que mon cœur n'a pas senti ; il ne recevra jamais des vérités qui pourroient le conduire à l'éloigner de vous. L'un et l'autre s'accordent sur votre compte, madame ; car mon esprit a toujours trouvé parfait ce que mon cœur lui a montré aimable ; et ma retraite m'a appris que la solitude est amie des sentimens, puisque les miens, madame, ont infiniment augmenté pour vous.

Je change de ton, et je vous assure, madame, que, dès que les eaux seront retirées, ma morale ne me tiendra pas un moment, et que je serai très-pressée d'avoir l'honneur de vous aller trouver.

LETTRE XVI.

Madame la marquise de Lambert à madame de ***, sur son mariage.

N'AYANT pu, madame, avoir l'honneur de vous voir, et ma mauvaise santé me retenant à la campagne, permettez-moi de vous faire ici des complimens sur une alliance aussi illustre et si digne de vous. Vous portez un nom, madame, qui étoit autrefois un peu brouillé avec la pudeur; mais vous allez le racommoder avec la modestie, vous qui savez si bien en soutenir les droits. Les amours en murmurent; mais vous leur faites bien d'autres larcins. Ce petit dieu a cependant bien des ressources, et j'ai ouï dire que, pour ne vous pas perdre, il s'étoit racommodé avec son frère, que cette longue querelle avoit cessé en votre faveur, et que le jour de vos noces ils signèrent un traité pour longues années, où l'amour promit d'être aussi long-temps amant que l'hymen seroit époux. Assurez leur union, madame, serrez leurs nœuds, coupez les ailes à l'amour : séparément ils perdent tout leur prix, et l'hymen ne peut être heureux quand l'amour ne l'est pas; de leur intelligence dépendent vos beaux jours : qu'ils coulent, ces heureux jours, dans l'innocence et dans la paix ! que n'espère-t-on pas, madame, d'une personne comme vous, élevée dans des principes si purs et endoctrinée par la vertu même ! si je faisois des vers, vous auriez, madame, un bel épithalame ; mais je n'ai que des souhaits à vous offrir, et le très-respectueux attachement avec lequel je suis,

Madame,

Votre très-humble et très-obéissante servante,

La marquise de LAMBERT.

LETTRE XVII.

Madame la marquise de Lambert à
M. l'abbé ***.

JE suis en société depuis long-temps avec un homme de beaucoup d'esprit et de mérite, et qui s'est montré à moi sous deux formes bien différentes. Je l'ai vu autrefois dans une grande retraite, avec une fortune médiocre, mais soutenue de principes de sagesse et de réflexions saines. Il avoit une sagesse de communication : je l'allois chercher dans mes troubles ; il remettoit l'ordre et le calme dans mon ame. Il ne lui manquoit rien ; il étoit sage et heureux ; mais son état ne lui a point suffi , et il est devenu homme de cour. Je lui reproche là-dessus qu'il en coûte à la sagesse : il me soutient le contraire , et voici les armes avec lesquelles il me combat.

Il prétend que la définition qui convient à un philosophe , c'est : *Un homme qui fait de son état tout ce qu'on en peut faire pour son bon-*

heur et pour celui des autres ; que plus vous avez de goût et de sensations agréables, plus vous avez de bonheur, parce que vous avez plus de ressources ; que ceux-là sont moins sages, qui renferment toute leur félicité dans un seul goût; que c'est jouer trop gros jeu, et qu'il y a trop à perdre.

Mettre la sagesse à être heureux, cela est raisonnable ; cependant j'aimerois encore mieux mettre mon bonheur à être sage. Mais croire que celui-là est le plus heureux qui a le plus de sensations agréables, il me semble que c'est donner une fausse idée de la félicité. Le bonheur qui n'est fondé que sur les sensations est peu solide, variable et plein d'illusions. Le fou d'Athènes, qui redemandoit sa folie en justice, étoit de cette espèce. Personne ne doute que les sensations ne donnent une espèce de bonheur (ce n'est pas de quoi il s'agit ici) : il est question de comparer pour choisir le meilleur. Je suis persuadée que M. l'abbé se croit heureux à St.-Cloud, au moins qu'il a le sentiment du bonheur ; mais s'il étoit également heureux dans la solitude, et qu'il y eût ce sentiment-là au même degré, il ne me paroît pas sage de quitter l'un pour l'autre ; et voici mes raisons.

Je ne sépare point l'idée du bonheur de l'idée de la perfection ; celui-là me paroît le plus heureux qui est le plus sage. Il me semble qu'on n'a jamais donné pour règle du véritable bonheur les sensations agréables. Le bonheur que vous avez dans la vie répandue tient à une infinité de choses ; ainsi vous avez une infinité de besoins. Plus vous avez de désirs, plus vous avez de pauvreté ; vous devenez esclave, le sentiment de la liberté est moins vif et s'affoiblit. Il ne sert de rien de dire : *J'ai plusieurs sentimens agréables, et j'ai plus de ressources.* Vous avez plusieurs sortes de besoins, et plus de pauvreté. L'on n'a jamais mis le bonheur du sage dans l'énivrement des passions ; et si M. l'abbé m'assure qu'il n'a jamais poussé ses goûts jusqu'à l'illusion, qu'il a des goûts sages, qu'il sait s'arrêter, tant pis pour sa sensibilité. Le profit des passions n'est que dans l'énivrement : je ne connois point les demi-goûts ni les demi-embarquemens ; et il a grand tort, s'il a la force de s'arrêter, de se mettre en chemin.

Dans la retraite, l'esprit se nourrit de vérités pures. N'êtes-vous pas plus ferme dans vos principes ? N'êtes-vous pas plus attentif ? Et l'attention ne donne-t-elle pas à l'esprit plus de force, plus d'étendue et de délicatesse ? Vos sensations, puisque vous en êtes devenu le chevalier, ne sont-elles pas plus vives et plus déliées dans la solitude ? N'y a-t-il pas des plaisirs à part pour les gens dé-

licats et attentifs ? Vous perdez tous ces profits : il
n'y a rien à gagner dans la vie dissipée : les erreurs
deviennent contagieuses : nous avons en nous une
disposition propre à l'imitation ; nous nous
ployons insensiblement, et le tempérament de
l'ame se gâte comme celui du corps. Peut-on croire
que l'on puisse avancer également dans le chemin
de la perfection et dans la route de la fortune,
augmenter en sagesse et en crédit ? Cela me paroît
impossible. Les idées du vrai échappent dans la
foule, et nous nous trouvons heurtés et ébranlés
par les erreurs populaires, et par les objets sensibles. Je veux croire que vous avez moins à perdre
qu'un autre, parce que vous êtes plus ferme ; mais
il y a toujours à perdre.

Vous me direz encore : « J'ai fait un fonds de
vrai biens qui ne périront point : voyons si nous
ne tirerons rien de la fortune. » Quand nous ces-
serons d'être vains et ambitieux, nous n'aurons
rien à lui demander. N'auriez-vous pas plutôt fait
de mettre vos désirs au niveau de votre fortune,
que votre fortune au niveau de vos désirs ? Il vous
est plus aisé de vous accommoder aux choses, que
les choses à vous. Après quoi courez-vous ? Est-ce
après les biens de l'opinion ? Vous ne les aurez
jamais à un degré qui vous suffise. Montrez-moi
quelqu'un qui, en acquérant du bien, ait perdu

la soif des richesses , et je m'embarquerai. Où est le temps que vous me disiez : *Tout est trop cher au marché : la fortune ne donne rien , elle vend tout; l'on donne des vrais biens pour des faux : cela n'est bon que pour des esclaves.* Vous m'avez trop bien endoctrinée , et je vous bats avec vos principes.

Vous insistez , en disant : « Je me trouve en état de faire plaisir à mes parens et à mes amis. » Quand vous aurez des opinions bien saines , et que vous pourrez guérir les maladies de l'ame , les plaisirs que vous ferez à vos amis seront bien d'un autre prix.

Enfin , je me retranche à dire , que si dans votre retraite vous étiez heureux , il falloit y rester. Vos plaisirs étoient sûrs , durables et indépendans. Que si vous n'êtes heureux à présent qu'au même degré où vous l'étiez dans votre solitude , vous y avez perdu , parce que votre bonheur tient aux autres ; vous avez besoin d'eux , et vous êtes déchu de votre liberté. Je crois que vous ne pouvez faire un aussi bon traité avec la fortune qu'avec la sagesse , qu'il y a toujours à perdre ; et que le mieux qui vous puisse arriver , si vous êtes renvoyé à vous même , c'est de vous retrouver comme vous étiez quand vous êtes parti. Mais il faut donc que vous passiez en dépense contre vous toutes les avances que vous auriez faites dans le chemin de la vertu : elles sont en pure perte.

Répondez à ceci, M. l'abbé, si vous le pouvez, ou si vous l'osez ; mais souvenez-vous que je ne vous attaque qu'avec vos principes, et que vous devez les respecter autant que je les respecte.

LETTRE XVIII.

Madame la marquise de Lambert à M. de St.-Hyacinte, à Londres.

———————

J'AUROIS répondu plutôt, monsieur, à la lettre que vous m'avez fait l'honneur de m'écrire, si ma santé avoit pu me le permettre.

Quant aux livres que vous avez eu la bonté de m'envoyer, et dont je vous remercie, j'eus un cruel chagrin lorsqu'on les imprima. Je crus les anéantir en achetant toute l'édition ; cela n'a fait qu'augmenter la curiosité. Le manuscrit sur les femmes est si défiguré, qu'on ne sait ce que c'est : on a ôté le commencement et la fin, qui apprenoient pourquoi il a été fait. Si j'avois su que messieurs les Anglais eussent honoré un si médiocre écrit de l'impression, je vous l'aurois envoyé tel qu'il est, craignant moins ce qui se peut dire dans un pays étranger que le bruit qui se fait autour de moi. Je n'ai jamais pensé, monsieur, qu'à être ignorée, et à demeurer dans le néant où les hommes ont voulu nous réduire. Renvoyée à moi-même, j'ai pensé à tirer de moi seule toute ma force, mes appuis et mes amusemens. Les avis que l'on a fait imprimer, je les avois faits pour moi, avant que de les faire passer à mes enfans. J'ai cru qu'il falloit songer à ma propre réforma-tion avant que de penser à celle des autres Je suis très-fâchée que ces amusemens de mon loisir aient été connus par l'infidélité d'un ami à qui je les avois confiés. Vous voulez bien, monsieur, que je vous prie de faire mes remercîmens au tra-ducteur (1). Quoique je sois très-fâchée que cela soit connu, je ne puis m'empêcher de lui savoir bon gré du cas qu'il paroît faire d'un si médiocre ouvrage. Il dit, dans sa préface, que ce que j'ai écrit sur les femmes est mon apologie : je n'ai ja-mais eu besoin d'en faire. Il m'accuse d'avoir l'ame tendre et sensible; je ne m'en défends pas : il n'est plus question que de savoir l'usage que j'en ai su faire.

Je n'ai vu qu'une fois le gentilhomme que vous me recommandez (2) : il a toujours été à Ver-

____

(1) M. Lockman, connu dans la république des lettres par plusieurs bonnes traductions.

(2) M. Gosset.

sailles , et moi malade , ou à la campagne. Tout
ce qu'il nous montre ici est trouvé extrêmement
beau. Je lui rendrai tous les services qui dépen-
dront de moi : il me paroît très-honnête homme.
Je suis, monsieur, avec, etc.

La marquise de LAMBERT.

F I N.